STEFAN HAENNI

Todlerone

STEFAN HAENNI

Todlerone

Winterkrimis

GMEINER

Personen und Handlung sind frei erfunden.
Ähnlichkeiten mit lebenden oder toten Personen
sind rein zufällig und nicht beabsichtigt.

MIX
Papier aus verantwortungsvollen Quellen
FSC® C014496
FSC www.fsc.org

Besuchen Sie uns im Internet:
www.gmeiner-verlag.de

Im Ehnried 5, 88605 Meßkirch
Telefon 07575/2095-0
info@gmeiner-verlag.de

1. Auflage 2020

Lektorat: Christine Braun
Herstellung: Mirjam Hecht
Umschlaggestaltung: U.O.R.G. Lutz Eberle, Stuttgart
Druck: GGP Media GmbH, Pößneck
Printed in Germany
ISBN 978-3-8392-2763-3

INHALT

ZARTBITTER

Es war ein Desaster. Der heilige Nikolaus lag am Boden. Sein Gewand hatte einen Riss. Sein falscher Bart war ihm bis über die Augen hochgerutscht und die Hände trugen blutige Schürfungen. Weit schlimmer war jedoch, dass sein Jutesack mit den Geschenken im schmutzigen Schneematsch lag. Und zwar leer. Besser gesagt: geleert. Oder, um es auf den Punkt zu bringen: ausgeraubt!

Der zehnjährige Erich alias Nikolaus weinte. Er war soeben Opfer einer Bande von halbwüchsigen Thuner Burschen geworden, die sich jedes Jahr am sechsten Dezember einen Spaß daraus machten, nach Kläusen Ausschau zu halten. Hatten sie ein Opfer erspäht, wurde dieses durch die nächtlichen Straßen des verschneiten Lerchenfeld-Quartiers gejagt, verhauen und beraubt.

Nun half selbst der Trost des Weihnachtskindes wenig, eines robust gebauten Mädchens in weißem Nachthemd mit langem, offenem Haar und einer Krone aus gestanzter Goldfolie. »Wir haben doch immerhin noch unser Geld. Das haben die Saukerle nicht gefunden«, meinte Trudi.

Mit weinerlicher Stimme erwiderte der Nikolaus: »Ja, aber den Sack haben sie ausgeraubt. Jetzt können wir bei der letzten Familie keinen Besuch mehr machen. Wir haben nichts mehr, womit wir Haldimanns Kinder beschenken könnten.«

»Wir haben doch längst genug verdient«, meinte das Christkind und grabschte eine Handvoll Zweifränkler und

Fünfliber unter dem flattrigen Nachthemd hervor. »Da, schau! Das sind bestimmt fast 20 Franken. Mehr als letztes Jahr!«

Bei der alljährlichen Klausentour ging es den beiden Kindern nämlich weniger um die Vergabe milder Gaben, als um die Mehrung ihres Sackgeldes.

Der Nikolaus hatte sich inzwischen aufgesetzt. Schniefend leckte er seine lädierten Handballen. Dann erhob er sich sperrig wie ein Greis, wischte Schnee und Schmutz von der Pelerine und brummte mit hasserfüllter Inbrunst: »Die verdammten Scheißkerle werden büßen. Ich werde sie umbringen. Allesamt!«

Diese für den heiligen Nikolaus unpassende Drohung überraschte selbst das sonst eher unzimperliche Christkind. Obschon es deutlich kräftiger und größer war als der Nikolaus, zweifelte es offenbar an der Durchführung eines mörderischen Planes.

Die beiden stellten ohnehin ein sonderbares Gespann dar. Nicht nur, dass der kleine Nikolaus neben dem mächtigen Christkind zur mickrigen Nebenfigur verblasste. Der Grund war vor allem die Tatsache, dass die beiden Darsteller einen weihnachtlich-kulturellen Widerspruch verkörperten.

Normalerweise wird der Nikolaus bekanntlich vom grimmigen Schmutzli respektive vom wortkargen Ruprecht begleitet. Allenfalls kommt noch ein mehr oder weniger störrischer Esel dazu. Das Christkind gehört einer anderen Legende an. Vom Nikolaus werden am sechsten Dezember Geschenke gebracht, vom Christkind an Heiligabend. Wenn nicht gar von den heiligen drei Königen aus dem Morgenland persönlich! Zudem präsentiert sich das Christkind in der Regel als kindlicher Engel. Sind Christkind und Jesuskind aber nicht ein und dieselbe Figur? Müsste das Christkind nicht eher einem männlichen Baby als einem weiblichen Engel ähneln? Bloß, wie sollte ein Baby imstande sein, haufenweise Geschenke zu verteilen? War es nicht ohnehin das Jesuskind selbst, das beschenkt wurde?

Über solche Widersprüche machten sich die beiden Nachbarskinder keine Gedanken. Vielmehr schmerzte der Verlust der Mandarinen, der Erdnüsse, der Lebkuchen und der bunten Schokoladen. Die Schürfungen waren schon fast vergessen, die erlittene Schmach jedoch keineswegs. Wut, Frustration und Enttäuschung mischten sich im brummenden Schädel des Nikolauses zu einem bedrohlichen Gemisch.

Das Christkind suchte inzwischen seine große weiße Kerze im Schnee, richtete sich das Krönchen und meinte aufmunternd: »Schau, Erich, es liegen ja noch Sachen auf der Straße. Da ein paar Erdnüsse und dort eine Mandarine.«

»Die ist doch total zermanscht«, nörgelte der Nikolaus. »Die können wir nicht verschenken.«

Das Christkind drückte das süße Früchtchen etwas zurecht und sagte: »So, auf den ersten Blick sieht man nicht mehr, dass die Schale geplatzt ist. Zudem sollte man Mandarinen ohnehin sofort schälen und essen.«

In diesem Augenblick fand der Nikolaus eine fast unversehrte Schokolade in blutrot glänzender Alufolie. »Na ja, diese Praline könnte man vielleicht auch wieder zurechtdrücken.« Ein erstes, leises Strahlen kehrte in sein Gesicht zurück.

Die beiden versorgten alle Fundsachen im Jutesack. Als das Christkind die große Kerze entzündete, zauberte das warme Licht ein seliges Lächeln auf die zwei Kindergesichter.

»Dann können wir doch noch zu den Haldimann-Kindern!«, stellte der Nikolaus erfreut fest. Das Christkind hob die Schultern, als hätte es die Wendung zum Guten längst erahnt. Allerdings können Ahnungen ab und zu trügerisch sein.

Der Nikolaus und das Christkind wurden von der Familie Haldimann herzlich empfangen. Im Flur leerte der Nikolaus den Jutesack vor den Augen der beiden kleinen Mädchen und ihrer Eltern aus. Dass bloß ein schäbiges Häufchen präsentiert werden konnte, schien niemanden zu stören. Die beiden Mädchen stürzten sich auf die wenigen Erdnüsschen, stritten sich um die einzige Mandarine und teilten sich die Schokolade. Die Eltern zeigten sich gegenüber Nikolaus und Christkind mit je einem Zweifränkler erkenntlich. So waren alle zufrieden – bis zu jenem dramatischen Augenblick, als Frau Haldimann plötzlich einen gellenden Schrei von sich gab und ihr Ehemann dem Christkind seinen Lodenmantel über den Kopf warf.

Völlig unerwartet war die wallende Haarpracht des Christkindes in Flammen aufgegangen. Die brennende Kerze, die Trudi bei Besuchsbeginn hinter sich auf eine Schuhkommode gestellt hatte, entflammte die gelockte Mähne explosionsartig. Hätte Herr Haldimann nicht reaktionsschnell den schweren Wintermantel von der Garderobe geangelt und über die lebende Fackel geworfen, wäre wohl der ganze Balg Opfer der Flammen geworden. Trotzdem hatte die kurze Feuersbrunst ausgereicht, um am Hinterkopf des Christkindes eine unübersehbare Schneise versengter Haare zu hinterlassen. Dazu verbreitete sich ein bestialischer Gestank.

Das Christkind selbst schien vom feurigen Intermezzo am wenigsten mitbekommen zu haben. Ringsum verharrten alle sprachlos. Bis der Nikolaus endlich mit zittrigem Stimmchen feststellte: »Trudi, du hast gebrannt.«

Das Christkind griff sich mit der rechten Hand an den Hinterkopf und realisierte jetzt erst, dass es hintenrum deutlich an Volumen fehlte. Erstaunlich gefasst meinte Trudi: »Dann geh ich jetzt besser nach Hause.«

Familie Haldimann entließ Christkind und Nikolaus, nachdem sie sich vergewissert hatte, dass ansonsten kein nennenswerter Schaden entstanden war.

Im Treppenhaus wandte sich das Christkind an den Nikolaus: »Ich denke, wir gehen nächstes Jahr nicht mehr auf Tour.«

Der Nikolaus blieb stehen und fragte: »Und was ist mit meiner Rache?«

»Du meinst, wegen dem Überfall?«

»Ja klar. Ich will es den Burschen heimzahlen.«

»Wir haben sie ja gar nicht richtig erkannt in ihren Strickmützen und den dicken Halstüchern. An wem willst du dich denn rächen?«

»Das waren auf jeden Fall zwei Kerle aus der Neubausiedlung. Um diese Ganoven anzulocken, gehen wir nächstes Jahr erneut auf Tour. Wenn sie dann angreifen, werden sie ihr blaues Wunder erleben!«

»Wieso blau?«, fragte das Christkind. »Wenn sie bluten, ist das Wunder doch rot.«

»Wer hat denn behauptet, dass sie bluten sollen? Sie sollen verrecken!« Mit diesen Worten schritt der Nikolaus entschlossen die letzten Treppenstufen zum Ausgang hinunter. Gemeinsam mit dem versengten Engel verließ er die Liegenschaft.

Nach einem Jahr war die Schmach des sechsten Dezembers so gut wie vergessen. Erst als Trudi Erich darauf ansprach, erinnerte er sich seines mörderischen Versprechens.

»Ich hätte da so eine Idee, wie wir es den Burschen heimzahlen könnten«, meinte Trudi, der die Haarpracht längs üppig nachgewachsen war.

Erich wurde neugierig. »Sag schon.«

»Die Lerchenfelder sollen dabei nicht sterben. Sonst kommen wir ins Gefängnis und verpassen das Weihnachtsfest.«

»Und die Idee?«, drängte Erich.

»Wir machen die Pralinen selbst.«

»Wo ist da die Rache?«

Trudi grinste böse. »Wir befüllen die Schokoladen nicht mit Marzipan, sondern mit Hundescheiße. Dann lassen wir uns absichtlich berauben. Wenn sich die Angreifer über ihre Beute hermachen, werden sie Bauchkrämpfe bekommen und kotzen.«

Erich zögerte. »Bist du dir sicher, dass man von Hundescheiße kotzen muss?«

»Hallo? Mann! Was für eine Frage! Willst du etwa behaupten, dass du dich davon nicht übergeben müsstest? Hast du schon mal die Kacke unseres Berner Sennenhundes gerochen?«

»Hm. Okay. Aber vielleicht merken die gar nichts, falls die Schokoladenschicht darum herum zu dick ist? Wir sollten etwas reintun, das ihnen garantiert Bauchweh bereitet.«

Trudi schaute ihren Spielgefährten erwartungsvoll an. »An was hast du gedacht?«

»Wir haben bei uns im Keller eine Schachtel Rattenkörner. Auch eine alte Kaffeemühle rostet dort unten. Wir könnten damit die Körner mahlen und das Giftpulver mit Marzipan vermischen, bevor wir die Kügelchen mit heißer Schokolade überziehen.«

»Oder, noch besser, wir mischen das Rattengift mit dem Hundedreck und drehen daraus die Pralinenfüllung.«

»Superidee!«, begeisterte sich der Junge. »Jetzt freue ich mich doch wieder auf unsere nächste Nikolaustour.«

»Ja, ich auch«, bestätigte das künftige Christkind. »Hoffentlich werden wir überfallen.«

»Und zwar von den Richtigen. Denen vom Vorjahr!«

Beide Kinder kicherten.

»Und wenn sie am Rattengift krepieren?«, sorgte sich Trudi.

Erich beschwichtigte: »Wenn ein einzelnes Korn eine Ratte killt, wird es für einen Menschen sicher zu wenig giftig sein. Ich denke, ein Tier wiegt so um die 300 bis 400 Gramm.«

»Wow, ein rechter Brummer.«

»Die Jungs hingegen dürften schätzungsweise zwischen 40 und 50 Kilogramm auf die Waage bringen. Es bräuchte also ziemlich viele Giftpralinen, damit sie eine tödliche Dosis abkriegten.«

Trudi war damit beruhigt.

Als der erste Advent nahte, benutzten die Kinder die Abwesenheit von Erichs Mutter, um in deren Küche die Giftpralinen herzustellen. Trudi rollte mit Todesverachtung die Hundescheiße zu runden Pillen, Eric spießte diese auf Zahnstocher auf, bepuderte sie mit dem Mehl des Rattengifts und steckte die Spieße dann in ein Stück Sagex. Als zwölf Stück fertig waren, wurde schwarze zartbittere Schokolade in einer Blechdose im Wasserbad einer kleinen Pfanne geschmolzen. Trudi und Erich tauchten die bepuderte Kacke in die schwarze Masse, ließen die Pralinen zwischendurch immer wieder antrocknen und wiederholten das Prozedere mit jedem Stück fünfmal, bis eine akzeptable Schicht die Füllung ummantelte. Anschließend stellte Erich das Sagexbrettchen mit den zwölf Schokospießen in den Kühlschrank.

Nach einer Stunde und gerade rechtzeitig vor der Rückkehr der ahnungslosen Mama umwickelten die Kinder die fertigen Pralinen noch mit bunter Alufolie, die sie sich zu diesem Zweck aufgehoben hatten. Und fertig war das Hexenwerk!

Als Trudi und Erich den Eltern ihre Absicht eröffneten, auch dieses Jahr wieder auf Klausentour zu gehen, waren diese nicht begeistert. Trudi bekam die Auflage, sich das Haar hochzustecken und anstelle der brennenden Kerze eine elektrische Taschenlampe mitzutragen. Erich musste sich anhören, dass er selber schuld sei, falls er wieder überfallen werde.

Dann endlich konnten die kostümierten Kinder starten. Leise rieselte der Schnee. In den Vorgärten und auf den Balkonen des Quartiers funkelte und glitzerte elektrischer Weihnachtsschmuck. Nur wenig Menschen waren noch unterwegs. Wie im Vorjahr gingen der Nikolaus und das Christkind von Tür zu Tür. Um die vergifteten Schokoladen nicht irrtümlich an unschuldige Nachbarskinder zu verteilen, wurden die Pralinen separat in einer Papiertüte im Kapuzenmantel versteckt. Wie jedes Jahr sammelte das weihnachtliche Gespann reichlich Sackgeld ein. Nur von den letztjährigen Angreifern war weit und breit nichts zu sehen.

Das Christkind begann bereits zu zweifeln. »Und wenn die nicht kommen?«

»Was dann?«, maulte der Nikolaus.

»Ja, ich mein halt nur. Willst du deine Rache und die Pralinen bis nächstes Jahr aufheben oder wirst du den Lerchenfeldern vergeben?«

»Vergeben? Spinnst du?«

Das Christkind bröselte: »Papa sagt immer, vergeben sei besser als verdammen. Und wir beten doch jeden Sonntag das Vaterunser. Da heißt es: Vergib uns unsere Schulden wie auch wir vergeben unseren Schuldigern.«

»In meinem Gebet heißt es: Rache ist süß«, entgegnete der Nikolaus in abschließendem Tonfall.

Für weitere Diskussionen blieb ohnehin keine Zeit. Plötzlich tauchten zwei große Jungs aus der Dunkelheit auf. Die Gesichter waren bis zu den Augen mit bunten Strickschals vermummt. Sie trugen schwarze Baseballmützen, die sie tief in die Stirn gedrückt hatten. Herausfordernd verstellten sie dem Nikolaus und seiner himmlischen Begleitung den Weg.

»Hallo, ihr beiden!«, säuselte der eine. »Da seid ihr ja endlich. Was habt ihr uns denn dieses Jahr Schönes mitgebracht?«

Erich und Trudi hatten sich zuvor abgesprochen. Sie wollten sich anfänglich scheinbar wehren und den Jutesack mit den Leckereien nicht freiwillig abliefern. Die Diebe sollten keinen Verdacht schöpfen.

Der Nikolaus versteckte den Jutesack hinter seinem Rücken. Das war die vereinbarte Gelegenheit für das Christkind, die präparierten Pralinen aus Erichs Mantel zu fischen und unbemerkt in den Geschenksack plumpsen zu lassen.

Einer der beiden großen Burschen machte einen Schritt auf den kleinen Klaus zu. Er schaute auf sein Opfer herunter und drohte: »So, du Gartenzwerg. Jetzt rück mal die milden Gaben raus!«

Langsam schwenkte der Angesprochene den Jutesack hinter seinem Rücken hervor.

Der Angreifer machte jedoch keine Anstalten, danach zu greifen. »Was soll das, du Verlierer? Schleckzeug war letztes Jahr. Heute will ich Moneten!«

Der andere Bursche trällerte höhnisch: »Pinke, pinke, klingeling!«

Der Nikolaus und das Christkind erblassten.

»Also! Wer von euch beiden trägt den Silberschatz?«, wollte der Erste wissen. Der Zweite stellte sich direkt vor das Christkind. Beide Opfer wurden abgetastet. Die Sache war schnell geklärt. Die Münzen klimperten im Baumwolltäschchen, das Trudi um den Hals trug. Der Grobian zerrte den Beutel aus dem Ausschnitt des dünnen Nachtkleidchens und zerriss kurzerhand die Kordel.

»Na also«, meinte er befriedigt. »Hat sich doch gelohnt.«

Das Christkind und der Nikolaus standen wie erfroren im Schnee. Mit diesem Ausgang der Geschichte hatten sie nicht gerechnet.

Die Diebe hatten sich bereits umgedreht und waren im Begriff, davonzutrotten, als sich der eine nochmals an den Nikolaus wandte. »He, du Zwerg. Mach mal den Sack auf!« Er griff blindlings hinein, angelte eine blutrote Praline heraus, wickelte in provozierender Langsamkeit die Glanzfolie von der Schokolade, hielt die zartbittere Köstlichkeit zwischen Daumen und Zeigefinger, um sie anschließend vor den funkelnden Augen des Nikolaus genüsslich in den nimmersatten Schlund plumpsen zu lassen. Ohne weiteren Kommentar verschwanden die Angreifer in der Nacht.

Der Spuck war vorüber.

Jetzt erst brachen der Nikolaus und das Christkind in schallendes Gelächter aus. Erich weinte Tränen der Freude. Trudi lief in winterlicher Kälte der Rotz aus dem geröteten Näschen. Besser hätte die Tour nicht verlaufen können. Fast. Der Verlust des Sackgeldes ärgerte die beiden natürlich schon.

Noch am selben Abend fuhr in der Neubausiedlung ein Ambulanzfahrzeug mit Blaulicht vor.

GEFAHRENZONE

Das Walliser Bergdorf liegt sonnenverwöhnt auf einer Terrasse hoch über dem Rhonetal südlich von Visp. Der kleine familiäre Ferienort ist in erster Linie ein Wanderparadies. Erfreulicherweise fällt bereits Anfang Dezember ein halber Meter Schnee.

Weniger erfreulich ist die Neuigkeit, die Marta Balmer soeben von ihrem 30-jährigen Sohn Oli erfahren hat.

»Woher willst du das wissen?«, fragt sie halb ungläubig, halb verärgert.

»Ich habe es inoffiziell von einem Mitglied des Gemeinderats erfahren. Von wem, will ich aber nicht verraten. Das habe ich ihm versprochen«, antwortet Oli.

»Aha, also von einem der männlichen Mitglieder«, stellt Mutter Marta trocken fest. »Dann kann ich mir schon vorstellen, wer es sein könnte.«

»Lass es, Mutti. Hauptsache ist doch, dass wir rechtzeitig informiert worden sind.«

»Rechtzeitig? Wenn es stimmt, was du sagst, haben wir gerade noch vier Wochen Zeit, um unser Ferienhaus zu verkaufen«, folgert Marta konsterniert.

»Warum denn verkaufen?«

»Überlege mal. Wer wird unser schönes Chalet noch erwerben wollen, wenn bekannt wird, dass es in einer Gefahrenzone steht?«

Der Sohn kratzt sich seinen struppigen Rotschopf. »Tja. Daran habe ich gar nicht gedacht.«

Die Mutter nickt bloß.

Oli fährt fort: »Bis Ende des Jahres werden wir kaum noch einen spontanen Käufer finden.«

»Spontan vielleicht schon, aber naiv dazu?«, zweifelt die schlaue Alte.

Oli ergänzt: »Und zu welchem Verkaufspreis?«

»Wir werden weniger bekommen, wenn das Häuschen ab Januar offiziell im Plan der gefährdeten Zonen eingetragen ist«, stellt Marta klar.

»Es handelt sich doch nur um die gelbe Zone, nicht um die blaue oder rote«, räumt Oli ein.

»›Gefahrenzone‹ tönt immer gefährlich. Was spielen da Farben für eine Rolle?«

»Das kann ich dir genau sagen«, meint der Sohn. »Ich habe die entsprechenden Vorgaben des Kantons im Internet studiert. Demnach sind Gefahrenzonen Geländeabschnitte, die erfahrungsgemäß oder voraussehbar durch Naturgewalten wie Lawinen, Steinschlag, Rutschungen, Überschwemmungen oder andere Naturgefahren bedroht sind.«

Die Mutter winkt ab. »So viel ist mir auch klar. Mich nehmen nur die Unterschiede zwischen den Farben wunder.«

»Eine rote Gefahrenzone ist ein Gebiet mit starker potenzieller Gefährdung.«

»Was heißt das im Klartext?«

»In diesen Gebieten dürfen keine Bauten irgendwelcher Art erstellt werden.«

Marta nickt. »Verstehe. Und blau?«

»Blau ist ein Gebiet mit mittlerer potenzieller Gefährdung. Der Gemeinderat ist berechtigt, bauliche Sicherheitsvorkehrungen des Gebäudes zu verlangen.«

»Haben wir vielleicht doch noch Schwein?«, hofft Marta mit fragendem Blick. »Was hast du gesagt, in welcher Zone unser Chalet steht?«

»In der gelben. Solche Gebiete weisen eine geringe potenzielle Gefährdung auf. Exponierte Bauteile wie Türen oder Fenster müssen allerdings im Hinblick auf die zu erwartenden Staudrücke dimensioniert werden. Uns bleibt der Nachweis offen, dass die Gefährdung des Grundstückes und des Zugangs durch sichernde Maßnahmen behoben ist.«

»Das würde nicht alle Welt kosten«, relativiert Marta. »Was mir mehr Sorgen bereitet, ist die Gefahrenzone an sich. Die schreckt potenzielle Käufer ab. Da können wir noch so hoch und heilig versprechen, dass in all den Jahren nichts passiert ist.«

»Kommt dazu, dass der Gemeinderat eine Evakuierung anordnen könnte.«

»Sag ich doch«, meint Marta. »Darum müssen wir das Chalet loswerden, bevor dieser verfluchte Gefahrenplan offiziell vorliegt.«

»Schade«, antwortet Oli. »Nur gut, dass Vater das nicht mehr erleben muss.«

»Für Sentimentalitäten ist jetzt keine Zeit. Hol gescheiter den Fotoapparat und mach ein paar schöne Aufnahmen vom Haus. Ich suche inzwischen die Grundrisspläne und die Unterlagen der Gebäudeversicherung hervor.«

Der Sohn tut wie geheißen. Er ist es gewohnt, der energischen Mutter zu gehorchen. Nur in einem Punkt hat er sich ihren als Ratschläge getarnten Befehlen bisher widersetzt: Entgegen Marta Balmers Ansinnen ist Oli mit 30 Jahren noch immer Junggeselle. In den Augen seiner Mutter ein unhaltbarer Zustand. Alles gute Zureden war vergeblich. Die Mutter ist sogar so weit gegangen, ihrem zurückhaltenden Filius »geeignete« Partnerinnen vorzuschlagen. Wie zu Urgroßmutters Zeiten, als Ehen oftmals von den Eltern arrangiert wurden.

Bezüglich des Hausverkaufs sind sich die beiden Familienmitglieder allerdings einig: so schnell und so gut wie möglich verkaufen!

Die von Oli erstellte Online-Dokumentation des Chalets ist gelungen. Bei schönstem Winterwetter hat er das sonnenverbrannte Holzhaus von allen Seiten mit Weitwinkelobjektiv fotografiert. Sowohl die Aufnahmen von Süden mit weitem Ausblick auf das Rhonetal als auch die wundervollen Bilder aus nördlicher Richtung mit dem reizenden Birkenwäldchen oberhalb der Liegenschaft und den majestätischen Gipfeln des Hochgebirges dürften potenzielle Interessenten anziehen. Dass es dieselben Gipfel sind, von denen stiebende Lawinen herunterzudonnern drohen, und dass das Birkenwäldchen den Schutzwald keinesfalls ersetzen könnte, scheint fast unvorstellbar. Der ursprüngliche Schutzwald aus alten Bergföhren ist wegen der globalen Erwärmung größtenteils verdorrt und deshalb ausgedünnt. Den langen Trockenperioden im Sommer sind die Nadelhölzer nicht mehr gewachsen. Laubhölzer werden sie künftig ersetzen müssen. Nur sind diese noch längst nicht in ausreichender Anzahl und Stärke aufgeforstet. Der Entscheid der Gemeinde, neue Parzellen als Gefahrenzonen zu deklarieren, ist eine direkte Folge davon.

Olis Innenaufnahmen zeigen ein heimeliges Interieur mit viel Holz und einer offenen Feuerstelle, die mit einheimischen Schieferplatten umrandet ist. Die beiden Schlafzimmer überzeugen durch praktische Einbauschränke. Die Möblierung des Wohnzimmers, die im Kaufpreis enthalten ist, könnte als Alpinchic bezeichnet werden: robust, rustikal und alpenländisch. Die einfache Küche wirkt dank der geschickten Wahl des Aufnahmewinkels wesentlich größer, als sie tatsächlich ist. Zudem steht auf dem Foto das Küchenfenster weit offen und entführt den Blick in die Ferne der Walliser Alpen.

»Es müsste doch mit dem Teufel zu- und hergehen, wenn wir das ›Heimet‹ bis Weihnachten nicht verkaufen können«, betont die Mutter angesichts der schönen Dokumentation. »Jetzt müssen wir bloß noch einen angemessenen Kaufpreis festlegen.«

»Das Allerwichtigste!«, bestätigt Oli. »Wie hoch wird denn der Verkehrswert veranschlagt?«

»Der kann gut und gerne bei 400.000 Franken liegen.«

Oli staunt: »Auch in einer Gefahrenzone?«

»Nein, da natürlich nicht. Wir können froh sein, wenn wir noch den Gebäudeversicherungswert bekommen.«

»Das heißt?«

»Schlappe 180.000 Franken«, meint die Mutter.

Der Sohn ist enttäuscht. »Können wir es nicht vorerst mit einem höheren Preis versuchen?«

»Pah! Damit wir ihn danach kleinmütig nach unten korrigieren müssen?«, reklamiert Marta. »Kommt nicht in die Tüte. Im Gegenteil. Wir machen es so, dass wir den Preis überraschend tief ansetzen. Anschließend lassen wir ihn hochschaukeln, indem wir das Gebäude dem Meistbietenden zuschlagen.«

Im ersten Moment strahlen Olis Augen. Dann jedoch zeigen Stirnfalten, dass er Bedenken hegt. »Hm. Wenn der Preis zu tief ist, suchen die Interessenten nach einem Grund dafür. Nach der Devise: Wenn das so günstig ist, muss was faul sein. Und dann fordern Sie eine Erklärung.«

»Stimmt. Da hast du für einmal recht«, gesteht Marta zerknirscht. »Also doch nicht zu billig ausschreiben. Hm ... Sagen wir, für 290.000 Franken?«

Oli ist damit einverstanden. Er ergänzt die Verkaufsdokumentation mit dem Preis und stellt sie anschließend auf einer der großen Immobilienplattformen online. »So, und jetzt geh ich in die Dorfbeiz. Mal etwas herumhören, was sonst noch so abgeht in diesem Bergkaff.«

»Hallo, Junior! Das ›Bergkaff‹ nimmst du zurück! Wir haben hier in den letzten 20 Jahren viele schöne Tage verbracht, vergiss das nicht!«

Oli errötet. »War als Witz gemeint«, entschuldigt er sich.

Die gestrenge Mama schüttelt das ergraute Haupt. »Dann schau, dass du im Dorf endlich eine Freundin findest.«

Darauf reagiert Oli verärgert: »Willst du, dass ich mit einem Dorftrottel nach Hause komme?«

Marta winkt ab und wiederholt Olis vorgängige Antwort: »War doch als Witz gemeint.«

Es dauert nicht lange, bis sich erste Interessenten für das Chalet melden. Noch am selben Abend vereinbart ein Berner Ehepaar eine Hausbesichtigung. Da am folgenden Tag weitere Neugierige auf eine Begehung des Chalets drängen, sieht sich Marta Balmer genötigt, einen Plan zu erstellen. Diesen gestaltet sie so, dass sich die Besucher »rein zufällig« über den Weg laufen. »So bekommen sie Schiss, dass ihnen jemand das Häuschen vor der Nase wegschnappen könnte«, erklärt Marta ihrem Sohn. »Wenn erstmal eine Partei zu bieten anfängt, werden wir für das Gefecht sorgen, bei dem die potenzielle Käuferschaft gegenseitig den Preis hochschaukelt.«

Ganz so einfach ist es dann doch nicht.

Zwar gibt es erfreulich viele Interessenten. Sind die Herrschaften aber vor Ort, beginnen sie mit Nörgeleien, Einwänden, Bedenken und Fragen.

»Muss man den Zugang im Winter selber freischaufeln?«

»Schade, dass der Parkplatz so weit unterhalb des Hauses liegt.«

»Gefrieren die Wasserleitungen im Winter zu?«

»Muss hier mit Lärmbelästigungen durch Kuh- oder Kirchenglocken gerechnet werden?«

»Eigentlich suchen wir ja ein Chalet direkt an einer Skipiste.«

»So, und jetzt möchte ich noch einen Blick auf den Öltank der Zentralheizung werfen.«

»Wie weit ist es bis zum nächsten Aldi?«

Den Vogel schießt eine Zürcherin ab, die bemängelt, dass man vom Balkon keinen Seeblick habe. »Mir würde ein Stausee schon reichen«, meint sie entschuldigend, nachdem sie Marta Balmers konsternierten Blick erhascht hat.

Einzig die Frage nach der drohenden Umzonung wird glücklicherweise von niemandem gestellt.

Marta Balmer beantwortet, erklärt oder beschwichtigt mit Engelszungen. Oli darf bei den Verkaufsgesprächen nicht dabei sein. »Du bist viel zu ehrlich«, kritisiert seine Mutter, als hätte sie auf diese Tugend bisher keinen Wert gelegt.

Nach rund zwei Wochen haben sich drei ernsthafte Käufer herauskristallisiert. Da ist einerseits das junge Schweizer Paar mit den beiden Kleinkindern. Außerdem hat ein deutsches Rentnerpaar aus Mannheim ein Angebot unterbreitet. Zuletzt hat eine Familie aus Holland echtes Interesse bekundet. Die Holländer sind es schließlich, die das schriftliche Bietgefecht für sich entscheiden. Bei 350.000 Franken erhalten sie den Zuschlag.

Die Verschreibung des Chalets findet in einer Kanzlei in Visp statt. Familie Bakker aus Holland ist zu dritt angereist. Neben den beiden Eltern ist auch die 27-jährige Tochter Vivienne dabei. Marta Balmer wird von Oli begleitet. Nachdem der Vertrag verlesen, unterzeichnet und beglaubigt ist, lädt der Notar die beiden Parteien in ein Bistro ein. Dort stoßen alle mit Walliser Weißwein, dem süffigen »Fendant«, auf die erfolgreiche Handänderung an. Vater Bakker sieht dabei etwas tief ins Glas. Oli und Vivienne hingegen vergucken sich ineinander. Dass ihr Techtelmechtel tatsächlich von Mutter Marta nicht bemerkt wird, freut den Sohn besonders. Diskret tauschen Vivienne und Oli ihre Handynummern aus.

Die Schlüsselübergabe soll auf Wunsch der Käuferschaft bereits am 23. Dezember stattfinden. Familie Bakker will Weihnachten im eigenen Ferienhaus feiern.

So haben Oli und Marta Balmer ausgerechnet die Eltern seiner neuen Freundin übers Ohr gehauen. Spätestens im Januar, wenn der Gefahrenplan publiziert wird, platzt die Bombe. Gut möglich, dass es Ärger geben wird. »Vielleicht werden die Bakkers versuchen, den Kauf rückgängig zu machen«, befürchtet Oli.

»Das könnte schwierig werden«, beurteilt die Mutter gelassen. »Immerhin haben wir den mehrdeutigen Satz ›das Chalet befindet sich an exponierter Lage mit prächtigem Weitblick‹ in die Dokumentation geschrieben.« Man könne halt nicht alles haben, meint sie lapidar, eine atemberaubende Aussicht *und* eine absolut sichere Wohnlage. Oli plagt das schlechte Gewissen. Vor allem wegen Vivienne.

Als Marta Balmer zum letzten Mal den freigeschaufelten Fußweg zum Parkplatz hinuntersteigt, kommt Wehmut auf. Oli hingegen nimmt es locker. Er weiß, dass Viviennes Eltern in der Neujahrswoche nach Holland zurückreisen werden, während seine neue Freundin mit ihm im Walis bleibt.

So verwundert es nicht, dass sich Vivienne und Oli im Elternschlafzimmer des Chalets bald schon in den Armen liegen. Was kümmern Oli jetzt blaue, rote oder gelbe Zonen? Er sieht nur noch rosa.

Da hören die beiden Turteltauben ein fernes Donnern. Wenige Augenblicke später hat es sich zu einem gewaltigen Beben und Poltern entwickelt. Vom Berggipfel hat sich eine Schneelawine gelöst, die jetzt mit zerstörerischer Wucht über das Chalet hinwegfegt und das junge Paar in den Tod reißt.

SCHÖNE BESCHERUNG

Der herrlich nach Butter riechende und mit Eigelb goldgelb gebackene Grittibänz, auch als Stutenkerl oder Weckmann bezeichnet, war keine Überraschung. Die leichenblasse Spanischlehrerin hingegen schon. Sie lag mit dem Gesicht in ihrem Erbrochenen, das sich als eine Art hingekotzte Tortilla vor ihrem halb geöffneten Mund über den runden Lehrerzimmertisch ausbreitete.

Eigentlich sollte das Lehrerzimmer geschlechtsneutral als Lehrkräftezimmer und der runde Tisch darin als Begegnungstafel bezeichnet werden. Daran hielt sich mit Ausnahme von Frau Reber aber niemand. Und sie würde bis auf Weiteres die Einzige gewesen sein, denn jetzt war sie offensichtlich tot. Als Lehrkraft war sie eindeutig außer Kraft. Offiziell musste das natürlich ein Notarzt bestätigen, der von jemandem gerufen werden sollte. Das wiederum erforderte das bislang ausstehende Auffinden der Leiche, die Entdeckung durch eine andere Lehrkraft, eine Hilfskraft des Reinigungspersonals oder eines der zahlreichen Mitglieder der Schulleitung, von denen kein einziges als Kraft, zum Beispiel als Leitungskraft, Rektoratskraft oder ähnlich bezeichnet wurde. Immerhin waltete die Rektorin der Schule Kraft ihres Amtes. Normalerweise. Heute war sie abwesend.

An einem Arbeitsplatz wie dem eines kantonalen Gymnasiums, in dem es von Kräften nur so wimmeln sollte, lag eine entkräftete Spanischlehrerin bereits vor der großen Zehnuhrpause auf der Begegnungstafel in ewigem Schlummer.

Die Schulleitung hatte angekündigt, dem Kollegium am heutigen sechsten Dezember in der großen Pause traditionell einen ofenfrischen Grittibänz zu offerieren. Der Wicht aus gesüßtem Hefeteig lag eine halbe Stunde vor der großen Pause inmitten dekorativen Tannengrüns, geschmückt mit Schokoladenplätzchen in bunter Silberfolie. Das hatte Tradition in der Mittelschule am Thunersee.

Selbstverständlich war das der Spanischlehrerin bekannt gewesen. Da sie sich den Kopf des Grittibänz mit den drei Rosinen sichern wollte, hatte sie die Schülerschaft vorzeitig sich selbst überlassen. Lehrkräfte unterrichten wohlgemerkt keine Lern- oder Schülerkräfte, sondern die sogenannte Schülerschaft. Madeleine Reber hatte die ihre mit einer schriftlichen Arbeit beschäftigt, um selbst den Unterricht früher verlassen und sich als erste Lehrkraft über den Gabentisch hermachen zu können. Ihre Gier hatte sie offensichtlich das Leben gekostet.

Das Opfer wurde von Prorektor Dieter Sommer entdeckt. Auch er war kurz vor dem eigentlichen Pausenläuten ins Lehrerzimmer geeilt. Allerdings nicht, um sich in Ruhe die Backen zu stopfen, sondern um zu kontrollieren, ob die von ihm angeordnete Bescherung durch die Bürokräfte pünktlich vorbereitet worden war. Herr Sommer musste jedoch zweimal hingucken, bis er begriff, dass die Weihnachtsbescherung quantitativ geschätzte 90 Kilo Übergewicht hatte.

Der verhinderte Militarist wurde seiner Führungsrolle sofort gerecht. Er fühlte Frau Reber den nicht mehr vorhandenen Puls, ließ im Weiteren alles, wie es war, schloss das Lehrerzimmer ab und verfasste eine Kurzbotschaft auf einem Blatt A4 aus dem Fotokopiergerät. Mit dickem rotem Filzstift hielt er die zwei Worte »NICHT EINTRETEN!« in Großbuchstaben darauf fest. Diesen Zettel befestigte er mit transparentem Klebeband in Sichthöhe an der Tür. Dann eilte er in sein Büro, um Polizei und Rettungskräfte zu alarmieren. Bis zu deren Eintreffen bewachte er die verschlossene Tür persönlich. Das war auch notwendig, denn im Kollegium gab es Untergebene, die gelegentlich meinten, Anordnungen der Rektoratsobrigkeit nicht einhalten zu müssen. Solche Querulanten galt es jetzt, am Eindringen zum Tatort zu hindern.

In der Zwischenzeit hatte der elektrische Schulgong die Pause eingeläutet. Im Sekundentakt erschienen vor der verschlossenen Tür Lehrkräfte in Vorfreude auf den Gabentisch. Es wimmelte innert kürzester Zeit von kräftig lamentierenden Pädagogen. Immer wieder wurde dieselbe Frage in die Runde geworfen: »Warum dürfen wir nicht rein?«

Der Aufritt von Polizei und Rettungsdienst milderte das Chaos nicht im Geringsten. Umso weniger, als die Vertreter der öffentlichen Sicherheit und Ordnung einen zusätzlichen Pulk neugieriger Schülerinnen und Schüler angezogen hatten.

Die anwesenden Uniformpolizisten realisierten, dass im Fall von Frau Reber eine unnatürliche Todesursache nicht ausgeschlossen werden konnte. Sie alarmierten die Kollegen vom Dezernat Leib und Leben sowie den kriminaltechnischen Dienst. Dieser nahm Proben vom Erbrochenen, vom Grittibänz, von den verschiedenen Schokoladen und vom Kaffee, der in einer großen Henkeltasse erkaltete. Nachdem diverse Fingerabdrücke gesichert, Textilfasern in der näheren Umgebung der Leiche mit der Pinzette gesammelt worden waren und der Schauplatz der Tragödie aus verschiedenen Perspektiven fotografisch festgehalten worden war, wurde das Lehrkräftezimmer dem Kollegium wieder freigegeben. Allerdings kamen die Pauker nicht darum herum, der Leiterin der Untersuchung, Frau Hauptmann Krüger, in einem Nebenraum für Befragungen zur Verfügung zu stehen. Diese Interviews hielten die Lehrkräfte unfreiwillig vom Unterrichten ab. Deshalb verfügte der Prorektor kurzerhand, dass sämtliche Vormittagslektionen ausfielen.

Inzwischen brodelte es an der Gerüchtebörse. Sowohl die Schüler- als auch die Lehrerschaft spekulierte wild herum, und der Prorektor bangte um eine angemessene Pietät angesichts der verstorbenen Kollegin.

Dass Madeleine Reber krank oder an ihrem Erbrochenen erstickt war, wurde ausgeschlossen. Im kollegialen Umfeld der Verstorbenen gab es zu viele Minenfelder. Gleich mehrere Widersacher kamen als Täter infrage.

Allgemein bekannt waren beispielsweise die Auseinandersetzungen innerhalb der Fachschaft Spanisch bezüglich der Verteilung der vorhandenen Lektionen. Zu 100 Prozent angestellte Lehrer und Lehrerinnen beanspruchten eine fixe Lektionenzahl. Teilpensumlehrkräfte mussten eine volatile Anstellungssituation hinnehmen. Wer zuletzt angestellt worden war, musste zuerst kürzertreten. Es sei denn, jemand der Vollpensumler verzichtete freiwillig auf ein paar Lektionen.

Tatsächlich hatte der Stundenplanwechsel zum Semesteranfang einen Härtefall beschert. Die junge Lehrerin und alleinerziehende Mutter Sabine Hutter hatte zu einem empfindlich großen Teil ihre pekuniäre Lebensgrundlage verloren. Und das wegen der kinderlos verheirateten Doppelverdienerin Madeleine Reber. Das konnte selbst die sozial eingestellte Rektorin nicht verhindern. Das Prinzip der Anciennität und das Vorrecht der vertraglich geregelten Vollpensumlehrkräfte waren nun mal nicht zu umgehen. Für mindestens ein Semester musste Familie Hutter den Gürtel enger schnallen.

Ein weiteres Schlachtfeld lag quasi zwischen Madrid und Moskau. Die Fachschaft Russisch kämpfte erbittert um ihre Existenz. Die Schülerzahlen nahmen dennoch von Jahr zu Jahr ab, während die Spanischfraktion konstant zulegen konnte. Da sich sowohl Russisch als auch Spanisch um die Gunst der Ergänzungs- und Freifachschülerschaft stritten, herrschte zwischen den Vertreterinnen und Vertretern der konkurrierenden Fachschaften alles andere als ein kollegiales Verhältnis. Ob dieser Zwist allerdings als Mordmotiv ausreichte, konnte bezweifelt werden. Andererseits erforderte ein Tötungsdelikt erfahrungsgemäß keinen vernünftigen Beweggrund.

Bei der Befragung der Sekretärin erfuhr die Untersuchungsleiterin, dass Frau Scherrer am frühen Morgen die Begegnungstafel in einen Überraschungstisch mit Grittibänz und Schokolade verzaubert hatte.

»Gerade als ich die Vorbereitungen abgeschlossen hatte, kam ein Lehrer ins Zimmer«, erinnerte sich die Sekretärin. »Er beachtete die Bescherung erst nicht, sondern strebte seinem persönlichen Brieffach zu. Erst nachdem er dieses konsultiert hatte, trat er an den Tisch, um Schokolade zu naschen. Da habe ich ihm aber die Meinung gesagt und gemeint, er solle gefälligst bis zur großen Pause warten.«

Frau Hauptmann Krüger notierte sich alles in ihrem Notebook und fragte nach: »Können Sie mir bitte den Namen dieses Lehrers sagen?«

»Selbstverständlich«, wunderte sich die Sekretärin. »Ich kenne das ganze Kollegium. Immerhin arbeite ich seit 23 Jahren an der Schule.«

»Also?«, hakte Frau Krüger freundlich nach.

»Ach so, ja, es war Hans Steffen.«

Die Untersuchungsleiterin schmunzelte. »Und? Hat er Ihren Einwand beherzigt?«

»Ja und nein. Die Schokolade hat er zwar wieder zurückgelegt. Als ich aber im Begriff war, mich abzuwenden, habe ich aus dem Augenwinkel mitbekommen, dass sich der Frechdachs eine Rosine aus dem Grittibänz pflückte. Darauf habe ich jedoch nicht reagiert. Es ist mir einfach zu blöde geworden, einem erwachsenen Mann zweimal nacheinander auf die Finger zu klopfen. Ich habe bloß mahnend mit der Zunge geschnalzt. So: ntz! Er sollte merken, dass ich ihn ertappt habe. Darauf habe ich das Lehrerzimmer verlassen und bin ins Sekretariat zurückgekehrt. Dort klingelte natürlich das Telefon. Da ist man nur mal für fünf Minuten weg, und –«

»Aha«, unterbrach die Untersuchungsleiterin den Redefluss. »Und Herr Steffen hat Sie begleitet?«

»Nein. Der blieb im Zimmer zurück«, ärgerte sich Frau Scherrer. »Vermutlich, um weiterzufuttern!«

Erneut musste Frau Krüger ein Schmunzeln unterdrücken.

In der anschließenden Befragung des Prorektors horchte Frau Hauptmann bei einer Zwischenbemerkung auf.

Der Prorektor rekonstruierte gerade den Ablauf seines Handelns nach dem Auffinden des Opfers. »Ich ging also zum Fotokopiergerät, um mir ein weißes Blatt A4 zu holen. Darauf wollte ich das Verbot schreiben. Allerdings war der

Fotokopierer gerade in Aktion. Er spie im Sekundentakt kyrillische Zeichen aus.«

»Moment, Herr Sommer. Das müssen Sie präzisieren.«

»Ich kann das russische Zeugs nicht entziffern«, entschuldigte sich der Angesprochene leicht verlegen.

»Das erwarte ich gar nicht. Ich möchte bloß wissen, welche Lehrkraft am Kopiergerät stand.«

»Ach so. Das war der Russischlehrer, Herr Roth.«

»Dann ist es nicht ausgeschlossen, dass auch er bereits vor der großen Pause das Lehrerzimmer betreten hat?«

»Gut möglich. Das Kopiergerät steht ja unmittelbar neben der Tür zum Lehrerzimmer. Ich habe die ganze Zeit geflucht, dass meine Chefin ausgerechnet heute Vormittag abwesend ist. So musste ich die ganzen Maßnahmen selbst in die Wege leiten. Ich hoffe, ich habe dabei keine allzu großen Fehler gemacht.«

Die Untersuchungsleiterin konnte ihn beruhigen. »Sie haben alles richtig gemacht, Herr Sommer. Was ich wissen möchte, ist, ob die Abwesenheit der Rektorin kurzfristig erfolgte oder schon länger geplant war.«

»Sie denken doch nicht etwa, dass unsere Chefin …«

»Ich schließe zum jetzigen Zeitpunkt nichts aus, Herr Sommer. Ich sammle lediglich Fakten und Indizien«, beruhigte Frau Krüger.

Der Prorektor atmete theatralisch auf. Ob er soeben daran dachte, dass er bei einer Verhaftung seiner Chefin selbst als Rektor nachrücken könnte? Auf jeden Fall stutzte Frau Hauptmann, bevor sie die ursprüngliche Frage wiederholte: »War die Abwesenheit der Rektorin kurz- oder langfristig angekündigt worden?«

Dieter Sommer presste die Lippen zusammen, bevor er sie wieder zu einer höchst beunruhigenden Äußerung öffnete. »Weder – noch. Ich habe von ihrer Abwesenheit nichts gewusst. Erst als ich nach dem Auffinden von Frau Reber in das Rektorat eilte, rief Frau Scherrer in meinem Rücken: ›Die Chefin ist noch nicht zurück!‹«

Auf dem dritten Schlachtfeld der toten Spanischlehrerin floss das Blut in übertragenem Sinn in allen Farben des Regenbogens. Hans Steffen, eine der beiden Zeichenlehrkräfte, stand mit Frau Reber auf Kriegsfuß. Das war allgemein bekannt. Weniger bekannt war der eigentliche Grund. Anfänglich galten die beiden nämlich noch als ein Herz und eine Seele. Erst als es darum ging, sich alternierend einen Unterrichtsraum zu teilen, häuften sich die Konflikte. Mal tapezierte Frau Reber demonstrativ alle Wände mit spanischen Touristikplakaten, Landkarten und Grammatiktabellen. Dann wiederum überhängte Steffen den spanischen Wandschmuck mit Reproduktionen aus der Geschichte der Malerei. Dass er dabei immerhin spanische Künstler wie Dali, Miro und Goya gewählt hatte, wurde von der Romanistin ignoriert. Bei anderer Gelegenheit beklagte sich Frau Reber über Geruchsemmissionen durch Ölfarbe, Aceton oder Pinselreiniger, die im Raum haften blieben und angeblich Kopfweh, Schwindel und Brechreiz verursachten. Farbreste auf Schülerpulten, verschmierte Wandtafeln, überquellende Papierkörbe oder der verschmutze Schüttstein galten als weitere Beschwerdegründe. Dass diese nicht bilateral zwischen Steffen und Reber ausgehandelt, sondern durch die Spanischlehrerin direkt der Schulleitung geklagt wurden, verärgerte Steffen. Hierin lag der eigentliche Grund für die unausgesprochene Kriegserklärung.

Alle diese lächerlichen Querelen blieben in den Befragungen des Kollegiums durch die Polizei nicht unerwähnt.

Inzwischen war der Untersuchungsleiterin aufgefallen, dass ausgerechnet dieser Hans Steffen bisher weder im Lehrerbereich noch zur Befragung im Sitzungszimmer aufgetaucht war.

»Der hockt wahrscheinlich im Vorbereitungszimmer der Fachschaft Bildnerisches Gestalten«, meinte der angesprochene Prorektor. »Soll ich ihn holen?«

»Nein danke, Herr Sommer«, wehrte Frau Krüger ab. »Ich habe noch ein paar Fragen. Ich schicke einen meiner Männer.«

Der beauftragte Uniformpolizist fragte sich zum Fachschaftszimmer durch, das sich etwas versteckt im zweiten Stock befand.

Es dauerte keine zwei Minuten, bis das Handy von Frau Hauptmann dudelte.

»Was? Ist nicht wahr! Bleiben Sie, wo Sie sind. Ich schicke gleich Verstärkung.« Darauf wirbelte sie ins Treppenhaus, wo die Beamten des Kriminaltechnischen Dienstes bereits im Begriff waren, das Feld zu räumen.

»Stopp! KTD-Leute sofort in den zweiten Stock! Los, mir nach!«

Schon stürmte sie die Treppe hoch.

Im Fachschaftszimmer Bildnerisches Gestalten wurde sie vom leichenblassen Korporal Zumstein erwartet. »Das Opfer ist bereits identifiziert«, erklärte er fast tonlos. »Sein Kollege hat bestätigt, dass es sich um Hans Steffen handelt.«

Steffen saß am Schreibtisch, Oberkörper und Kopf lagen auf dem Tisch. Beide Arme hingen seitlich schlaff nach unten. Über einen Stapel von aufwendig gestalteten Schülerarbeiten hatte sich der säuerlich stinkende Mageninhalt ergossen.

Auch diese Hiobsbotschaft sprach sich im Schulhaus, trotz des Bemühens um Diskretion seitens der Polizei, rasend schnell herum. Immerhin trat Hans Steffen damit als Tatverdächtiger im Fall Reber in den Hintergrund. Natürlich war nicht ausgeschlossen, dass er erst die Kollegin und danach sich selbst gerichtet hatte. Wahrscheinlich war diese Annahme jedoch nicht. Genauso gut hätte Frau Reber den Steffen umbringen können, um sich danach mit Selbstmord aus der Verantwortung zu ziehen. Jedenfalls waren die Rollen von Tatverdächtigen und Opfern nicht eindeutig verteilt.

Der Prorektor war erschüttert. Umgehend änderte er seine erste Anordnung. Er erklärte den Unterricht nun für den ganzen Tag als beendet. Leider erreichte diese frohe Botschaft längst nicht mehr alle Schülerinnen und Schüler, sodass eine ansehnliche Anzahl am Nachmittag vergeblich antrabte. Die Beamten hatten darum die zusätzliche Aufgabe, das strikte Handyverbot durchzusetzen. Immer wieder versuchten Schüler oder Schülerinnen, Fotos vom makabren Geschehen zu machen, die sie der Presse gegen Bares verkaufen wollten.

Soeben wurden die beiden Leichen in schlichten Särgen von Bestattungsbeamten aus dem Schulhaus getragen. Das wäre ein gutes Motiv für ein Pressefoto gewesen.

Die per Handy herbeigerufene Rektorin betrat endlich die Szenerie, völlig aufgelöst und überfordert. Auch sie potenziell ein lohnendes Fotomotiv.

Der Untersuchungsleiterin wurde im Laufe ihrer Befragungen zugetragen, dass unbedingt auch ein bestimmter Schüler befragt werden sollte. Es handelte sich um jenen Gymnasiasten, der heute Vormittag vergeblich an die Tür des Lehrerzimmers geklopft hatte, als der Russischlehrer am Kopiergerät hantierte.

»Wen suchen Sie?«, hatte Herr Roth wissen wollen. Der angesprochene Schüler war ihm auffallend nervös erschienen. Der Russischlehrer kannte den hochgewachsenen Primaner mit dem schütteren Backenbart nicht persönlich, wollte ihm jedoch behilflich sein.

»Ähm, wissen Sie, ob Frau Reber zufälligerweise im Lehrerzimmer ist?«

»Ich habe sie bisher noch nicht gesehen. Was wollen Sie denn von ihr? Vielleicht kann ich Ihnen ja auch helfen«, hatte sich Herr Roth angeboten.

»Nein danke. Frau Reber ist meine Klassenlehrerin. Ich wollte sie wegen meinem ungenügenden Zeugnis treffen.«

»Ach so. Ja, da wenden Sie sich tatsächlich besser direkt an sie.«

Weil der Russischlehrer den Schüler nicht näher kannte, musste die ganze digitale Fotodatei der Schülerschaft jetzt durchforstet werden. Bei einem serbischstämmigen Schüler strahlte Herr Roth endlich: »Der war es. Ich bin mir sicher.«

Für Frau Krüger verkomplizierte das die Situation zusätzlich. Der bezeichnete Schüler kämpfte nämlich um seinen Verbleib an der Schule. Als Erster seiner Familie konnte er eine Mittelschule besuchen und war somit der Stolz seiner Eltern. Welche Schande, müsste er die Schule ohne Abschluss verlassen! Die Konsultation der Notenliste des Schülers förderte zusätzlich die heikle Tatsache zutage, dass der Primaner bloß eine um einen halben Punkt höhere Spanischnote benötigt hätte, um sein persönliches Versagen und die Familienschande abzuwenden. Damit war klar, wozu er seine Spanisch- und Klassenlehrerin so dringend hatte sprechen wollen.

Bereits am nächsten Nachmittag lagen der Untersuchungsleiterin erste Laborergebnisse und der Obduktionsbericht vor.

Sowohl Frau Reber als auch Herr Steffen waren erwartungsgemäß einer Vergiftung erlegen. Im Erbrochenen der beiden konnte Arsentrioxid in kleinen, aber tödlichen Mengen ermittelt werden. Diese Substanz wurde unter anderem auch im Giftschrank des Chemielabors der Schule aufbewahrt. Die Laborwerte des untersuchten Hefeteiges bestätigten die naheliegende Vermutung eines toxischen Grittibänz' hingegen nicht. Zur Überraschung, um nicht zu sagen, zur Enttäuschung der Untersuchungsleiterin, konnte im Gebäck kein Gift nachgewiesen werden. Die getestete Schokolade erwies sich ebenfalls als unbedenklich.

Immerhin schieden einige Tatverdächtige aus dem engsten Kreis. Der Chemielehrer, der nach den Laborergebnissen zu einer nachträglichen Befragung aufgeboten wurde, hatte am Vormittag des sechsten Dezembers gar keinen Unterricht gehabt. Dabei hätte er sich von seinem ungepflegten Äußeren als Bilderbuchtäter geradezu angeboten. Sein kahlgeschorener Schädel, das von Aknenarben verunstaltete Gesicht und die tätowierten Arme hätten in ihm jedenfalls nicht auf Anhieb den promovierten Chemiker vermuten lassen.

In ihrem Büro rekapitulierte die Untersuchungsleiterin den Stand der Ermittlungen. Als mögliche Täterschaft standen der notenschwache Primaner, die zufällig abwesende Rektorin, der hilfsbereite Russischlehrer, die alleinerziehende Spanischlehrerin sowie der tote Zeichenlehrer im Zentrum. Die Sekretärin, der Bäcker des Grittibänz' und der Prorektor wurden ins zweite Glied der Verdächtigen versetzt.

Natürlich durfte vorderhand nichts und niemand völlig ausgeschlossen werden. Frau Hauptmann konzentrierte sich auf die Frage, woher das Gift stammte, dem die beiden Pädagogen zum Opfer gefallen waren. Wie und wo konnte es ihnen verabreicht worden sein? Wo hatten sie es allenfalls ahnungslos selbst eingenommen? Es konnte doch kein Zufall sein, dass am selben Vormittag, am selben Ort, zwei Menschen an demselben Gift zugrunde gingen!

Ratlos las Frau Krüger nochmals die Protokolle der bisherigen Befragungen durch. Tatsächlich fiel ihr dabei eine Bemerkung ins Auge, die die Sekretärin von sich gegeben hatte. »Als ich im Begriff war, mich abzuwenden, habe ich aus dem Augenwinkel mitbekommen, wie sich der Frechdachs eine Rosine aus dem Grittibänz pflückte.«

Aufgeregt suchte sich die Untersuchungsleiterin aus dem Bündel der Tatortfotografien eine Nahaufnahme des Grittibänz' hervor. Und tatsächlich. Ihre Vermutung wurde bestätigt. Die Rosinen fehlten samt und sonders! Weder die drei, die Augen und Nase des Teigmannes dargestellt hatten, noch die einzelne Rosine im Bauchnabel waren auf der Aufnahme zu entdecken.

Hatte das Gift womöglich in den getrockneten Weintrauben gesteckt? Rein technisch wäre es einfach gewesen, die ursprünglichen Beeren unbemerkt durch solche auszutauschen, die über Nacht in Gift eingelegt worden waren. Umgehend telefonierte die Untersuchungsleiterin ins Labor, in der Hoffnung, diesbezüglich präzisere Angaben zu erhalten.

Einige Stunden später konnte die Annahme zwar nicht zweifelsfrei bestätigt, aber doch so weit untermauert werden, dass die Giftspuren im Erbrochenen beider Opfer in Verbindung mit Traubenzucker standen. Jemand hatte mit großer Wahrscheinlichkeit die Rosinen ausgetauscht. Dazu boten sich nicht allzu viele Gelegenheiten, wenn der Bäcker und die Sekretärin, die beide kein plausibles Motiv hatten, ausgeschlossen wurden. Das Zeitfenster für den Mörder oder die Mörderin lag somit zwischen dem Abschluss der Vorbereitung des Gabentisches und dem Erklingen des Gongs zur Zehnuhrpause.

Eine Frage blieb allerdings noch unbeantwortet: Wie konnte die Täterschaft wissen, wer sich die todbringenden Rosinen pflücken würde? Bestand nicht ein erhebliches Risiko, unschuldige Kollegen und Kolleginnen ins Jenseits zu befördern?

Ein zufälliger Hinweis des Chemielehrers brachte die Untersuchungen einen großen Schritt weiter. Er machte die Aussage, dass er am Vormittag der Morde unterrichtsfrei gehabt und sich stattdessen als Babysitter geübt habe. Da er sich zuvor als unverheiratet und kinderlos bezeichnet hatte, provozierte er mit dieser Aussage eine Nachfrage der Untersuchungsleiterin.

»Was war denn das für ein Kind, das Sie gehütet haben? Können Sie mir bitte Adresse und Namen der Eltern angeben, um Ihre Aussage zu überprüfen?«

»Selbstverständlich. Es war Sabine Hutters Ännchen.«

»Sie meinen nicht zufälligerweise die Spanischlehrerin mit dem reduzierten Teilpensum?«

»Doch. Genau die meine ich. Jemand muss sie doch jetzt unterstützen, nachdem ihr Frau Reber das Leben erschwert hat.«

Frau Krüger glühten die Wangen, als sie fragte: »Wo bewahren Sie den Schlüssel zum Giftschrank auf?«

»Den trag ich sicherheitshalber an meinem persönlichen Schlüsselbund.«

»Haben Sie den auch zu Frau Hutter mitgenommen?«

»Klar«, bestätigte der Chemielehrer. »Da hängen alle meine wichtigen Schlüssel wie Haus- und Autoschlüssel dran.«

»Wäre es Frau Hutter theoretisch möglich gewesen, den Schlüssel zum Giftschrank unbemerkt zu entwenden?«

»Theoretisch und praktisch. Aber ich verstehe nicht ganz, worauf Ihre Frage abzielt.«

Frau Hauptmann hatte ein Ohr bereits an ihrem Handy, in das sie nun in knappen Worten den vorläufigen Haftbefehl für Frau Sabine Hutter erließ.

Die junge Giftmörderin gab ihre Verbrechen unumwunden zu. Sie fühlte sich moralisch im Recht. Abgesehen vom Kollateralschaden des armen Zeichenlehrers. Die Arbeitskollegin Madeleine Reber dagegen hatte sie aus Rache für die erlittenen Einkommensverluste aus dem Weg geräumt. Ob Sabine Hutter die irre Annahme getroffen hatte, Erbin ihrer Spanischlektionen zu werden, war nun unerheblich.

Eine Frage beschäftigte Frau Krüger weiterhin: »Wie konnten Sie sich sicher sein, dass sich Ihre Spanischkollegin als Erste über den Grittibänz hermachen würde?«

Mit einem geringschätzigen Grinsen, das Hutters jugendliches Gesicht umgehend in eine widerliche Fratze verwandelte, höhnte sie: »Sie haben das verfressene Opfer ja selbst gesehen. Zudem habe ich nachgeholfen, indem ich vor Madeleines Unterrichtsbeginn die Bemerkung habe fallen lassen, dass das feine Weihnachtsgebäck mit den süßen Rosinen vermutlich auch dieses Jahr nur für die ganz schnellen Kollegen einen anständigen Happen hergeben würde.«

DAS WEIHNACHTSPAKET

Rentner Otto Baumberger war unterwegs zum Hauptbahnhof Bern. Hinter sich zog er ein zweiräderiges metallenes Rollgestell durch den Schnee, auf das ein großes Weihnachtspaket geschnürt war. Darin befand sich die neueste Playstation in ihrer überdimensionierten Verpackung. Die Station war als Geschenk für den Enkel in Zürich bestimmt, den er heute besuchen wollte. Das Geschenkpapier war mit dunkelgrünen Tannenzweigen und roten Weihnachtssternen bedruckt sowie einer breiten zinnoberroten Schleife umschnürt. Schwer schien das Paket nicht zu sein. Bloß unhandlich. Entgegenkommende Passanten gingen ihm zuvorkommend aus dem Weg. Otto war froh, als er endlich Perron 3 erreichte, wo nach wenigen Augenblicken der Intercityzug nach Zürich einfuhr.

Alle Abteile waren stark besetzt. Endlich fand er noch einen freien Sitzplatz. Aber für das Weihnachtsgeschenk war dort kein ausreichend großer Stauraum vorhanden. Also legte er Mantel, Schal und Mütze auf den Platz, damit ihm diesen niemand mehr streitig machen konnte, und rollte das Gepäckstück in den Eingangsbereich des Waggons. Dort deponierte er es auf der Kofferablage.

Danach begab er sich zu seinem Sitzplatz zurück. Erschöpft ließ er sich in die Polster fallen.

Ihm gegenüber saß eine adrette Brünette um die 30. Sie starrte konzentriert auf ihren Laptop. Mit kirschrot lackiertem Zeigefingernagel tippte sie ab und zu darauf herum.

Ein Gespräch zwischen Otto und der Dame kam nicht zustande. Otto war's recht. Die beiden anderen Plätze blieben bis zur Abfahrt des Zuges frei. Erstaunlicherweise marschierten sämtliche Passagiere, die noch auf Platzsuche waren, blind an ihnen vorbei. Auch das war Otto recht.

Nach einer ruhigen Fahrt überraschte die Dame mit einer plötzlichen Bitte: »Entschuldigung. Könnten Sie kurz auf meine Sachen aufpassen?«

In 20 Minuten würde der Zug sein Ziel erreichen. Pünktlich.

Otto Baumberger reagierte erst, als sich die Frau bereits erhoben hatte. »Ja, ist gut«, brummte er und nickte dazu.

Die Mitreisende stöckelte durch den Mittelgang davon. Sie warf ihm über die Schulter ein melodiöses »Merci« zu. Kurz darauf wechselte die Toilettenanzeige über der automatischen Waggontür von grün auf rot.

Auf dem verlassenen Polstersitz in Fahrtrichtung befanden sich eine schwarze Lederhandtasche sowie die leere Textilhülle des Laptops. Das Gerät stand zugeklappt auf der Fensterablage. Auf dem Computer lag unübersehbar eine große, fette Brieftasche.

»Und ich soll all das hüten?«, wunderte sich Otto. »Dabei kennt mich diese Person doch gar nicht. Wie kann sie ausschließen, dass ich mich an den Wertsachen vergreife?« Andererseits fühlte er sich geschmeichelt, als vertrauenswürdig eingeschätzt worden zu sein. Exakt aus diesem Grund nahm er den Auftrag ernst. Das in ihn gesetzte Vertrauen sollte nicht erschüttert werden. Die gute Meinung der schönen Frau beabsichtigte er mit Auftragstreue und Zuverlässigkeit zu belohnen. Auf ihn war auch im Stadium nachdatierten Gammelfleisches absoluter Verlass. Noch in fortgeschrittenem Alter konnte er brauchen, was er einst bei der Armee in wochenlangem Wachtdienst geübt hatte. Der Killerinstinkt des arthritischen Kettenhundes war jedenfalls geweckt, die mentale Alarmanlage aktiviert. Eine unsichtbare Schutzzone umspannte Hab und Gut der abwesenden Passagierin.

Vorerst passierte nichts.

Dafür ging es anschließend im Minutentakt zur Sache. Kurz nacheinander eilten ein Tamile und ein Zugbegleiter mit Pferdeschwanz den Mittelgang entlang. Beide offensichtlich harmlos. Danach jedoch schlurfte eine dubiose Figur undefinierbaren Geschlechts und Alters daher, unverhohlen auf die verwaisten Wertsachen schielend. Augenblicklich war die Luft vom süß-sauren Gestank kalten Schweißes, von Alkohol und Urin erfüllt. Warnend hüstelte der wachhabende Otto, um eine mögliche Straftat im Vornhinein zu verhindern. Das personifizierte Böse polterte über die Treppe in den unteren Stock des Waggons und blieb weg.

Gefahr gebannt, dachte Otto Baumberger erleichtert.

Frontal näherte sich dafür eine entnervte Mutter mit schreiendem Baby auf dem Arm. Unverdächtig, sollte man annehmen. Otto ließ sich aber nicht so leicht täuschen. Er witterte die Gefahr und blieb aufmerksam. Schon war auch sie vorüber und das Portemonnaie lag noch immer unberührt an seinem Platz. Fehlalarm.

Dann nahte ein Jugendlicher mit Strickmütze und blassem Teint. Ein potenzieller Schwarzfahrer auf der Flucht vor dem Zugbegleiter? Der Jüngling trug eine ärmellose wattierte Jacke in Ultramarin und reiste ohne Gepäck. Noch bevor der Rentner das Gefahrenpotenzial des Herannahenden abschließend eingeschätzt hatte, setzte sich dieser frech, grußlos und völlig überraschend auf den freien Sitzplatz der abwesenden Brünette.

»Da ist jemand«, meinte Baumberger zum Besetzer, um in bewährter Manier Präsenz und Aufmerksamkeit zu markieren.

Der Angesprochene maulte spöttisch: »Wo denn?«

»Dort sitzt eine Frau«, antwortete Otto unbeirrt.

»Seh keine.«

»Doch. Sie kommt gleich zurück.«

»Wie schön«, frotzelte der Jugendliche. »Da freue ich mich.«

Otto Baumberger ließ sich nicht provozieren. Er erwiderte: »Sie wissen schon, wie ich's meine.«

»Opa, halt die Fresse!«, tönte es grob zurück.

Der unschöne Wortwechsel weckte das Interesse eines Mitreisenden. Fehlte gerade noch, dass der sich in die Unterhaltung einmischte und möglicherweise für den Halbstarken Partei ergriff. Hatte er alles schon erlebt, der Otto. Er begnügte sich daher mit einem mahnenden: »Wie bitte?«

Der vorlaute Schnösel ging nicht darauf ein. Wortlos erhob er sich, um überraschend von dannen zu ziehen. Mit Genugtuung nahm Otto Baumberger dessen Abgang zur Kenntnis – bis er realisierte, dass mit dem Halbstarken auch die Brieftasche verschwunden war!

Sofort sprang der Alte auf. Ein stechender Schmerz im Rücken zwang ihn, sich umgehend wieder hinzusetzen. Was war zu tun? Wie konnte der Dieb angehalten, überführt und dingfest gemacht werden?

Otto Baumberger schrie mit brüchiger Stimme in den vollen Waggon: »Haltet den Dieb!«

Wie lächerlich.

Die meisten Mitreisenden reagierten kaum. Sofern sie nicht ohnehin mit auf- oder eingesetzten Kopfhörern in einer eigenen akustischen Sphäre schwebten, zeigten sie wenig Lust auf eine Verbrecherjagd.

»Der Bursche in der blauen Windjacke hat soeben eine Brieftasche geklaut«, doppelte der Rentner vergeblich nach. Hätte er doch nur den Zugbegleiter informieren können. Leider war der längst durch und vorbei und erwartete vermutlich an der Zugspitze die baldige Einfahrt in den Hauptbahnhof. Was die bestohlene Dame nur so lange auf der Toilette machte? Zu gerne hätte er ihr die Situation geschildert, den Dieb beschrieben und ihr die Verantwortung übergegeben. Das rote Besetztzeichen leuchtete noch immer. Also lag die ganze Last der Verantwortung allein auf ihm. Er musste handeln!

Erneut erhob sich Otto Baumberger aus dem Polster. Dieses Mal wesentlich vorsichtiger und bedächtiger. Dann eilte er hinkend dem entschwundenen Delinquenten hinterher.

Für den Jungen war es ein leichtes Spiel, den greisen Verfolger auf Distanz zu halten. Abwechslungsweise floh der Dieb durch die unteren und oberen Abteile.

Aus der Lautsprecheranlage war eine Ansage zu vernehmen: »Wir erreichen in Kürze Zürich Hauptbahnhof. Ausstieg in Fahrtrichtung links.« Danach dieselbe Ansage auf Französisch, Italienisch und Englisch. Die zusätzliche Bekanntmachung von Verbindungsmöglichkeiten im Bahnhof Zürich stellte die Geduld auf eine harte Probe, als auch sie mehrsprachig erfolgte.

Der Alte befand sich inzwischen mehrere Waggons von seinem angestammten Sitzplatz entfernt. Die Menschen ringsum begannen bereits unruhig zu werden und sich einzukleiden. Erste Passagiere erhoben sich, behändigten ihr Gepäck und drängten zum Warteraum vor den automatischen Türen. Der Rentner sah sich gezwungen, unverrichteter Dinge zu seinem Sitzplatz zurückzukehren. Sollte er die Bahnpolizei informieren? Er hatte sein Handy ja bei sich. Ob die Polizisten es noch schaffen würden, in den wenigen verbleibenden Sekunden Fahrzeit auf das Perron zu eilen, um den jugendlichen Dieb in Empfang zu nehmen? Ein Versuch konnte nichts schaden. Otto Baumberger tastete in seinen Hosentaschen nach dem Mobiltelefon. Dann erst erinnerte er sich, dass er es dummerweise im Trenchcoat zurückgelassen hatte, der zu Hause am Kleiderständer hing.

»Soll die vertrauensselige Dame doch selbst weiterschauen«, haderte der Alte mit seiner Situation. »Irgendwie ist sie selbst schuld. Eine Brieftasche lässt man nicht offen herumliegen. Gelegenheit macht Diebe.«

Otto Baumberger hatte nun ein anderes Problem. Wo genau hatte er bloß gesessen? Jetzt, da Bewegung in die Reisenden gekommen war, fiel es ihm schwer, den eigenen Sitzplatz wiederzufinden. Wenn die Dame inzwischen an ihren Platz zurückgekehrt sein sollte, musste sie den Verlust der Brieftasche bemerkt haben. Aber, wie sah die Situation aus? Er war nicht an seinem Platz, um auf ihre Sachen aufzupassen. Musste sie nicht automatisch annehmen, dass er selbst die Brieftasche gestohlen hatte und abgehauen war? Dagegen sprach allerdings die Tatsache, dass sich sein Mantel, den er statt des Trenchcoats mitgenommen hatte, noch dort befand. Otto beabsichtigte, der Bestohlenen den Vorfall sachlich zu schildern und sich ihr als Zeuge anzubieten. Sie sollte wissen, dass er alles Menschenmögliche unternommen hatte, ihre

Sachen getreulich zu bewachen und das Portemonnaie zurückzubekommen.

Als er endlich seinen Mantel am Kleiderhaken erkannte und sich erschöpft ins Polster fallen ließ, war der Platz der Frau bereits geräumt. Otto Baumberger hob den Mantel vom Haken, schlüpfte umständlich in die Armlöcher und knüpfte das gute Tuch mit arthritischen Fingern von unten nach oben zu. Er bewegte sich Richtung Kofferablage und wollte sein großes Weihnachtspaket herunterstemmen. Doch dort lag keines mehr!

Das hatte er nicht erwartet. Otto Baumberger erging es wie vielen Rentnern: Er wurde etwas vergesslich. Er bückte sich darum und starrte in die gähnende Leere des Stauraumes. Sonderbar! War es möglich, dass jemand das Paket verwechselt hatte? Müsste in diesem Fall nicht zumindest ein fremdes Geschenk liegen geblieben sein? Der Rentner wandte sich um. Hatte er das Weihnachtspaket allenfalls gar nicht hier, sondern auf der anderen Seite des Waggons deponiert? Er war auf einmal verunsichert. Die Zeit drängte. Die Einfahrt des Zuges musste jeden Augenblick erfolgen. Dann konnte es schwierig werden, sich gegen den Strom von aussteigenden Passagieren zu bewegen.

Auch in der Kofferablage auf der anderen Seite fand er sein Gepäckstück nicht wieder.

Der Intercity kam zum Stillstand. Die meisten Menschen verließen den Zug. In kurzer Zeit hatte er sich fast entleert. In wenigen Augenblicken würde der Ansturm der neuen Passagiere das Aussteigen sehr erschweren. Otto Baumberger musste reagieren. Er spähte verzweifelt nach draußen. Dort erkannte er ihn wieder, den wattierten Burschen. Seite an Seite schlenderte er mit der eleganten Dame aus dem gemeinsamen Abteil den Perron entlang! Was Otto Baumgartner jedoch vollends den Glauben an die Menschheit raubte, war etwas ganz anderes.

Der Jüngling zog mit entspanntem Grinsen Ottos Rollwägelchen mit dem Weihnachtsgeschenk hinter sich her!

DAS WÄCHSERNE ANTLITZ

Im tief verschneiten Pfadfinderlager herrschte reges Treiben. Der verantwortliche Lagerleiter, ein 18-jähriger Rover mit Pfadinamen »Schlegu«, fand, dass das gemeinsame Kerzenziehen sich inzwischen zu einem wahren Chaos entwickelt hatte. Die sechs- bis zehnjährigen Pfadfinder der Wolfsstufe tauchten eifrig Dochte in das heiße Wachs, um möglichst lange, dicke Kerzen zu ziehen. Der Lärm war der Grund, dass sich Schlegu in die Küche zurückgezogen hatte. Er gönnte sich zur Beruhigung ein Bierchen aus der Dose. Dabei wäre er dafür zuständig gewesen, das Heulen seiner Wölfe auf Zimmerlautstärke zu reduzieren.

Im Talkessel befand sich ein großes Pfadfinderzentrum. Es bestand aus mehreren Gebäuden. Die angereiste Abteilung hatte das Haus »Sunneschyn« belegt, ein traditionelles Schweizer Chalet mit gemauertem Erdgeschoss und zweistöckigem hölzernen Aufbau. Das Mauerwerk war weiß getüncht, die Holzbalken darüber waren von der Sonne dunkelbraun gebrannt. Die Pfadfinder nutzten es für ihre Lager wie das PfiLa, das SoLa, das HeLa oder zum Jahresende das WiLa. Die Abkürzungen weisen mit »La« auf Lager, das davorgesetzte Kürzel steht für den Zeitpunkt der Durchführung. »Pfi« für Pfingsten, »He« für Herbst und »Wi« für Winter. Die meisten Aktivitäten im WiLa richteten sich nach den jeweiligen Schneeverhältnissen. Nur das jährliche Kerzenziehen stand vom Wetter unabhängig im Wochenprogramm der Adventszeit. Für einen symbolischen Obolus durften jeweils auch interessierte Dorfbewohnerinnen und -bewohner mitmachen. Das Angebot wurde rege genutzt. Aus dieser Kombination von Pfadfindern und Gästen entwickelte sich mit den Jahren eine regelrechte Begegnungskultur und ein lebendiger Austausch, ganz im Sinne der KaLei, der Kantonalen Leitung.

Der diesjährige Anlass fand an drei Nachmittagen im Essraum des »Sunneschyn« statt, der sich im Erdgeschoss befand. Die Luft war erfüllt vom Duft nach Kerzenwachs, dem Gestank von verschwitzten Wollsocken und dem Rauch aus dem gusseisernen Ofen. Die hölzernen Tische und Bänke waren ringsum an die Wände geschoben worden. Im großen Raum verteilt standen drei heiße Kupferkessel auf Brennspritkochern. Um jeden Kessel scharte sich eine dichte Traube von Kindern. Alle plauderten munter durcheinander. Die fertigen Kerzen wurden zum Abtropfen und Trocknen an eine gespannte Wäscheleine geknotet.

Plötzlich brach ein Tumult aus. Eine unübersehbar dichte Meute von Wölfen drängte um den Pot mit dem roten Wachs. Erst als ein gellender Schrei aus der Mitte des Knäuels ertönte, traten die Kinder zurück. Augenblicklich wurde es totenstill im Essraum.

Vor dem Pot hing der schlaffe Körper eines Pfadfinders in einer Art entkräftetem Kniefall. Kopf und Hals des Unglücklichen schwammen im roten Sud. Wie in Zeitlupe kippten der Körper und der Wachskessel gleichzeitig zu Boden. Das heiße Wachs ergoss sich über das Linoleum und entzündete sich am Spritkocher. Es dauerte, bis einem der Pfadfinder in den Sinn kam, den Feuerlöscher, der neben einem Fenster an der Wand hing, zu betätigen und damit eine gute Tat zu vollbringen. Glücklicherweise war der Brand rasch gelöscht.

Der wächserne Mensch benötigte dringend Hilfe. Er musste jedoch zuerst auf den Rücken gewuchtet werden. Das mit rotem Wachs völlig verklebte Gesicht wirkte, als trüge es eine blutige Maske ohne Augen-, Nasen- und Mundöffnung. Der Anblick war grausam und bizarr. Darum dauerte es einen Augenblick, bis das Opfer erkannt worden war und jemand in die Menge schrie: »Es ist Schlegu!«

Ein Nothelfer befreite geistesgegenwärtig Nase und Mund des Opfers vom Wachs und begann mit einer Mund-zu-Mund-Beatmung. Leider war alle Kunst der Ersten Hilfe umsonst. Der Rover musste bereits im Wachs erstickt sein. Dass ausgerechnet der große und kräftige Pfadileiter kopfüber in den Topf gefallen war und sich nicht rechtzeitig befreien konnte, versetzte seine überlebenden Wölfe in apathische Ratlosigkeit. Wie nur hatte ausgerechnet ihrem Chef dieses skurrile Unglück zustoßen können? Warum hatte einer, von dem erwartet wurde, jederzeit sein Wolfsrudel zu beschützen, sich selbst nicht vor Unheil bewahren können? Neben dem blanken Entsetzen machte sich eine bodenlose Verunsicherung breit. Einige der Pfadfinder begannen zu weinen. Andere verharrten mit kreidebleichen Gesichtern in stummer Verzweiflung.

Rettungssanität und Polizei waren rasch vor Ort. Selbst die Feuerwehr rückte noch an, obschon der Brand längst gelöscht worden war. Die Helfer ergriffen die erforderlichen Maßnahmen. Die telefonisch informierte KaLei der Pfadfinder befahl den sofortigen Abbruch des WiLa. Sämtliche Lagerteilnehmer mussten umgehend ihre Siebensachen packen.

Unter der Leitung eines schnell herbeigeeilten Verantwortlichen traten sie noch am selben Abend per Eisenbahn den Heimweg an. Wie sich später herausstellen sollte, etwas zu hastig. Das von der Polizei aufgebotene Care-Team kam darum zu spät. Die Koordination zwischen der Polizei und den Pfadfindern war offensichtlich nicht optimal. Sämtliche Augenzeugen hatten sich bereits in alle Winde verteilt. Für die Verantwortlichen der Kantonspolizei ein Debakel. Die umgehend einberufene Soko, eine Sonderkommission der Abteilung für Leib und Leben der Kantonspolizei, sparte darum nicht mit Kritik an der Uniformpolizei.

Bereits am kommenden Tag verbreitete der Sender eines Regionalradios das unbestätigte Gerücht, dass es sich beim toten »Wachsmann« möglicherweise nicht um ein Unfall-, sondern um ein Mordopfer handelte. Da alle auswärtigen Pfadfinder längst zu Hause waren, hatte sich der ortsansässige Journalist des Radiosenders nach einheimischen Gästen umgesehen, die am Kerzenziehen im »Sunneschyn« teilgenommen und etwas über den Hergang des Dramas zu berichten hatten. Dabei war er auf zwei Mädchen gestoßen, die folgende brisante Aussage gemacht hatten:

»Einem Pfadi ist seine Kerze in den Topf gefallen. Er konnte sie selbst nicht mehr herausfischen. Dabei pressierte es, denn die Kerze löste sich im heißen Wachsbad auf.«

Das andere Mädchen hatte ergänzt: »Ja, und darum ging ich zusammen mit einem Pfader den Lagerleiter suchen. Der saß in der Küche und soff. Ich glaube, er war schon ziemlich hinüber. Er erhob sich schwankend, ergriff eine Fonduegabel und folgte uns zum Topf mit dem roten Wachs.«

Das erste der Mädchen hatte nun wieder die Berichterstattung übernommen. »Danach ging alles so schnell. Der

Leiter kniete sich neben den Topf und begann nach der Kerze zu stochern. In diesem Augenblick stieß ihn jemand in den Rücken. Er ließ die Gabel fallen und kippte kopfüber in das Wachs, so besoffen wie er war.«

»Genau so war's«, hatte das zweite Mädchen bestätigt. »Und als der Leiter den Kopf aus dem Wachs heben wollte, hinderten ihn zwei Jungs zu seiner Linken und Rechten mit dem ganzen Gewicht ihrer Oberkörper daran. Es war Absicht.«

Der Journalist hatte irritiert nachgefragt: »Was war Absicht?«

»Ja eben, dass der Leiter in den Topf gefallen ist und nicht mehr raus konnte.«

»Ihr seid euch aber schon bewusst, was für eine Ungeheuerlichkeit ihr damit andeutet!«

»Wir haben es genau gesehen«, hatten sich die beiden Mädchen fast zeitgleich ereifert. »Vermutlich hat bereits der erste Pfadi seine Kerze absichtlich fallen lassen. Nur damit er einen Grund hatte, den Leiter zum Topf zu locken.«

»Habt ihr das schon der Polizei erzählt?«, hatte der Journalist gefragt.

Die beiden Mädchen hatten verneint.

Der Journalist hatte umgehend nach seinem Mobiltelefon gegriffen und die Notrufnummer der Polizei gewählt. Gegenüber den Mädchen hatte er präzisiert: »Die Wölfe haben offenbar ihr Leittier ermordet!«

Das Care-Team kam nun doch noch zum Einsatz. Verschiedene Eltern von verstörten Pfadfindern meldeten sich entweder bei der Polizei oder bei ihren Hausärzten. Beide Stellen leiteten die Anfragen an das Fachpersonal des Care-Teams weiter. Dieses machte anschließend mehrere Hausbesuche. Dabei kristallisierten sich zwei verschiedene Gruppen von traumatisierten Kindern heraus. In der einen Gruppe befanden sich jene Augenzeugen, die mit der emotionalen Verarbeitung des Geschehens Mühe hatten. Sie klagten über Schlafstörungen und allgemeine Niedergeschlagenheit. Zum Teil hatten sie das Bedürfnis, das Erlebte immer wieder neu zu erzählen. Vor allem aber litten sie am Verlust ihres geschätzten Lagerleiters und Rovers.

Der zweiten Gruppe ordnete das psychologisch geschulte Personal des Care-Teams jene Kinder zu, die im Gegensatz zu den Pfadfindern der ersten Gruppe über das Ableben von Schlegu regelrecht erleichtert zu sein schienen. Es handelte sich ausnahmslos um Buben. Geschicktes Nachfragen förderte die Beschuldigung zutage, dass der Lagerleiter offenbar wiederholt sexuelle Handlungen mit Knaben begangen hatte. Mit Rücksicht auf die Kinder blieb den Opfern die Schilderung der konkreten Vergehen vorerst erspart. Allzu groß war die Gefahr, dass die Befragung selbst zu einem weiteren Trauma ausartete.

Auch ohne quälende Erinnerungsarbeit wurde den Psychologen bald klar, dass die Anschuldigungen gegen den verstorbenen Lagerleiter höchst wahrscheinlich auf Tatsachen beruhten. Drei der Wölfe schienen durch Schlegu besonders oft und gravierend geschändet worden zu sein. Dass es genau dieselben drei Pfadfinder waren, die im »Sunneschyn« ihre Kerzen an dem Topf gezogen hatten, als der Rover im Wachs erstickte, überraschte eigentlich niemanden. Es sah ganz danach aus, dass sich die drei Buben an ihrem Peiniger gerächt hatten.

Die zuständigen Behörden hatten nun die schwierige Aufgabe, juristische und psychologische Erwägungen gegeneinander abzuwägen. Was konnte für wen gewonnen werden? Wer sollte wie und für was bestraft werden?

Wie sah es mit dem Rechtsempfinden der Angehörigen beider Parteien aus?

Die Familie des ermordeten Lagerleiters jedenfalls zeigte kein allzu großes Interesse daran, dass der Kinderschänder aus ihren Reihen noch länger in den nationalen Medien vorgeführt wurde und ihnen dadurch den Alltag zur Hölle machte. Darum blieben den drei Wölfen, abgesehen vom ertragenen Leid, weitere Strafen erspart. Das Verfahren wurde mangels Beweisen offiziell zu den Akten gelegt.

Dass der Gerichtspräsident selbst jahrelang aktiver Pfadfinder gewesen sein soll, interessierte niemanden.

DAS SEIDENFEINE NEGLIGÉ

Der Hausdetektiv eines Warenhauses besucht einen Berufskollegen, den legendären Privatdetektiv Hanspeter Feller, in dessen Thuner Büro.

»Lieber Kollege, was führt dich zu mir?«, wundert sich Feller. Es ist das erste Mal, dass Erwin Küng seinen Rat sucht.

Der windet sich. »Es handelt sich im Grunde genommen um eine einfache Geschichte. Trotzdem bleibt sie rätselhaft.«

»Komm, nimm Platz«, fordert ihn Feller auf. »Einfach und rätselhaft zugleich? Eine ungewöhnliche Kombination.«

»Ich weiß, es tönt komisch. Ich komme im Fall eines Ladendiebstahls nicht weiter. Die Geschäftsleitung setzt mich unter Druck. Ich muss den Vorfall aufklären, sonst kann ich mir einen neuen Arbeitgeber suchen.« Seine Stimme zittert. »Mit dem zu erwartenden Arbeitszeugnis ein Ding der Unmöglichkeit.«

»Na ja, Ladendiebstahl ist doch dein Kerngeschäft?«, wundert sich Feller. »Das hast du im Griff!«

»Nein, eben nicht«, gesteht Küng. »Ich komme in einem bestimmten Fall nicht weiter.«

»Du lässt mich etwas in der Luft hängen, Erwin. Rück endlich mit den Fakten raus«, fordert ihn der Thuner Privatdetektiv ungeduldig auf.

»Es geht um einen vermissten Kassenbon. Damit könnte hieb- und stichfest geklärt werden, ob sich eine Verkäuferin im Damenrayon ein teures Negligé unter den Nagel gerissen hat. Die mutmaßliche Diebin wurde von einer Kollegin beobachtet. Diese hat mir den Vorfall umgehend gemeldet.«

»Ist doch super! Ich verstehe nicht, warum du mich in einem so klaren Fall um Hilfe bittest?«

Erwin Küng führt aus: »Ich habe gesagt, dass der Vorfall zwar einfach, zugleich aber auch rätselhaft ist. Als ich wie gewöhnlich nach Feierabend beim Personal ein paar Stichproben gemacht habe, durchsuchte ich natürlich auch die Handtasche und die Mantelsäcke der verdächtigen Mitarbeiterin. Tatsächlich habe ich das besagte Seidenkleidchen gefunden.«

»Toll«, bemerkt Feller, obschon er inzwischen annimmt, dass die Geschichte einen Haken haben muss.

»Die kontrollierte Verkäuferin konnte mir den entsprechenden Kassenbon vorlegen. Sie hat das Kleid offensichtlich gekauft. Ich musste mich bei ihr entschuldigen. Erst bei der Abrechnung der Tageseinnahmen kam dann ans Licht, dass ein Betrag fehlt. Er entsprach präzis den Kosten des besagten Kleidungsstückes: satte 499 Schweizer Franken!«

»Hoppla!«, wundert sich Feller. »Habe gar nicht gewusst, dass ein Hauch von Seide derart zu Buche schlagen kann.«

Erwin Küng ist nicht zum Scherzen aufgelegt. »Solche exklusiven Kleidungsstücke führen wir ausschließlich während der Weihnachtszeit. Nur dann besteht ein Markt für Luxusgeschenke.«

»Verstehe. Was hast du danach unternommen?«, fragt Feller weiter.

»Wir haben im Damenrayon Inventur gemacht. Dabei kamen erhebliche Differenzen zwischen Soll und Haben im Warenbestand zutage. Unter anderem musste festgestellt werden, dass von den drei Exemplaren des besagten Modelles nur noch die Konfektionsgröße S aufzufinden war. Die beiden anderen Größen, M und L, waren verschwunden.«

»Na ja, wo zumindest eines der beiden Stücke zu finden ist, muss dir klar sein. Es befindet sich logischerweise bei der Verkäuferin zu Hause. Also«, meint Hanspeter Feller, »dann besuche die Verkäuferin zu Hause und lasse dir Negligé und Kassenbon noch mal zusammen vorlegen. Kann doch sein, dass du am Abend des vermeintlichen Diebstahls nicht sorgfältig genug kontrolliert hast.«

Küng winkt müde ab. »Das habe ich doch längst unternommen. Obschon mir dieser Besuch mehr als peinlich war, musste ich die Möglichkeit im Auge behalten, dass die langjährige Verkäuferin, sie heißt übrigens Klara Burgener, auch die Kundin gewesen ist. Was für eine Zumutung und Beleidigung, falls ich mich erneut irren sollte.«

»Kontrolle und Überwachung sind dein Job. Das wird auch Frau Burgener verstehen.«

»Sie hat mich bei sich zu Hause empfangen, hat das Kleid hervorgeholt, das zu dem Zeitpunkt tatsächlich noch in ihrem Besitz war und …«

»Und sie hat dir den entsprechenden Kassenbon anstandslos vorgelegt«, vervollständigt Feller in zweifelndem Tonfall.

»Nein. Eben nicht!«, entfährt es seinem Kollegen. »Ausgerechnet diesen Beleg konnte sie nicht mehr finden.«

Feller wundert sich. »Wann hat sie denn danach gesucht?«

»Sie hat behauptet, bereits vor meinem Erscheinen den Kassenbon vermisst zu haben.«

»Warum war sie sich da so sicher? Ein Zettelchen kann leicht übersehen werden.«

»Nicht in dem Fall«, meint Erwin Küng. »Sie hat mich nämlich speziell darauf hingewiesen, dass der Kassenbeleg gleichzeitig als Garantieschein dient. Da das Negligé so kostspielig war, wollte sie sich den Schein für den Fall versteckter Material- oder Herstellungsmängel unbedingt aufheben.«

»Wann hat sie das Fehlen des Belegs festgestellt?«, will Feller wissen.

»Interessante Frage. Sie hat behauptet, dass sie den Kassenbon seit dem Besuch der Arbeitskollegin vermisst, die sie hinter ihrem Rücken angeschwärzt hat.«

»Moment. Das musst du mir erklären«, unterbrach ihn Feller.

»Mona Gertsch, die Arbeitskollegin im Damenrayon, die behauptet, den Diebstahl beobachtet zu haben, besuchte die mutmaßliche Diebin zu Hause.«

»Das ist eigenartig. Pflegten die beiden Frauen denn schon zuvor private Kontakte?«

»Nicht dass mir bekannt wäre. Ich denke, sie sind bloß Arbeitskolleginnen.«

Feller presst seine Lippen zu einem schmalen Schlitz zusammen. Dabei werden sie fast weiß. »Nimmt mich nur wunder, was genau Frau Gertsch gesehen haben will.«

»Es tönt plausibel. Sie hat beobachtet, wie eine Kundin kurz vor Ladenschluss mit einem Exemplar des Negligés vor die Kasse trat. Dort hat sie die Rechnung bar beglichen. Das gefaltete Seidenhemdchen wurde mit Seidenpapier umwickelt und in eine flache Kartonschachtel gelegt. Diese Schachtel wurde mit Weihnachtspapier eingepackt und mit breitem Schmuckband umknüpft. Danach hat die Kundin das Paket ergriffen und in ihre lederne Umhängetasche gesteckt. Auf den Kassenbon hat sie verzichtet! Und jetzt kommt's: Klara Burgener hat nach Aussage von Mona Gertsch den Kassenbon eingesteckt, um sich damit denselben Artikel nehmen zu können – ohne zu bezahlen.«

»Sind die Artikel nicht alle mit Strichcodes versehen?«

»Doch. Warum?«, fragt Küng zurück.

»Wird nach dem Einlesen des Codes neben Artikelbezeichnung, Preis und Mehrwertsteuer auch die Größe auf dem Kassenbon ausgedruckt?«

»Klar. Das Negligé war Größe M«, bestätigt Erwin Küng. »Aber da liegt ja das Problem. Weil der Zettel verschwunden ist, konnte ich die Größe nicht überprüfen.«

Feller resümiert halblaut: »Es waren total nur drei Kleidchen verschiedener Größe am Lager. Kleid M befindet sich bei Frau Burgener, Kleid S wurde bei der Inventur registriert. Somit hat die Kundin das Seidenhemd der Größe Large gekauft. Das sollte so auch auf dem Beleg stehen. Wenn wir den haben, kann über Schuld oder Unschuld der Verdächtigen geurteilt werden.«

»So ist es«, bestätigt sein Kollege.

»Nehmen wir mal an, Frau Gertsch, die überraschend Frau Burgener besucht, hat den Kassenbon in deren Wohnung entdeckt und entwendet. Da stellt sich die Frage, was sie mit dem Zettel anfangen soll. Was für einen Vorteil bringt ihr der Besitz des Kassenbons?«

»Diesbezüglich ist der Fall klar«, meint Küng. »Wenn es der richtige Zettel ist, bringt er ihr gar nichts. Sie könnte ihn höchstens mir aushändigen, um die Unschuld der zuvor Verdächtigten zu belegen. Warum sollte Frau Gertsch das tun? Wäre es nicht viel logischer und einfacher, wenn Frau Burgener selbst den korrekten Beleg vorlegen und damit ihre Unschuld beweisen würde?«

»Also ist es höchstwahrscheinlich doch der falsche Kassenbon«, hält Feller fest. »Derjenige nämlich, den die Kundin hat liegen lassen.«

»Sieht ganz danach aus«, bestätigt Erwin Küng entkräftet.

Feller atmet tief ein. »Ich stelle nochmals dieselben Fragen: Was sollte Frau Gertsch mit dem Zettel anfangen? Wozu könnte er ihr dienlich sein? Was für einen Vorteil würde ihr der Besitz des Kassenbons bringen?«

»Die Verkäuferin könnte damit Klara Burgener erpressen«, antwortet Küng.

»Mona Gertsch könnte sie beispielsweise dazu zwingen, nun für sie Ladendiebstahl zu begehen. Ohne dass die Erpresserin befürchten müsste, dass ein Verdacht auf sie fällt. Sogar wenn Frau Burgener in flagranti erwischt werden sollte.«

»Stimmt, Hanspeter. Ich denke, es könnte sich tatsächlich lohnen, auch Frau Gertsch einen unangemeldeten Besuch abzustatten.«

Mit dieser Erkenntnis verabschiedet sich Küng von Feller. Zuvor haben sie vereinbart, dass sich Feller genau dann bei Frau Gertsch als falscher Cablecom-Vertreter vorstellen soll, wenn Küng bei ihr ist. Das würde die Frau ablenken und Küng die Chance verschaffen, ihre Wohnung nach dem Kassenbon zu durchsuchen.

Der Besuch findet an Mona Gertschs freiem Tag statt. Küng konnte leicht eruieren, wann dieser ist. Als Küng gerade in der Küche der Mitarbeiterin Platz nimmt, klingelt es an der Tür. Feller spielt seine Rolle als Vertreter gut. Er bequatscht Frau Gertsch mindestens zehn Minuten, bis es ihr endlich gelingt, den aufsässigen Kerl zu unterbrechen und sich mit dem Hinweis von ihm zu verabschieden, dass sie gerade Besuch habe.

Küng schafft es, währenddessen Küche und Büro zu durchforsten. Dabei konzentriert er sich auf jene Orte, die sich als Versteck besonders gut eignen. In der Küche sind das Biskuitschachteln, eine Kaffeedose, das Gefrierfach des Kühlschranks und die Brotbüchse. Im Büro öffnet er alle Schreibtischschubladen, greift hinter Bücher auf dem Wandgestell und kontrolliert unter dem Papierstapel im Laserdrucker. Alles vergeblich.

Dann vernimmt er die Stimme von Feller, der überdeutlich das vereinbarte Warnzeichen gibt: »Schade, schade!« Das Weitere wird wieder in normaler Lautstärke gesprochen. »Schade, Frau Gertsch, dass Sie von unserem günstigen Angebot nicht profitieren und auf das superschnelle Netz-Abo umsteigen wollen, jedoch …«

Den Rest versteht Küng nicht mehr. Schnell eilt er zurück in die Küche und setzt sich wieder.

Als sich die beiden Detektive später auf der Straße treffen, meint Küng: »Verdammte Scheiße! Ich war noch nicht fertig. Wir müssen das Spielchen noch mal durchziehen.«

»Unmöglich. Ich kann nicht schon wieder als aufsässiger Vertreter auftreten.«

»Dann müssen wir uns etwas anderes überlegen«, entscheidet Küng.

»Gehört der schwarze BMW am Gartenzaun Frau Gertsch?«

»Ja, ich kenne den Wagen aus der Tiefgarage im Warenhaus. Schon sonderbar, dass sich eine Verkäuferin mit ihrem kleinen Lohn so einen Schlitten leisten kann.«

»Das spricht für die Erpressungstheorie«, folgert Feller kühl und fährt fort: »Ich habe eine Idee. Das nächste Mal, wenn du ihre Wohnung überprüfen willst, trete ich mit dem Schuh so kräftig gegen den Wagen, dass die Warnanlage losheult. Das wird die Dame aus dem Bau locken. Bis Frau Gertsch die Anlage abgestellt hat, hast du Zeit, die restlichen Zimmer zu durchsuchen. Wenn du die Alarmanlage nicht mehr heulen hörst, weißt du, dass Mona Gertsch nächstens ins Haus zurückkehrt.«

Erwin Küng grinst Feller von der Seite an: »Hanspeter, du bist mir einer!«

Bei der zweiten Hausdurchsuchung findet Erwin Küng Gelegenheit, das Bade- und das Wohnzimmer unter die Lupe zu nehmen. Im Badezimmer verschiebt er die Körperwaage, öffnet Kartonpackungen von Medikamenten, schraubt Deckel von Pflegeprodukten ab und kontrolliert die halb offene Packung Toilettenpapier. Leider alles erfolglos.

Erwin Küng ist zerknittert, als er das negative Resultat seinem Kollegen bekanntgeben muss.

»Das ist doch nicht möglich!«, grollt Hanspeter Feller. »Der verdammte Wisch muss dort irgendwo zu finden sein! Nie und nimmer würde Frau Gertsch den Zettel wegschmeißen, solange sie damit Frau Burgener erpressen kann!«

Erwin Küng nickt zustimmend, um gleich wieder den Kopf hängen zu lassen. »Was tun wir jetzt?«

»Lass mich überlegen«, brummt Feller.

»Überlege aber nicht zu lang, sonst bin ich meinen Job los.«

»Ich weiß. Schlimmstenfalls könntest du bei mir in der Detektei arbeiten. Wenigstens vorübergehend. Bis mein Assistent Jürg Lüthi aus den Ferien zurückkehrt.«

»Merci, Hanspeter.« Erwin strahlt ihn dankbar an.

Auch in den kommenden zwei Wochen werden keine Rätsel gelöst. Der Geschäftsführer hat seinem Ladendetektiv Erwin Küng wie erwartet eine Frist zur Auflösung des Falls gesetzt.

Fellers Angebot, Erwin Küng notfalls bei sich in der Detektei zu beschäftigen, löst sich in Rauch auf. Jürg Lüthi kehrt eher als erwartet in die Schweiz zurück und brennt darauf, sich mit frischem Tatendrang in die kriminelle Unterwelt des Oberlandes zu stürzen.

Für Erwin Küng sieht es schlecht aus. Umso mehr, als die Ladendiebstähle in den letzten Wochen massiv zugenommen haben.

Dann bringt ausgerechnet derjenige den erhofften Fortschritt, der bisher am wenigsten mit dem Fall des Negligés zu tun gehabt hat: Jürg Lüthi. »Hanspudi, kannst du bitte so bald als möglich Erwin in die Detektei rufen? Ich habe etwas für ihn.«

Feller wundert sich ob der Geheimniskrämerei seines Assistenten. Er lässt ihn gewähren und Erwin antraben.

Dieser erscheint völlig durchgefroren. Die letzten Tage hat es am Thunersee bis in die Niederungen geschneit. Einer weißen Weihnacht scheint für dieses Jahr nichts mehr im Weg zu stehen.

Als alle drei Detektive um den Besprechungstisch an der Frutigenstrasse sitzen, greift Jürg Lüthi in die Innentasche seiner mit Schafwolle gefütterten Lederjacke. Mit schwungvoller Geste knallt er seine rechte Hand auf den Tisch. Zwischen Daumen und Zeigefinger steckt ein Zettelchen. Der Kassenbon!

»So, meine Freunde. Da habt ihr das Gesuchte!«, verkündet er stolz.

Feller und Küng sind sprachlos. Wie und wann ist es dem Jungspund gelungen, den verschwunden Kassenbon ausfindig zu machen?

Jürg Lüthi genießt den Augenblick. Mit breitem Grinsen lehnt er sich in den Stuhl zurück, legt beide Arme in den Nacken und räkelt sich mit halbgeschlossenen Augen wie ein Sonnenanbeter in der Mittagshitze Andalusiens.

Sein Chef drängt: »Jüre, erzähl schon! Wie hast du das Unmögliche geschafft?«

»Tja«, meint er selbstzufrieden und beginnt mit seinem Bericht. »Ich habe mich ohne entsprechenden Auftrag bei Mona Gertsch gemeldet. Ich habe ihr gleich die Wahrheit gesagt und mich als Privatdetektiv vorgestellt. Allerdings mit der Behauptung, ihre Arbeitskollegin habe mich damit beauftragt, dem erpresserischen Terror ein Ende zu bereiten. Ich habe Frau Gertsch plausibel machen können, dass es im Interesse beider Frauen wäre, wenn die Polizei nicht eingeschaltet würde, um die unsägliche Geschichte mit einem versöhnlichen Ende abzuschließen. Mona Gertsch hat alle vorgebrachten Anschuldigungen bestritten. Ich habe schnell realisiert, dass es eine schwierige Mission werden könnte. Immerhin hat sie mich in die Küche gebeten. Dort habe ich ihr die Situation von Klara Burgener nochmals darzulegen versucht. Vergeblich. Frau Gertsch ist zunehmend ungeduldig und gehässig geworden. Plötzlich hat sie sich erhoben, um auf die Toilette zugehen. Ich habe mich die ganze Zeit während der Diskussion in der Küche umgesehen. Dabei ist mir der Kühlschrank ins Auge gefallen. An seine Tür sind bunte Magnete mit Einkaufszetteln, Telefonnummern und Feriengrüßen geheftet. Und Kassenbons. Einer davon vom Warenhaus am Bahnhofplatz. Allerdings habe ich von Weitem gesehen, dass er nicht annähernd den Betrag ausweist, der im Fall des teuren Negligés hätte angezeigt werden müssen. Ein Detail des Zettels hat dennoch meine Neugier geweckt. Im Gegensatz zu den anderen Kassenbelegen hat sich das dünne Papier in Richtung Aufdruck gebogen, statt wie gewöhnlich nach hinten. Die Kassenbelege werden bekanntlich auf Papierstreifen ab schmalen Rollen gedruckt. Dadurch erfolgt der Druck stets auf die Oberseite der konvexen Kassenbons. Der Bon am Kühlschrank hingegen wölbte sich konkav zur Schrift hin. Das ist mir komisch vorgekommen. Während sich Frau Gertsch geräuschvoll erleichtert hat, habe ich mich etwas zur Seite geneigt, um den fraglichen Zettel zu ergattern. Frau Gertsch hat nichts mitbekommen. Trotzdem bin ich kurz nach ihrer Rückkehr von der Toilette ziemlich unfreundlich aus dem Haus gewiesen worden. Kaum bin ich in meinem Fiat gesessen, habe ich mir den Beleg genauer angeschaut. Und welch Wunder: Als ich ihn umdrehe, kommt nochmals eine Abrechnung zum Vorschein. Eine mit dem stolzen Betrag von 499 Franken. Der Kassenbon ist beidseitig bedruckt!«

Mit zittriger Hand greift Erwin Küng nach dem Kassenbon auf dem Tisch. Er wendet ihn mehrmals ungläubig in den Fingern und wiederholt: »Das gibt es nicht! Das glaub ich nicht! Da hing der verdammte Zettel die ganze Zeit für alle gut sichtbar am Kühlschrank. Dort, wo ihn keiner erwartet.«

»So ist es«, bestätigt Jürg Lüthi. »Die naheliegendste Lösung ist schlicht übersehen worden.«

Die anschließende Untersuchung des Zettels fördert auf der Rückseite des echten Belegs tatsächlich eine gefakte, mit Laserdrucker produzierte Abrechnung zutage. »Damit kann endlich die Schuldfrage geklärt werden«, frohlockt Küng. »Auf dem Zettel steht die Konfektionsgröße L wie Large. Also steht fest, dass es sich um den Beleg der Kundin handelt.«

»Genau«, bestätigt Feller. »Klara Burgener hat ihn in einem schwachen Moment entwendet, um an das für sie unbezahlbare Negligé der Größe M zu gelangen. Ihre Schuld ist somit eindeutig bewiesen.«

Und Lüthi meint grinsend: »Wenn das nicht ein seidenfeiner Beweis ist!«

DIE CHRISTBAUMKUGEL

Als Sascha Sägesser der Punkerfrau Priscila Meier den Spruch »sonst gebe ich dir die zweite Kugel« an den Kopf wirft, bleibt vorerst unklar, was er damit genau meint. Zwar steht Priscila bei ihm seit Wochen in der Kreide. Sie hat mehr Stoff bezogen, als sie bei ihrer Kundschaft termingerecht absetzen konnte. Bis anhin hat Sascha in solchen Situationen Geduld aufgebracht.

Die Berner Drogenszene ist klein und überschaubar. Jeder kennt jede und umgekehrt. Das ist praktisch. Vor allem für die Kundschaft aus der Provinz, die bloß alle paar Wochen in die Hauptstadt reist, um sich ihr Quantum Gift zu beschaffen. Weil Priscila sich tagsüber meist um den Hauptbahnhof herum aufhält, muss sie von ihrer Kundschaft nicht lange gesucht werden. Die abhängigen Drogenkids reisen per Zug an, decken sich mit dem Stoff ein und sind schon wieder weg, bevor die Bullen einmal leer geschluckt haben. So jedenfalls hat es Sascha der 17-jährigen, spindeldürren Punkerbraut geschildert, bevor sie sich definitiv dazu entschieden hat, für Sascha alias Säschu Stoff zu verticken. Im Bernbiet ist es üblich, Vornamen im mündlichen Umgang abzuändern. Nach Möglichkeit sollen sie auf »u« enden. Aus Thomas wird Thömu, aus Beat der Beätu und aus Sascha eben ein Säschu. Die weiblichen Vornamen hingegen werden auf »e« gebogen. Aus Sandra wird Sändle, aus Barbara Bärble und aus Priscila Prisce.

Prisce Meiers Geschäft ist gut angelaufen, immer rentabler geworden und hat ihr schließlich sogar ermöglicht, eine eigene kleine Wohnung in einem Hochhaus im Wylergut zu mieten. Die junge Frau ist äußerlich zwar eine eher auffällige Zeitgenossin. Im Gegensatz zu vielen ihrer Kolleginnen wirkt sie jedoch nicht ungepflegt. Ihr kurz geschnittenes, blau gefärbtes Haar ist stets sauber und mit Gel zur Igelfrisur gekämmt. Nasen- und Ohrenpiercing sind mit einem echten Silberkettchen verbunden. Die Klamotten besorgt sie sich auch mal im teuren Szeneschuppen. Überhaupt legt sie Wert darauf, sich von anderen Punkerbräuten durch einen »mehrwertigen« Stil abzuheben. Besonders von Christina Gomes, einer Kollegin mit portugiesischen Wurzeln.

Priscila hängt sich seit dem ersten Advent eine kleine violette Weihnachtskugel an den linken Ohrring. Bereits einen Tag später wurde sie von Christina, sprich Chrige, kopiert. Auch sie behängt sich mit Weihnachtsschmuck. Allerdings nicht mit vergleichbarer Raffinesse, wie Priscila bemerkt. Chriges Christbaumkugel ist viel zu groß für ihre Ohren und zudem mit peinlichem Goldglimmer besetzt.

Beim Kampf um die Gunst ihres allmächtigen Dealers, des coolen Sascha Sägesser, gönnen sich die beiden Punkergirls erst recht nichts. Seine geilen Muckis, der krasse Haarkamm und die abgefuckte Lederkluft rauben den beiden Verehrerinnen den Schlaf. Sogar sein missratenes Tattoo, ein grausiges Spinnennetz auf der linken Gesichtshälfte, wird von beiden Anwärterinnen mit Ausdrücken wie »geil« oder »krass« gelobt.

Momentan dürfte Chrige im Konkurrenzkampf der holden Grazien die Nase vorn haben.

Sascha Sägesser verteilt seine Gunst gewöhnlich nach dem Geschäftserfolg seiner Mitarbeiterinnen und Mitarbeiter. Das scheinen die beiden Mädchen nicht verstanden zu haben. Dass sie ihrem Chef nur mehr Kohle als Liebesbeweis abzuliefern bräuchten. Stattdessen behängen sie sich mit Christbaumkugeln und färben die Haare mit chemischen Produkten, die allenfalls den irreversiblen Haarausfall, jedoch nicht die angestrebte Beziehung beschleunigen.

Für Prisce sieht's beschissen aus. Wieso sonst hätte Säschu ihr den verwirrenden Satz mit der zweiten Kugel an den Kopf geschleudert. Dabei glaubt Prisce, den vordergründigen Witz der Bemerkung gecheckt zu haben. Er muss auf ihren Ohrschmuck angespielt haben. Die erste Kugel eben. Gleichzeitig hat die junge Frau den drohenden Unterton der Botschaft verstanden. Wenn sie Säschu nicht bald die geschuldeten Scheine hinblättert, könnte er durchaus härtere Saiten aufziehen. Dass er im Besitz einer Pistole ist, weiß sie aus eigener Beobachtung. Ob er die tatsächlich benutzen würde, ist für Prisce schwer abzuschätzen. So oder so ist ihr klar, dass schnellstens die fehlende Summe beschafft werden und die belastenden Schulden beglichen werden müssen. Dafür hat sie bereits einen vagen Plan.

Am Wohnort von Priscila Meier lebt unter anderen ein alleinstehender älterer Herr auf demselben Stockwerk. Was er beruflich macht, weiß sie nicht. Er scheint jedenfalls nicht unvermögend zu sein. Sie hat ihn kürzlich mit einem tollen Schlitten aus der Tiefgarage kurven gesehen. Am Heck prangte ein aufgeklebtes Fischsymbol.

Mit diesem Mann steht sie seit heute Morgen auf Kriegsfuß. Als sie mit dem neuen Ohrschmuck in den Aufzug trat, stieg im letzten Augenblick besagter Nachbar hinzu. Sie bröselt ein »Hallo« hervor. Er grüßte salbungsvoll mit »Grüß Gott«. So ein idiotischer Gruß. Wo, wie und warum sollte sie für den Stinker ausgerechnet Gott grüßen? Natürlich musste der Alte so reden. Als sie das letzte Mal an seine Tür getreten ist, um sein Namensschild zu entziffern, hat sie neben der Klingel einen Aufkleber erblickt. Darauf stand die Botschaft: »Jesus stets an deiner Seite.« Was für eine Vorstellung! Ein Jesus, den man nicht abschütteln kann und Gott zum Gruß?

Da räusperte sich Josef Mazinger, der Herr im Lift. »So eine schöne Weihnachtskugel. Allerdings sollte sie nicht als Ohrschmuck missbraucht werden. Weihnachtskugeln gehören an den Weihnachtsbaum.«

Priscila traute ihrem geschmückten Öhrchen nicht. Prompt gab sie zurück: »Halt die Fresse, du verdammter Sektenpriester!«

Josef Mazinger verschlug es die Sprache. Als er sie wiedergefunden hatte, kam der Lift im Parterre an. Priscila entfloh eiligst der unfreiwilligen Zweisamkeit. Mazinger blieb derweil wie angenagelt stehen. Die Schiebetür des Aufzugs schloss sich bereits wieder. Er drückte erneut den Knopf mit dem großen »P«.

Beim Einnachten kehrt Priscila nach Hause zurück. Sie denkt nicht mehr an den Zusammenstoß mit ihrem Stocknachbarn. Sie wälzt größere Probleme. In erster Linie beschäftigen sie natürlich die Schulden bei Säschu. In zweifacher Hinsicht. Zum einen, weil er inzwischen merklich Druck ausübt. Zum anderen, weil die Geldsache das freundschaftliche Verhältnis belastet. Und last but not least ärgert sie sich über Christina Gomez, diese billige Nutte, die den Augenblick schamlos für sich ausnutzt, um sich bei Säschu einzuschleimen.

Zum Glück hat Priscila einen Plan. Den hat sie heute Vormittag konkretisiert. Der Zusammenstoß mit dem Nachbar hat eben auch sein Gutes.

So, wie sie Mazinger einschätzt, würde er am liebsten die Bewohner des ganzen Wohnblocks missionieren. Was für ein Erfolgserlebnis, wenn er ausgerechnet bei der Punklady Erfolg hätte? Was wäre ihm das wohl wert? Wie viel würde es ihm bedeuten? Oder klarer ausgedrückt: Ließe er dafür den Rubel rollen? Vielleicht sogar in der Höhe ihrer Schulden? Also genau 5.000 Franken?

Priscila entfernt die kritisierte Weihnachtkugel vom Ohr, zieht sich probehalber die weiße Konfirmationsbluse mit dem bestickten Kragen an und hängt ein großes Kreuz um den Hals. Das Kreuz ist ein Fund aus dem Sperrmüll. Sie muss es allerdings andersrum an die Kette montieren. Bisher baumelt es nämlich in diabolischer Symbolik kopfüber. Nur gut, dass Mazinger es so noch nie zu Gesicht bekommen hat. Sie will ihm eine rührselige Geschichte auftischen, die darin gipfelt, dass er mit einer großzügigen Spende ein erfundenes Hilfsprojekt für arme, kranke oder behinderte Kinder unterstützt. Eine Schwierigkeit sieht die Punkerin allerdings im Zeitplan. Was, wenn es zu lange dauert, bis sie den Alten für sich eingenommen hat?

Ist Säschu bereit, auf seine Moneten zu warten? Ist ausreichend Zuneigung vorhanden, dass er sich noch etwas geduldet?

Die erste Kontaktaufnahme mit Josef Mazinger ist einfach zu bewerkstelligen. Priscila braucht sich lediglich für den »verdammten Sektenpriester« zu entschuldigen. Das ist einer der Vorteile ausgesprochener Beleidigungen. Man hat sofort einen Anknüpfpunkt. Natürlich auf das Risiko hin, dass Mazinger der reumütigen Heuchlerin die Tür vor der Nase zuschlagen wird.

Priscila Meier setzt ihren Plan bereits am kommenden Tag um. Nachdem sie beobachtet hat, dass der Nachbar zu Hause ist, montiert sie Bluse und Kreuz. Dann klingelt sie keck an seiner Wohnungstür.

Mazinger trägt einen verwaschenen Trainingsanzug, als er die Tür öffnet. Aus dem halboffenen Oberteil sprießt reichlich weißes Brusthaar. Seine Füße stecken in dicken Wollsocken. Und – er ist überaus überrascht!

»Ähm, gu… guten Abend, Fräulein … ähm …«

Priscila unterbricht sein Gestotter mit der Korrektur: »Frau. Frau Meier. Priscila Meier. Guten Abend, Herr Mazinger.«

»Guten Abend, Frau M…«

Wieder fällt sie ihm ins Wort. »Sie können sich vermutlich denken, warum ich vor Ihnen stehe.«

»Ähm, also eigentlich …«

»Genau! Ich komme, um mich bei Ihnen zu entschuldigen.«

»Aha.« Josef Mazinger ist sichtlich überrascht. Er braucht länger als gewöhnlich, um seinen Mund zu schließen.

»Ja, wegen gestern im Lift. Sie wissen schon, was ich meine. Die unfreundliche Betitelung.« Priscila vermeidet es bewusst, den »verdammten Sektenpriester« erneut auszusprechen.

»So? Ja, dann kommen Sie doch kurz herein.« Mit einem schwachen »Bitte« tritt er zur Seite.

Priscila Meier folgt der Aufforderung.

Das anschließende Gespräch verläuft günstig. Allerdings spürt Priscila, dass es noch verfrüht wäre, jetzt schon die Sache mit der Spende vorzubringen. Sie begnügt sich mit nachbarschaftlicher Vertrauensbildung. Zudem achtet sie darauf, sich nicht zu lange bei Mazinger in der Wohnung aufzuhalten. Am idealsten wäre, wenn er enttäuscht ist, dass sie sich schon wieder verabschiedet.

In den kommenden Tagen begegnen sich die beiden öfters. Häufiger als bis anhin. Man könnte auf den Gedanken kommen, dass beide darauf abzielen, sich absichtlich über den Weg zu laufen. Dabei geschieht etwas Sonderbares. Priscila findet den Mazinger gar nicht mehr so schlimm. Eigentlich fast schon sympathisch. Eine schlechte Voraussetzung, ihn zu bescheißen. Gewissensbisse kann sie nämlich nicht gebrauchen. Sie besucht den Josef – inzwischen sind beide per Du – noch weitere zwei Mal. Danach lädt Priscila ihn zu sich ein.

Endlich hat sie Josef so weit. Er zahlt ihr 5.000 Franken bar auf die Hand, als Spende, mit Quittung. Das reicht ihm als Sicherheit.

Umgehend will Priscila die Schulden bei Sascha Sägesser begleichen. So langsam bekommt sie ihr Leben wieder in den Griff, meint sie. Stattdessen verliert sie es. Das Leben. Das Geld sowieso.

Es dauert eine Weile, bis ihre Leiche in der Wohnung entdeckt wird. Es ist der Gestank, der die Nachbarn stört. Im Fall von Priscila ist es Josef Mazinger, der ihn als Erster feststellt. Einerseits kommt es ihm eigenartig vor, dass er der Punkerin seit Tagen nicht mehr begegnet ist. Andererseits sorgt besagter Gestank dafür, den Hauswart mit dem Passepartout zu kontaktieren. Gemeinsam betreten sie die Wohnung Meier. Sie finden die tote Mieterin in der Küche. Daraufhin alarmieren sie die Polizei.

Was die Polizeibeamten rasch feststellen, ist der Umstand, dass die Frau nicht einer natürlichen Todesursache erlegen sein kann. In ihrem Unterarm klafft eine lange, tiefe Schnittwunde, die zweifellos dazu geführt hat, dass das Opfer verblutet ist. Der Schnitt ist mit einer scharfen Klinge ausgeführt worden. In der Küche befinden sich mehrere Gegenstände, die dafür infrage kommen. Am ehesten das Japan- und das Sushimesser, die die Polizisten aber nicht in Griffnähe der Toten, sondern in einer Schublade finden. Ein Selbstmord scheint daher unwahrscheinlich. An keiner der beiden Klingen klebt Blut.

Das legt die Vermutung nahe, dass jemand Priscila Meier aufgeschlitzt und danach die Klinge abgewischt hat. Wer sollte so was tun? Wer hat ein Motiv? Wem hat sie Zutritt zur Wohnung gewährt? Es sind keine Kampfspuren oder Anzeichen einer gewaltsamen Türöffnung festzustellen. Hat das Opfer die Täterschaft persönlich gekannt? Das wäre tragisch, hälfe jedoch bei der Ermittlung, weil es den Kreis der Verdächtigen wesentlich einschränkte.

Bald schon stehen für die Beamten von Leib und Leben Josef Mazinger, Sascha Sägesser und Christina Gomes im Fokus der Ermittlungen. Alle drei haben ein Motiv.

Sascha Sägesser wartet auf sein Geld. Angeblich hat er die 5.000 Franken noch immer nicht erhalten.

Dafür fehlen sie Josef Mazinger, der im Nachhinein herausgefunden haben könnte, dass sein Geld nicht für ein christliches Hilfsprojekt, sondern zur Deckung von Priscilas Drogenschulden dienen sollte.

Christina Gomes macht sich verdächtig, weil sie Interesse haben könnte, die Konkurrentin aus dem Feld zu räumen. Zudem scheint sie kürzlich zu einem größeren Geldbetrag gekommen zu sein. Damit hat sie sich Klamotten und ein neues iPhone gegönnt.

Bei den Befragungen kommen alle drei Verdächtigen ins Schleudern.

So versichert etwa Christina Gomez: »Ich habe Priscila nicht umgebracht. Wozu auch? Die war eh keine echte Konkurrenz. Säschu wusste längst, wem er den Vorzug geben wird.« Dabei schaut Christina aus dem Fenster der Polizeiwache. Der Meret-Oppenheim-Brunnen steht wie ein einsamer Leuchtturm auf dem Waisenhausplatz und ist ringsum mit Eiszapfen behängt. Es beginnt zu schneien.

»Mit anderen Worten«, fasst die Polizeibeamtin zusammen, »aus Eifersucht wollen Sie Ihre Kollegin nicht umgebracht haben.« Dann stellt sie die Frage: »Woher stammt eigentlich Ihr plötzlicher Geldsegen?«

»Den habe ich mir verdient«, antwortet Christina trotzig.

»Womit?«, will die Polizeibeamtin wissen.

»Ich helfe einer betagten Nachbarin von Zeit zu Zeit beim Putzen. Sie hat es mir gegeben. Natürlich schwarz. Das können Sie jetzt von mir aus der Steuerbehörde petzen. Mir ist's egal.«

»Name und Adresse der Nachbarin«, fordert die Beamtin. »Wir benötigen die Angaben, um Ihre Aussage zu überprüfen. Die Steuerbehörde benutzt eigene Mittel und Wege. Wir untersuchen ausschließlich den Mord.«

»Mit dem Mord habe ich nichts zu tun. Ich weiß nicht mal, wo genau Priscila gewohnt hat.«

»Sie waren nie bei ihr zu Hause?«

»Nein. Wozu auch? Ich weiß bloß, dass sie ungefähr vor einem halben Jahr in einem Hochhaus im Wylergut eine Wohnung gefunden hat. Das hat sie mir damals voller Stolz verkündet.«

Die Beamtin hält die Aussage fest. Zusätzlich wird ein Mikrofon aufgestellt, um das Gespräch aufzuzeichnen.

Wenn immer möglich, notiert sie sich relevante Aussagen jedoch direkt in ein digitales Protokoll. Damit erspart sie sich die nachträgliche Transkription. »Noch zu einem anderen Thema: Ist Ihnen bekannt, dass Frau Meier bei Herrn Sägesser mehrere Tausend Franken Schulden gehabt hat?«

Abschätzig senkt Christina die Mundwinkel. »Säschu hat mal so was gejammert. Aber der rafft ja sonst schon genug Kohle. Die Schulden von Prisce spielen bei dem doch nicht wirklich eine Rolle. Es geht ihm nur ums Prinzip. Wer Schulden macht, muss die begleichen. Sonst erhebt er krasse Zinsen.«

Die Polizistin nickt. »Wann haben Sie Frau Meier eigentlich das letzte Mal lebend gesehen?«

»Warum lebend? Hab ich sie etwa tot gesehen?«, ereifert sich die Befragte.

Die Polizistin wiederholt: »Also, wann und wo?«

Christina muss überlegen. Das gelingt ihr offenbar besser, wenn sie sich dazu im Haar kratzt. »Hm … Ich glaube, das war vorgestern am Bahnhof. Oder nein, nicht am Bahnhof. Ich erinnere mich, dass ich auf dem Weg dorthin war. Da begegnete ich Prisce bereits auf dem Bollwerk.«

»Auf dem Trottoir neben dem Hauptbahnhof?«, will die Polizistin wissen. »Habt ihr dort miteinander geredet?«

»Glaub schon. Aber nur kurz. Ist ja saukalt gewesen. Gegrüßt haben wir uns.«

»Worüber habt ihr geredet?«

»Wie gesagt, bin mir nicht mehr ganz sicher, ob wir nach dem Hallo noch was gequatscht haben. Oder doch. Jetzt kommt mir in den Sinn, dass sie wieder mal geprahlt hat.«

Die Beamtin horcht auf. »Womit denn? Doch nicht etwa mit ihrem Ohrschmuck?«

Kurzes Kichern. »Hehe, der ist Ihnen also auch aufgefallen?«

»Ja, Frau Meier trug am linken Ohr eine auffällige Weihnachtskugel, als wir sie in ihrer Küche gefunden haben«, bestätigt die Beamtin.

»Nein. Damit konnte sie nicht angegeben. Wie auch? Mit so einem Scheiß? Prisce hat groß verkündet, dass sie Säschu heute die geschuldete Kohle in die gierige Fresse schmeißen wolle.«

»Aha. Und das Geld hat sie dabeigehabt?«

»Weiß ich doch nicht. Gezeigt hat sie es mir jedenfalls nicht. So, wie sie tönte, war sie auf dem Weg zum Säschu. Der hielt sich zu diesem Zeitpunkt allerdings gar nicht in Bern auf. Das habe ich ihr gesagt. Darauf ist sie vermutlich nach Hause zurückgegangen. Keine Ahnung.«

Die Befragung von Sascha Sägesser verläuft nicht weniger turbulent. Durchgeführt wird sie von einem anderen Beamten. Das ist ungünstig, denn es setzt dessen präzise Protokollkenntnisse voraus.

Der Raum in der Polizeiwache ist mit überraschend teuren Designermöbeln ausgerüstet. An die eine Wand ist ein großer Stadtplan von Bern gepinnt. Gegenüber hängen drei bunte Originallithographien von Samuel Buri. Sascha Sägesser sinniert: »Da hängen also meine Steuergelder.« Dann wird er vom Polizeibeamten unterbrochen, der jetzt ihm gegenüber Platz nimmt.

Nach der üblichen Klärung der Personalien und dem Hinweis auf die Tonbandaufnahme beginnt der Beamte seine Befragung. »In was für einem Verhältnis haben Sie zum Opfer gestanden?«

»In einem freundschaftlichen.«

»Wie ist es dazu gekommen, dass Frau Meier bei Ihnen Schulden gemacht hat?«

»Prisce, also, ich meine Priscila Meier, hat ab und zu für mich gearbeitet.«

»Soviel ich hier in den Unterlagen sehe, gehen Sie selbst keiner regelmäßigen Arbeit nach?«

»Stimmt. Ich bin nur stundenweise Fahrer bei einem Kurierdienst.«

»Wie können Sie es sich dann leisten, jemanden für sich arbeiten zu lassen?«

»Ich teile halt gerne. Jedenfalls besser, als alles selbst zu erledigen«, meint Sascha spöttisch.

»Was genau hat Frau Meier für Sie erledigt?«

»Dienstleistungen wie Besorgungen und Haushaltshilfe, wenn mir die eigene Bude wieder mal über den Kopf gewachsen ist. Ist das etwa verboten? Priscila hat auch einer alten Frau geholfen. Warum also nicht einem jungen Mann?«

»Und ihre Bude?«

»Wie? Was?«

»Die Wohnung von Frau Meier. Sind Sie mal dort gewesen?«

»Ja. Gelegentlich. Bin ein paarmal über Nacht geblieben. Halt nur so zum Bumsen. Sie wissen schon. Eine große Freundschaft hat uns allerdings nicht verbunden. Dafür hat mich Priscila mit ihrer Unzuverlässigkeit und Unpünktlichkeit allzu oft genervt.«

»Herr Sägesser, waren Sie auch genervt, als Sie das letzte Mal bei ihr gewesen sind?«

»Sie schuldet mir fünf Riesen. Frage mich bloß, wer mir die jetzt blecht.« Sascha wendet seinen Blick auf eine der teuren Lithografien.

»Sie haben das Geld nicht zurückerhalten?«, fragt der Beamte nach.

Sascha Sägesser erwidert ungehalten: »Nein. Sag ich doch!«

»Wie ich hier dem Protokoll entnehmen kann, wollte Frau Meier Ihnen am Mittwoch vor ihrem Tod einen größeren Barbetrag übergeben. Haben Sie Frau Meier angetroffen?«

»Nein. Ich bin an diesem Nachmittag in Zürich gewesen. Wusste ja nicht, dass sie mir endlich die Kohle anschleppen würde.«

Der Beamte wiederholt: »Sie waren nach eigenen Worten genervt, als Sie das letzte Mal in ihrer Wohnung waren. Wann war das?«

Der Befragte überlegt. »Schon eine Weile her. Auf den Tag genau weiß ich das nicht mehr. So zwei Wochen sind es schon. Gestresst bin ich gewesen, weil sie wieder mit ihrer saudummen Ausrede gekommen ist. Kein Geld im Haus! Da habe ich halt einmal mehr in Naturalien kassiert.«

»Sie reden von Beischlaf?«, vergewissert sich der Beamte.

»Ich rede von Sex, Mann! Oder sind wir prüde?« Sascha beruhigt sich rasch. Er fährt gelassener fort: »Eines sollten Sie inzwischen begriffen haben, Sie von der Polizei. Ich kann überhaupt kein Interesse gehabt haben, Priscila umzubringen. Was nützt mir eine tote Schuldnerin?«

Das leuchtet selbst dem Beamten ein.

Die Befragung dauert noch zehn weitere Minuten. Neues wird nicht mehr bekannt.

Als Letzter wird noch am selben Tag Josef Mazinger einbestellt. Sägesser und Mazinger begegnen sich im Gang der Polizeiwache. Da sie sich jedoch nicht kennen, nehmen sie einander nicht wahr. Man sieht bekanntlich nur, was man kennt.

Anfänglich ging die Polizei von einem Raubmord aus. Darauf wiesen die Art der Tötung und das Fehlen der 5.000 Franken in Priscilas Wohnung hin. Nach den ersten beiden Befragungen rückte jedoch eine weitere Variante in den Vordergrund. Nämlich die Annahme, dass die Täterschaft bezüglich Tötung nicht zwingend mit der Täterschaft des Raubes identisch ist. In dieser Hinsicht erhoffen sich die Ermittler nun Hinweise aus der bevorstehenden Einvernahme von Josef Mazinger.

Er wirkt auf den Beamten unsicher und gehemmt. Vor allem fällt Mazinger durch einen stechenden Geruch auf. Dieser Gestank nach billigem Haar- oder Rasierwasser ist olfaktorisch irgendwo zwischen Brennsprit und Fleckenwasser anzusiedeln. Jedenfalls riecht der Gast penetrant nach Chemie. Dass Mazinger ein Problem mit dem eigenen Körpergeruch hat, kann der Beamte nicht ahnen. Mit der chemischen Keule beabsichtigt Mazinger, seinen Körpergeruch für andere verschwinden zu lassen. Nicht weil er ihn selbst als besonders unangenehm oder gar als Zumutung für seine Mitmenschen empfindet. Vielmehr geht es Mazinger darum, seine Ausdünstungen privat zu halten.

»Sind Sie öfters bei Frau Meier zu Besuch gewesen?«, erkundigt sich der Beamte.

»Nein. Wir haben erst seit einer Woche miteinander verkehrt. Sie war dreimal bei mir in der Wohnung. Wegen einem Hilfsprojekt. Ich war nur ein einziges Mal bei ihr. Also, zu Lebzeiten. Danach noch einmal gemeinsam mit dem Hauswart, als wir ihre Leiche gefunden haben«, gibt Mazinger überraschend fließend zu Protokoll. Seine anfängliche Hemmung ist verflogen. »Frau Meier ist leider nur für kurze Zeit dem Teufel entronnen. Als ich sie kennengelernt habe, war sie ein unfreundliches, aggressives Weibsbild. Sie trug sogar Weihnachtsschmuck am Ohr. Plötzlich aber ist sie völlig anders geworden.«

»Wie anders?«, erkundigt sich der Polizist.

»Freundlich, zuvorkommend, gepflegt. Wie ein umgedrehter Handschuh. In dieser Zeit haben wir Kontakt gepflegt. Als wir sie dann tot aufgefunden haben, baumelte wieder eine Christbaumkugel am blutleeren Ohrläppchen. Der Teufel hat sie sich zurückgeholt«, ist Mazinger überzeugt.

Der Beamte hört sich seinen Bericht aufmerksam an. Danach fragt er: »Was genau war das für eine Sache mit dem Hilfsprojekt?«

»Frau Meier wollte ein Projekt in Armenien unterstützen. Angeblich ein Heim mit behinderten Kindern, die unter erbärmlichen Umständen dahinvegetieren. So viel mir bekannt ist, hat Frau Meier selbst mehrere Tausend Franken gespendet. Darum habe ich mich erweichen lassen, es ihr gleichzutun. Ich habe ihr 5.000 Franken ausgehändigt, damit sie den Betrag überweisen kann.«

»Warum haben Sie das Geld nicht selbst überwiesen?«, wundert sich der Beamte.

»Es ist mir damals praktischer vorgekommen, die Überweisung der Spenden durch eine einzige Banktransaktion zu veranlassen. Im Nachhinein bin ich natürlich klüger. Wie hätte ich ahnen können, dass Frau Meier mein Geld zur Tilgung ihrer Schulden verwenden würde und die ganze Geschichte mit dem Hilfswerk erstunken und erlogen ist?«

Der Beamte hebt die Schultern. »Der Dealer hat die besagte Summe nach eigenen Angaben nicht in Empfang genommen.«

»Wo befindet sich mein Geld dann?«, will Mazinger in Erfahrung bringen.

»Das wissen wir leider nicht. In der Wohnung des Opfers ist jedenfalls kein Bargeld sichergestellt worden.«

Nach der Einvernahme von Josef Mazinger, der am Ende noch einen entscheidenden Hinweis gab, entscheidet sich der Untersuchungsleiter, persönlich mit der ersten Verdächtigen, Christina Gomes, zu reden. Die Antworten von Frau Gomez scheinen nicht durchgehend kohärent. Er lässt Christina Gomez daher für den nächsten Tag aufbieten.

Bei der Einvernahme kommt es zu einem überraschenden Geständnis!

Als Christina Priscila am Bollwerk traf, erwuchs die spontane Idee, ihrer ärgsten Konkurrentin nicht nur den Liebhaber, sondern auch die 5.000 Franken abzuluchsen. Natürlich kannte Christina die Adresse von Priscila. So schnell wie möglich fuhr sie mit dem öffentlichen Bus ins Wylergut, um ihrem Opfer aufzulauern. Dieses erschien zehn Minuten später im düsteren Hausflur. Dort bedrängte sie Priscila und erzwang den Zutritt zur Wohnung. Kaum hat sich die Tür hinter den beiden Punkergirls geschlossen, zückte Christina ein Teppichmesser und schlitzte ihrer Rivalin den Unterarm auf. Priscila war total überrascht, entsetzt ob all dem Blut und innert kürzester Zeit ohnmächtig. Christina klaute die 5.000 Franken und verließ die Wohnung, ohne sich um die Verletzte zu kümmern, die am Verbluten war.

Dummerweise begegnete sie im Flur Josef Mazinger, der sie bei der späteren Gegenüberstellung zweifelsfrei wiedererkannte.

DER WEISE AUS DEM MORGENLAND

Es war schon bemerkenswert. Je älter Fredy Kernen wurde, desto mehr näherte er sich als Homosexueller den Gewohnheiten von »Stinos« an, den stinknormalen Rentnern seiner Alterskategorie. Als junger und knuspriger Kerl war er wohlweislich in eine kleine Altstadtwohnung in der Berner Kramgasse gezogen. Er hatte dort eine gewisse Anonymität und bessere Kontaktmöglichkeiten in der lokalen Szene gesucht. Beide Erwartungen hatten sich mehr oder weniger erfüllt.

Damals existierte noch der legendäre Ursus-Club in einem schmalen Keller an der Junkerngasse. Heute brauchte es solche Lokale offenbar nicht mehr. Alles stand allen immer und überall offen. Der Verlust des »Ghettos« ließ nach und nach die bunten Blüten der Subkultur verkümmern.

Seit Fredy Rentner war, spielte das alles aber keine große Rolle mehr. Er war auf dem Markt ohnehin kaum noch gefragt und wurde von jüngeren Schwulen behandelt, als wäre er in der Zwischenzeit durchsichtig geworden. Genau so, wie es der junge Fredy in seinen besten Ursus-Zeiten Älteren gegenüber auch schon gehandhabt hatte. Zwar wurde der Rentner im Hauptbahnhof oder auf der Grossen Schanze ab und zu von Jünglingen aus Rumänien, Ungarn oder der Tschechei angesprochen. Auf die Dienste der Stricher konnte Fredy aber gut verzichten, denn er suchte nicht mehr Sex, sondern Zuwendung.

Inzwischen glich sein Alltag dem eines durchschnittlichen Rentners. Er las in der Zeitung am liebsten die Wetterprognosen und die Todesanzeigen, saß bereits nachmittags vor der Glotze und ging abends kaum noch aus. Und er fühlte sich oft einsam.

Da kam der Anruf seiner Nichte wie gerufen. Sie wollte an der pädagogischen Hochschule in Bern das Studium der Primarlehrerin beginnen und bat ihren Onkel, als Wochenaufenthalterin bei ihm zu logieren. Gerne überließ ihr Fredy das Gästezimmerchen. Die Generationen-WG war lanciert.

Die beiden verstanden sich gut. Sie gewährten einander die erforderliche Privatsphäre und leisteten sich dennoch auf angenehm unverbindliche Weise etwas Gesellschaft. Fredy freute sich jedes Mal, wenn es nach einem öden Wochenende klingelte und Bettina wieder Leben in die Bude brachte. Er drückte dann enthusiastisch den elektrischen Entriegelungsknopf der Eichentür. Obschon Bettina einen eigenen Schlüssel besaß, zog sie es vor, dem Onkel ihre unmittelbare Ankunft anzukünden. In Unkenntnis seines Sololaufes befürchtete sie, ihn ansonsten in einer verfänglichen Situation zu überraschen.

Eigenartigerweise klingelte es heute bereits zum zweiten Mal an der Tür. Fredy musste das Schloss erneut freigeben. Danach wartete er wie schon nach dem ersten Klingeln vergeblich ab. Bettina erschien auch jetzt nicht in der Wohnung. Als es ein drittes Mal klingelte, machte sich der Rentner auf, um nach dem Rechten zu sehen. Das war ein beschwerliches Unterfangen, denn er musste sich vom Hinter- ins Vorderhaus begeben, anschließend drei steile Steintreppen hinuntersteigen und eine schwere antike Holztür aufstoßen.

Das Altstadthaus an der Kramgasse hatte nur einen einzigen Eingang, der sowohl den begüterten Bewohnern des repräsentativen Vorderhauses als auch den weniger vermögenden Mietern im Hinterhaus als Haustür diente. Fredy drückte erwartungsvoll die schwere Klinke. Ein mechanischer Türöffner unterstützte ihn beim Aufsperren.

Was für eine Überraschung! Anstelle von Bettina lächelte ihm ein mittelalter Herr in grauem Anzug, hellblauem Hemd und dunkelblauer Krawatte entgegen. In der Hand trug er eine fuchsbraune Ledermappe.

»Herr Kernen?«, frage der Fremde.

Er erinnerte Fredy an einen Versicherungsvertreter oder an ein missionarisches Sektenmitglied. Misstrauisch und abweisend zugleich brummte er: »Ja. Und Sie?«

»Mettler. Ich komme von der Fremdenpolizei.«

Die Vorstellung überraschte Fredy. Was hatte die Fremdenpolizei bei ihm zu suchen? Hatte der Besuch allenfalls etwas mit Bettina zu tun? Sie war auf der Einwohnerkontrolle ordnungsgemäß als Wochenaufenthalterin gemeldet. Der Besuch des Polizisten blieb Fredy vorerst ein Rätsel. »Wie kann ich Ihnen helfen?«

»Wollen wir nicht lieber in Ihrer Wohnung weitersprechen, Herr Kernen?«

Er zögerte.

Da erst zückte der Beamte den Ausweis und hielt ihn dem Alten unter die Nase. »Entschuldigen Sie, ich habe mich ja noch gar nicht ausgewiesen.«

Fredy nickte, obschon er das Kleingedruckte ohne Lesebrille gar nicht entziffern konnte. Er trat etwas zur Seite und ließ Mettler in den Flur treten. »Da bin ich aber gespannt, was Sie zu mir führt. Bitte folgen Sie mir, Herr Mettler. Ich wohne im dritten Stock.« Beschämt fügt er hinzu: »Im Hinterhaus.«

Beide Männer stiegen schnaubend die gewundenen Treppen hoch, durchquerten einen hölzernen Quergang, der entfernt an einen mittelalterlichen Wehrgang erinnerte, und betraten schließlich die gemütliche Altstadtwohnung. Im Wohnzimmer knarrte bei jedem Schritt der Parkettboden. In der einen Ecke stand ein alter, weißblauer Kachelofen, auf dem liebevoll eine Weihnachtskrippe mit geschnitzten Holzfiguren aus Brienz arrangiert war. Es fehlten weder die heilige Familie, die Hirten mit den Schafen, die drei Weisen aus dem Morgenland noch der Ochse oder der Esel. Ein Radiator unter dem Fenster verriet allerdings die wahre Wärmequelle. Er war voll aufgedreht, denn trotz Doppelverglasung stand es mit dem Altbau energetisch nicht zum Besten. Zwischen der Doppelverglasung der kleinen Sprossenfenster lagen geschmückte Tannenzweige. Draußen fiel Schnee in einen engen, finsteren Innenhof. Aus den hohen Ziegelsteinschloten der Nachbarhäuser stieg weißer Rauch.

Die beiden Männer setzten sich an den Stubentisch unter eine altmodische Pendellampe.

»Also, Herr Mettler. Jetzt bin ich gespannt«, nahm Fredy das Gespräch wieder auf.

Der Beamte entnahm seiner Ledermappe ein paar Papiere, ohne allerdings Einblick zu gewähren. »Lebt in Ihrem Haushalt noch jemand anderer?«

»Ja. Meine Nichte wohnt hier. Sie studiert an der PH und benutzt ein Zimmer als Wochenaufenthalterin.«

Mettler nickte. »Heißt Ihre Nichte Bettina?«

»Genau. Ich hoffe, sie hat nichts verbrochen.« Fredys Anspannung hatte sich inzwischen noch verstärkt.

»Nein, nein, keine Sorge. Ist sie zufälligerweise zu Hause? Kann ich mit ihr sprechen?«

»Tut mir leid. Über das Wochenende ist sie normalerweise nicht hier. Allerdings hätte sie inzwischen wieder eintrudeln sollen. Offenbar wird es bei ihr heute später. Kann ich etwas ausrichten?«

»Es ist heikel. Ich habe hier ein paar Ausdrucke von Mails, die sie auf Facebook verfasst hat. Darin wird unter anderem auch Ihre Adresse genannt.«

»Ich verstehe leider immer noch nicht, worum es geht«, gestand der Alte.

»Ihre Nichte pflegt auf Facebook den Kontakt zu einem Syrer. Genauer, zu einem syrischen Kurden. Er nennt sich Kadar.«

»Na ja. Das ist wohl kaum illegal«, stellte der Rentner trotzig fest.

»Nein, natürlich nicht. Und es bliebe auch Bettinas Privatsache, wäre dieser Kadar inzwischen nicht illegal in die Schweiz eingereist. Notabene zusammen mit seinen beiden Brüdern.«

Fredy machte ein langes Gesicht. Das klang nach unliebsamen Schwierigkeiten.

Mettler fuhr fort: »Zwei der drei Brüder haben wir in Bern bereits aufgegriffen und in einem Asylzentrum untergebracht. Dort warten sie auf ihre Rückführung nach Syrien. Wir haben zur Abklärung der Identitäten auch ihre Handys ausgewertet. Dabei sind wir auf Bettinas Posts gestoßen. Offenbar hat Kadar seine Brüder auf der ganzen Linie an seinem Glück teilhaben lassen. Ich habe hier ein paar Ausdrucke mitgebracht. Wenn Sie einen davon in Augenschein nehmen wollen?«

Fredy ergriff das Bündel und blättert darin. Er setzte seine Lesebrille auf und las einen der englischen Texte.

Lieber Kadar,
ich denke Tag und Nacht an dich. Ich werde fast verrückt, ohne dich leben zu müssen. Du bist der Mann, auf den ich warte.
Mein geliebter Prinz, mein Weiser aus dem Morgenland, ich warte auf dich im Abendland!
Deine Bettina

Der Alte schmunzelte bei der Lektüre.

Mettler meinte: »Offenbar hat der helvetische Lockruf gefruchtet. Bettinas Prinz ist in die Schweiz gereist und hat seine Brüder gleich mitgeschleppt. Wie gesagt, die Brüder haben wir bereits gefasst. Nur Kadar ist uns entwischt. Da er Bettinas Adresse kennt, wird er wohl früher oder später hier auftauchen.«

Fredy machte eine besorgte Miene.

Der Beamte fügte hinzu: »Oder wohnt der Kurde etwa bereits bei Ihnen, Herr Kernen? Verstecken Sie ihn?«

Diese Unterstellung beleidigte den Rentner. Er schnellte vom Stuhl hoch und forderte den Beamten auf: »Sehen Sie sich ruhig in der Wohnung um, wenn Sie mir nicht glauben!«

Zwar schien Mettler die heftige Reaktion peinlich zu berühren. Trotzdem erhob auch er sich und begann den Kontrollgang durch die drei Zimmer der Mietwohnung. Kadar war tatsächlich nicht da und es gab auch kein Gepäck oder irgendwelche Kleidungsstücke, die auf seine Anwesenheit hingewiesen hätten.

»Entschuldigen Sie bitte mein Misstrauen. Als Fremdenpolizist muss ich immer auf alles gefasst sein. Es kommt hin und wieder vor, dass Gutmenschen meinen, das helvetische Asylproblem dadurch zu lösen, dass sie Illegale bei sich verstecken.«

Fredy nahm die Entschuldigung an. Er hatte sich wieder beruhigt und an den Tisch gesetzt. Der Beamte blieb unter der Stubentür stehen und wiederholte: »Falls dieser Kadar sich hier melden sollte, wäre ich Ihnen dankbar, wenn Sie mich umgehend informieren.« Er reichte Fredy eine Visitenkarte mit der direkten Handynummer.

»Muss ich befürchten, dass Bettina Schwierigkeiten bekommt?«, sorgte sich ihr Onkel.

»Von unserer Seite nicht. Wie sich der Kurde ihr gegenüber verhält, kann ich nicht abschätzen. Ich vermute jedoch, dass er Bettina nicht gefährlich wird. Sie hat ihn ja bisher unterstützt. Er dürfte weiterhin auf ihre Hilfe zählen.«

Damit verabschiedete sich der Beamte. Der Rentner begleitet ihn nicht nach unten.

Dort klingelte eine halbe Stunde später endlich die Nichte.

Sonderbarerweise erwähnte Fredy den Besuch der Fremdenpolizei mit keinem Wort, und Bettina verschwand wortkarg in ihrem Zimmer.

Bereits am folgenden Nachmittag stand wie befürchtet und erwartet Kadar in der Kramgasse.

Auf Englisch erkundigte er sich, ob Bettina zu Hause sei.

Fredy verneinte und versuchte erfolglos, die Tür zu schließen.

Der ungebetene Besucher presste dagegen und beharrte auf einer präziseren Auskunft. »Sie wohnt doch hier?«

»Nicht immer. Jetzt zum Beispiel ist sie nicht da.«

»Wo ist sie denn?«

»Ich nehme an, in einer Vorlesung an der Uni«, antwortete Fredy wahrheitsgetreu.

Der Kurde forschte hartnäckig weiter: »Wann kommt sie zurück?«

»Gewöhnlich so gegen halb sieben.«

»Gut. Dann komme ich später wieder«, entschied Kadar, drehte sich um und trat samt praller Schultertasche in die gedeckte Laube der Kramgasse zurück.

Fredy eilte in seine Wohnung, suchte nach der Visitenkarte und wählte die Nummer des Polizisten.

»Gut gemacht«, lobte Mettler. »Wir kommen kurz vor halb sieben mit vier Mann. Zwei Beamte werden im Flur postiert, zwei halten sich in der Gasse bereit. Sie brauchen lediglich den Türöffner zu bedienen, wenn der Kadar klingelt. Den Rest können Sie uns überlassen.«

Kadar lief nichtsahnend in die gestellte Falle. Als er hoffnungsvoll vor der Eichentür stand, den Summton des Öffners vernahm und schwungvoll in den Flur trat, standen ihm unerwartet zwei uniformierte Polizisten gegenüber. Einen Schreckmoment lang blieb Kadar wie angewurzelt stehen. Dann schmiss er den Häschern die Sporttasche vor die Füße, wandte sich um und versuchte wegzurennen. Das verunmöglichten ihm jedoch die beiden Zivilbeamten, die in der Zwischenzeit von der Kramgasse her die Eingangstür blockierten. Der junge kräftige Kurde geriet in Panik. Voller Angst und Wut warf er sich mit einem gewagten Sprung gegen die Mauer der bedrohlichen Leiber. Vergeblich! Die Polizisten zwangen ihn gewaltsam zu Boden, knieten auf seinen Rücken und legten ihm Handschellen an.

Zum Glück waren Fredy und Bettina nicht Augenzeugen dieser kruden Szene. Festnahme, vorübergehende Unterbringung in der Auslieferungshaft und Rückführung der drei Brüder in ihr Ursprungsland erfolgten unbürokratisch und speditiv.

Seither waren einige Wochen vergangen. Da meldete sich Kadar wieder auf Facebook:

Hallo Bettina!
Wo warst du? Ich wollte dich unbedingt sehen. Ich liebe dich! Dein Onkel hat mich verraten. Ich bin so enttäuscht und traurig.
Dein Kadar

Fredy antwortete mit dem Profilbild seiner Nichte:

Geliebter Kadar,
auch ich bin traurig. Ich habe gehofft, dich endlich bei mir zu haben. Es sollte nicht sein. Wenigstens können wir uns hier auf Facebook weiterschreiben und in Kontakt bleiben, wie schon zuvor. Der Tag wird kommen, an dem wir vereint sein werden.
In Liebe, Deine Bettina

Der Rentner wischte sich ein Tränchen der Rührung aus dem Augenwinkel. Wie sehr hatte er in seiner grenzenlosen Einsamkeit Kadars herzliche und verliebte Posts geschätzt! Wie erregend war es für Fredy immer wieder aufs Neue, sich als seine Nichte auszugeben! Er hatte einen Facebook-Account mit ihrem Bild angelegt und gehofft, dass sie nie dahinterkommt, denn sie nutzte kein Facebook.

Erfüllend war die platonische Liebe auch als virtuelle Illusion. Sie konnte allerdings nur so lange gepflegt werden, wie der Angebetete in unüberbrückbarer Ferne der nichtsahnenden Bettina das Herz zu brechen glaubte.

EMPIRISCHER WEIHNACHTSSTUNK

Jürg Jäger arbeitete als Oberassistent am heilpädagogischen Institut einer deutschschweizerischen Universität. Er hielt im Auftrag seiner Chefin, der ordentlichen Professorin Mireille Dupont, wöchentlich Seminare ab, betreute Seminararbeiten der Studentenschaft und verfasste Zwischenberichte für den Schweizerischen Nationalfonds. Das Betreuen von Dissertationen hingegen war Sache der Professorin, der sogenannten Doktormutter. Sie erhielt pro Kandidat zusätzliche Lohnprozente. Darum akzeptierte Prof. Dr. Dr. Dupont mehr Doktoranden und Doktorandinnen, als sie zeitlich zu bewältigen imstande war. Inoffiziell gab sie eine Reihe ihrer promotionshungrigen Studenten zur wissenschaftlichen Begleitung an den Oberassistenten ab.

Der war ebenfalls überlastet, strebte aber mit aller Kraft nach dem Titel eines Privatdozenten, zu dem ihm ausschließlich seine Chefin verhelfen konnte. Also akzeptierte er zähneknirschend die fast unmenschliche Flut zusätzlicher Arbeit, deren finanzieller Ertrag selbstverständlich Frau Prof. Dr. Dr. Dupont einstrich.

Er murrte auch nicht, als er mit der Betreuung der Doktorandin Sophie Simmen betraut wurde. Sie beabsichtigte, eine Dissertation über die Leseschwäche von jungen Erwachsenen zu verfassen. Da es sich um eine empirische Studie handelte, wurde zuvor eine Hypothese aufgestellt, die an einer Versuchs- und einer Kontrollgruppe überprüft werden sollte. Die Ergebnisse des Vergleichs mussten zwingend in Zahlen umgewandelt werden, die anschließend statistisch auf ihre Signifikanz ausgewertet werden konnten. Im Idealfall wurde dadurch die Hypothese bestätigt. Das Verwerfen der Hypothese wäre für die Annahme der Dissertation jedoch kein Hindernis. Dann wäre eben bewiesen, dass ein vermuteter Zusammenhang sich nicht erhärten ließ. So what? Hauptsache war, dass die Studie korrekt durchgeführt und interpretiert wurde. Und, aus der Perspektive der Doktorandin, dass ihr der angestrebte Doktortitel zugesprochen wurde.

Sophie Simmen war sich von Beginn an im Klaren darüber, dass ihre akademische Zukunft mehr in den Händen des Oberassistenten als in jenen der Professorin lag. Das passte ihr ganz und gar nicht. In den Seminaren der vorausgegangenen Semester hatte Sophie Simmen Jürg Jäger fürchten gelernt. Sie hatte den Eindruck gewonnen, dass er von ihrem intellektuellen Potenzial nicht allzu viel hielt. Sie empfand seine Reaktionen auf ihre mündlichen Beiträge entweder als abschätzig oder zynisch. Kurz: Simmen hasste Jäger, war ihm aber auf dem Weg zur Promotion mehr oder weniger ausgeliefert. Dass in einem heilpädagogischen Institut besondere pädagogische Prinzipien hochgehalten würden, konnten nur Außenstehende vermuten. Die Realität war knallhart und erinnerte an die historisch belegte »Schwarze Pädagogik« früherer Dekaden.

Der überarbeitete Oberassistent war seinerseits von Neidern und Feinden umzingelt. Da war zum einen die ehrgeizige Hilfsassistentin, die möglichst rasch Jägers Job erben wollte. Selva Vijayakanthan war Tamilin mit Schweizerpass und dem Ehrgeiz der Kinder von Einwanderern. Sie war zudem klug, effizient und hübsch.

Weiter im Reigen der Jägerschen Kontrahenten figurierte der Dozent Martin Koller, der eine regelmäßige Vorlesung über statistische Verfahren hielt. Seine Abneigung gegenüber Jäger gründete im Verdacht der Manipulation von empirischen Datensätzen, den Koller dem Oberassistenten allerdings bisher nicht nachweisen konnte. Zudem herrschte eine persönliche Konkurrenzsituation bezüglich der ledigen Professorin. Dr. Martin Koller begehrte Prof. Dr. Dr. Mireille Dupont. Diese jedoch stand eher auf Dr. Jürg Jäger, dem wiederum seine Chefin zu alt war. Dass Jäger an Dupont nicht interessiert war, nahm ihm Koller aber nicht ab.

Oberassistent Jürg Jäger war wahrlich nicht zu beneiden. Erst recht nicht, als er tot am Computer in seinem Büro aufgefunden wurde.

Auf dem Fenstersims des Büros lag eine zentimeterdicke Schicht frischen Schnees. Am späten Nachmittag entdeckte die tamilische Hilfsassistentin den übergewichtigen Jäger. Draußen war es bereits dunkel. An der Fensterscheibe klebten drei kleine Strohsterne, die Jäger als Beilage eines unadressierten Spendenaufrufs im Institutsbriefkasten vorgefunden hatte.

Selva Vijayakanthan realisierte, dass mit dem Oberassistenten etwas nicht stimmte. Sie blieb im Türrahmen stehen und sprach ihn mehrmals erfolglos an. Erst danach näherte sie sich mit leisen Schritten. Jägers kahler Schädel lag mitten auf der Tastatur des Computers und hatte auf dem Bildschirm eine lange Zeile mit dem kleinen Buchstaben »h« hinterlassen. H wie Hilfe? H wie der Anfang eines infernalischen Gelächters? Wohl nichts von beidem. Lauter Hs, als zufällige und sinnlose letzte Mitteilung.

Panisch rannte die Hilfsassistentin zum Büro ihrer Chefin. Ohne anzuklopfen, riss sie Frau Duponts Tür auf und stürmte mit dem entsetzten Ausruf »Jürg ist tot!« hinein.

Frau Prof. Dr. Dr. Dupont hatte wegen der Störung bereits ihre verärgerte Miene aufgesetzt, doch der Ausruf der Hilfsassistentin hielt sie von einer tadelnden Bemerkung ab.

»Was sagen Sie da, Frau Selva?« Da sich die Professorin den langen Familiennamen Vijayakanthan einfach nicht merken konnte, hatte ihr die Tamilin vorgeschlagen, sie mit Vornamen anzusprechen. Dankbar war das Angebot angenommen worden. Um die Form zu wahren, hatte Frau Dupont aus »Selva« mit der Anrede »Frau« einen einfachen Familiennamen kreiert.

»Der Oberassistent ist, glaube ich, tot! Er liegt mit dem Kopf auf dem Tisch in seinem Büro und reagiert nicht«, wiederholte Selva etwas unsicher.

Ruckartig erhob sich die Professorin, um selbst nachzusehen.

Auch auf sie wirkte der Mitarbeiter ausgesprochen unlebendig. Sofort organisierte sie Sanität und Polizei.

Der Leichnam von Dr. Jäger wurde in einem Leichtmetall-Sarg aus dem Institut getragen. An die Tür des Seminarraums, in dem am nächsten Tag eine Veranstaltung von Jäger stattgefunden hätte, wurde eine kurze Mitteilung geheftet: »Das Seminar ›Kognitionspsychologische Grundlagen schulischer Heilpädagogik‹ von Dr. Jürg Jäger entfällt.«

Die Polizei beschlagnahmte den Computer des Opfers zur Auswertung. Darauf fand sie eine riesige Datenmenge von laufenden und vergangenen Studien, Berichte für den Schweizerischen Nationalfonds und private E-Mails. Diese Mails waren, im Gegensatz zu den Studiendaten, recht aufschlussreich. Sie ermöglichten den Untersuchungsbehörden einen Einblick in die personelle Dynamik des heilpädagogischen Institutes und in die latenten Wespennester. Da war etwa zu lesen:

»Hi, Jürg, soll ich dir für das morgige Seminar den Hellraumprojektor bereitstellen? Gruß Selva.«

»Lieber Herr Jäger, habe Ihnen noch eine weitere Doktorandin zur Betreuung zugeteilt. Sie heißt Sophie Simmen und wird sich in den nächsten Tagen bei Ihnen melden. Hoffe, Sie schaffen das. Prof. Dupont.«

»Hallo, Kollege. Falls du mal Zeit findest und nicht bei Mireille Dupont herumschwänzelst, könntest du mir die längst fälligen Daten der Nationalfondsstudie zukommen lassen. Dupont hat mir erlaubt, diese erneut auf ihre Signifikanz zu überprüfen. Martin.«

»Lieber Herr Jäger. Bitte umgehend den zweiten Zwischenbericht an den Nationalfonds fertigstellen. Sonst streichen sie uns die weiteren Mittel. Wichtig! Prof. Dupont«

»Hi, Jürg, wenn du einverstanden bist, werde ich nächstes Semester für dich das Seminar durchführen. Wäre doch eine Entlastung. Was meinst du? Liebe Grüße, Selva.«

»Hallo, Schwerenöter. Glaubst du wirklich, dass M. D. auf akademisches Mittelmaß abfährt? Such dir besser eine erstsemestrige Studentin, die dich noch anhimmelt, Verlierer!«

»Sehr geehrter Herr Dr. Jäger. Besten Dank für Ihre hilfreichen Anregungen zu meiner Dissertation anlässlich unseres ersten Treffens. Ich werde die Frage der Kontrollgruppe neu beurteilen und anpacken. Mit freundlichen Grüßen, Sophie Simmen.«

Die Liste der Mails war noch wesentlich umfangreicher. Die relevanten und institutsbezogenen Informationen kristallisierte die Polizei entsprechend der obigen Aufstellung heraus. Nun folgten Befragungen der verschiedenen Absender. Was bedauerlich und sonderbar wirkte, war der Umstand, dass sämtliche Antwortmails Jägers unwiederbringlich gelöscht waren. Umso dringender und zwingender wurden die bevorstehenden Interviews.

Der Kriminaltechnische Dienst KTD der Kantonspolizei hatte neben der Tastatur des Opfers eine offene Schachtel mit Pralinen verschiedenster Geschmacksrichtungen gefunden. Die Kartonschachtel war mit aufgedruckten Motiven kadmiumroter Weihnachtssterne und chromoxidgrüner Stechpalmen geschmückt. Doch erst nachdem die Obduktionsergebnisse von Jürg Jäger vorlagen, wurden die Pralinen im Labor untersucht. Die Ergebnisse der Obduktion hatten nämlich zweifelsfrei eine Vergiftung als Todesursache festgestellt. Da lag die Vermutung nahe, dass eine oder mehrere Pralinen präpariert waren. Die anfängliche Annahme, dass das Opfer an Überarbeitung verstorben sei, hatte sich nicht bewahrheitet.

Eine junge Polizistin im Offiziersrang marschierte mit selbstsicherer Körperhaltung durch den Schneematsch auf den unscheinbaren Eingang des heilpädagogischen Institutes zu. Für die juristische und die medizinische Fakultät hatte der Kanton pompöse Bauten bereitgestellt. Für den akademischen Nebenschauplatz der Heilpädagogik musste ein schmuckloser Wohnblock reichen. Eigentlich hätte Leutnant Maya Megert die Leute zur Befragung in die Dienststelle aufbieten können. Das hätte auf die einen oder anderen bestimmt eine einschüchternde Wirkung gehabt. Diese Wirkung war zum jetzigen Stand der Untersuchung allerdings nicht erwünscht. Im Gegenteil. Nur die vertraute

Umgebung des Institutes versprach, die Auskunftsbereitschaft der Befragten zu fördern.

Als erste Person hatte die Doktorandin Sophie Simmen zu erscheinen. Frau Leutnant Megert rechnete mit einem kurzen Gespräch, da die Studentin im Gegensatz zu den restlichen Verdächtigen noch nicht allzu lange am Institut verkehrte.

Nach den üblichen Formalitäten erkundigte sich Megert nach Details und Hintergründen zur Aussage im einzigen Mail, das zwischen Jäger und Simmen dokumentiert war.

»Dem Mail auf Herrn Jägers Computer entnehme ich, dass Sie eine Dissertation zu verfassen beabsichtigen. Darf ich fragen, zu welchem Thema?«

Die Doktorandin spielte kokett mit ihrem blondierten Rossschwanz, den sie sich über die linke Schulter gelegt hatte. »Es geht um eine Untersuchung zu Leseschwierigkeiten junger Erwachsener. Ich habe die Hypothese aufgestellt, dass der exzessive Gebrauch von Kurzsprache in der Anwendung von SMS, WhatsApp und E-Mail die Lesekompetenz negativ beeinflussen kann.«

»Interessant. Aber warum nur die Lesekompetenz? Ist die Schreibkompetenz nicht genauso betroffen?«, wollte die Polizistin wissen.

»Doch, natürlich. Die Studie würde allerdings zu umfangreich werden, wenn ich beides untersuchen wollte. Zugunsten der Vertiefung verzichte ich auf die Ausdehnung des Themas«, erklärte Simmen altklug.

»Bei dieser Untersuchung sollte Sie Herr Jäger unterstützen und beraten. Ich nehme an, er wäre damit Ihr Doktorvater geworden?«

Sophie Simmen wiegte den Kopf. »Ja und nein. Doktorvater oder besser -mutter ist eigentlich Frau Prof. Dupont.

Sie wird die Arbeit schlussendlich begutachten und mir hoffentlich zum Doktortitel verhelfen. Bis dahin ließ sie sich jedoch durch den Oberassistenten entlasten. Ich hätte natürlich schon lieber mit Frau Dupont persönlich zusammengearbeitet.«

»Aha? Warum das?«, forschte die Polizistin nach.

Die Doktorandin schien sich zu winden. »Na ja. Weil sie viel erfahrener ist … und weil ich den fetten Jäger eigentlich nicht besonders mag.« Schnell korrigierte sich Simmen: »Ich meine, mochte. Aber das spielt jetzt keine Rolle mehr.«

Leutnant Megert schmunzelte. »Wer weiß.« Anschließend erkundigte sie sich nach dem Stichwort »Kontrollgruppe«, das im überlieferten Mail auftauchte. »Und was ist das für eine Frage der Kontrollgruppe, die Sie neu beurteilen wollen?«

Sophie Simmen lachte lauthals heraus. »Ach, das. Jäger zweifelte daran, dass ich eine ebenso große Gruppe von Versuchspersonen ohne Mobiltelefon würde auftreiben können wie die Gruppe der Handybenutzer. Es gibt bei der Zusammenstellung solcher Kohorten wissenschaftliche Regeln. So sollten beispielsweise in beiden Gruppen möglichst gleich viele Männer wie Frauen vertreten sein. Auch das Bildungsniveau und das Alter sollte möglichst vergleichbar sein. Zudem spielen Kulturzugehörigkeit und Muttersprache eine Rolle und so weiter. Ich will Sie jetzt gar nicht mit weiteren Details langweilen.«

Maya Megert hatte aufmerksam zugehört. Abschließend stellte sie die Höflichkeitsfrage: »Ist nach dem Tod von Herrn Jäger Ihre Studie irgendwie infrage gestellt?«

Wieder ließ Sophie Simmen ihr mädchenhaftes Lachen erklingen. »Nein, nein. Frau Dupont wird mir schon einen neuen Betreuer zuweisen.«

»Eine letzte Frage, ich stelle sie allen Auskunftspersonen: Haben Sie Herrn Jäger kürzlich Pralinen geschenkt?«

Sophie Simmen schaute die Polizistin verständnislos an. »Pralinen? Nein. Warum hätte ich Herrn Jäger etwas schenken sollen? Nach erfolgreichem Abschluss meiner Dissertation wäre das vielleicht zu einer Option geworden. Aber das dauert noch mindestens zwei, drei Jahre.«

Damit war die Befragung beendet.

Der nächste Kandidat war Martin Koller. Er trug einen rehbraunen Cordanzug und einen speckigen schwarzen Rollkragenpullover. Der 40-jährige Mann wirkte wesentlich nervöser als die 25-jährige Sophie Simmen zuvor. Er war sich natürlich im Klaren darüber, dass seine gehässigen Mails kein günstiges Licht auf ihn und seine Beziehung zum Opfer warfen. Von Beginn an argumentierte er daher aus der Position der Verteidigung, ohne dass er von Leutnant Megert mit Vorwürfen konfrontiert worden wäre. Eine unglückliche Strategie.

Frau Megert eröffnete die Befragung mit der Wiederholung der Aussage aus einem Mail: »Sie haben an Herrn Jäger Folgendes geschrieben: ›Hallo, Schwerenöter. Glaubst du wirklich, dass M. D. auf akademisches Mittelmaß abfährt?‹ Wer ist mit M. D. gemeint?«

Bereits diese erste Frage war Koller mehr als peinlich. »Tja«, bröselte er hervor, »das ist vielleicht etwas zu persönlich formuliert.«

»Die Formulierung interessiert mich nicht. Ich will den Namen von M. D., denn ich hege eine Vermutung.«

»M. D. bedeutet Mireille Dupont. Ich habe Jäger mit seinem Verhältnis zur Professorin gefoppt. Das ist alles«, redete sich Koller heraus.

»Hatte er denn ein Verhältnis mit ihr?«

»Ich vermute schon. Jedenfalls hat er eines angestrebt. Da bin ich mir fast sicher.«

»Sie vermuten das Verhältnis und sind sich nur fast sicher. Ist das nicht alles recht vage? Worauf stützen sich denn Ihre Vermutungen?«, fragte Maya Megert nach.

Koller wurde verlegen. Seine roten Backen und die Schweißtropfen auf der Stirn fungierten als unerwünschtes Biofeedback. »Ich habe die beiden das eine oder andere Mal miteinander reden gehört. In meinen Ohren hat es sehr vertraulich geklungen. Selbstverständlich kann ich mich auch irren.«

»Was haben Sie selbst für ein Verhältnis zu Frau Prof. Dupont?«

»Ein rein institutionelles. Sie ist meine Chefin. Übrigens eine sehr nette und charmante dazu.«

Die Polizistin stutzte. »Ist es nicht ungewöhnlich, von der Nettigkeit und dem Charme der Chefin zu reden? Sollten nicht ihre fachliche Kompetenz und Führungsqualitäten an erster Stelle genannt werden?«

»Ja. Die sowieso«, räumte der Dozent verlegen ein.

»Ich frage Sie daher erneut: Was haben Sie für ein Verhältnis zu Frau Dupont?«

»Wenn Sie es so sehen …« Koller machte eine Pause, die er dazu benutzte, an der Nase zu kratzen. »Ich kann schon zugeben, dass sie mir sympathisch ist. Leider hat beim Jagen um ihre Gunst der Jäger die Nase vorn gehabt«, räumte er ein und ergänzte mit dem deplatzierten Scherz: »Das schuldete Jäger möglicherweise seinem Namen.«

Die Polizistin ging nicht darauf ein. »Lassen wir das mal so stehen. Ich möchte jetzt noch ein anderes Mail zitieren, zu dem ich nähere Auskunft wünsche: ›… die längst fälligen Daten der Nationalfondsstudie zukommen zu lassen. Dupont hat mir erlaubt, diese erneut auf ihre Signifikanz zu überprüfen.‹ Was hat es mit dieser verspäteten Studie auf sich?«

Diese Frage behagte dem Dozenten sichtlich besser. Er setzte sich gerade hin und referierte mit fester Stimme. »Es geht um Glaubwürdigkeit und Ethik der Wissenschaft. Ich bin mir so gut wie sicher, dass Jäger Daten manipuliert hat. Er verzögerte die Studie nur darum, weil er davon Wind bekommen hat, dass ich ihm auf die Schliche gekommen bin.«

»Haben Sie ihn mit Beweisen konfrontiert?«

»Nein. So weit war ich noch nicht. Eindeutige Beweise konnte ich nicht liefern. Dennoch erhärtete sich mein Verdacht von Tag zu Tag. Und das wusste er.«

Maya Megert bohrte weiter: »Wie hat er auf Ihre Anschuldigungen reagiert?«

»Er hat mich ausgelacht. Er glaubte sich unter den Fittichen seiner geliebten Mireille wohl in Sicherheit«, ereiferte sich der Dozent.

»Eine letzte Frage, ich stelle sie allen Auskunftspersonen: Haben Sie Herrn Jäger kürzlich Pralinen geschenkt?«

»Soll das ein Witz sei? Dem würde ich nie was schenken!«

»Ich danke für Ihre Zusammenarbeit, Herr Koller.«

Die nächste Befragung fand erst am Nachmittag statt. Frau Leutnant verpflegte sich über Mittag in einem der umliegenden Restaurants. Sie wählte Menü eins: Kartoffelstock, Schmorbraten und Blumenkohl an weißer Soße. Dazu gönnte sie sich ein Glas frischen Sauser. Im Dienst? Na ja, das Gläschen war wohl drin.

Für den Nachmittag waren gleich zwei Interviews geplant. Zuerst mit der tamilischen Hilfsassistentin und danach mit der Professorin höchstpersönlich. Für beide Befragungen lagen E-Mails vor, die als Gesprächseinstiege gute Dienste zu leisten versprachen.

»Frau Vijayakanthan, worin bestehen Ihre Aufgaben als Hilfsassistentin?«, wollte Leutnant Megert wissen. Den tamilischen Familiennamen hatte sie über Mittag memoriert.

»Ich habe Herrn Jäger bei seinen Seminaren unterstützt. Ich habe Fotokopien hergestellt, Unterrichtsmedien wie den Hellraumprojektor und den Compi bereitgestellt und die Anwesenheitskontrolle über die Studentenschaft geführt. Zudem habe ich statistische Grafiken erstellt, die Herr Jäger zu seinen Nationalfondsberichten benötigte. Wenn ich neben all dem noch dazukam, habe ich an meiner eigenen Masterarbeit geschrieben.«

Frau Megert hörte aufmerksam zu. Als die Hilfsassistentin mit ihrer Aufzählung fertig zu sein schien, fragte die Polizistin: »Werden Sie nach dem Hinschied von Dr. Jäger seine Funktion übernehmen?«

Selva Vijayakanthan ließ ein gekünsteltes schrilles Lachen hören. »Nein, nein. So schnell geht das nicht. Ich muss erst Assistentin werden, bevor ich Oberassistentin werden kann. Und es wird vorausgesetzt, dass ich bis dahin zumindest meinen Mastertitel im Sack habe. Besser noch, ich habe bereits promoviert.«

»Zwischen Ihnen und Dr. Jäger liegt also noch eine Karrierestufe, wenn ich Sie richtig verstehe?«

»Richtig. Der sogenannte Unterbau gliedert sich in Hilfsassistenz, Assistenz und Oberassistenz. Allerdings ist in unserem Institut die mittlere Position seit längerer Zeit vakant.«

Die Polizistin strich sich ihre rotbraunen Stirnfransen aus dem bleichen Gesicht. »Wie soll ich Ihre Mail an Herrn Jäger verstehen, in der Sie schreiben: ›Wenn du einverstanden bist, werde ich nächstes Semester für dich das Seminar durchführen. Wäre doch eine Entlastung.‹ Was hat er Ihnen darauf geantwortet?«

»Na ja.« Frau Vijayakanthan suchte nach Erklärungen. »Er hat mich einerseits auf später vertröstet und mir andererseits in Aussicht gestellt, dass ich eventuell mal eine Seminarstunde unter seiner Aufsicht durchführen dürfe. Probeweise.«

»Wer profitiert denn unmittelbar von Herrn Jägers Ausscheiden? Wer wird seine Aufgaben nächste Woche übernehmen?«, forschte Frau Megert weiter.

Die Tamilin zögerte. »Ich vermute, dass die Doktorandin Sophie Simmen gute Chancen hat, falls sie den Job überhaupt anstrebt und ihre Dissertation demnächst ins Trockene bringt.«

»Eine letzte Frage noch, Frau Vijayakanthan. Ich stelle sie allen Auskunftspersonen: Haben Sie Herrn Jäger kürzlich Pralinen geschenkt?«

»Nein. Aber er hat mir neulich einen Lebkuchen geschenkt, der Schatz.« Dabei strahlte sie wie die aufgehende Sonne über Sri Lankas Mango-Plantagen.

Nun fehlten nur noch die Auskünfte der Chefin. Die ließ die Polizistin zappeln. Megert benutzte die Pause, um sich am Kaffeeautomaten im Korridor einen Cappuccino in einen Pappbecher fließen zu lassen. Nach 20 Minuten war Frau Prof. Dr. Dr. Dupont endlich zum Gespräch bereit. Die Audienz fand in ihrem Büro statt. Maya Megert musste sich auf den Plastikstuhl setzen, auf dem normalerweise Studentinnen und Studenten die kostbare Zeit der Institutsleiterin in Anspruch nahmen. Diese thronte auf einem dunkelbraunen Ledersessel mit pneumatischer Höhenverstellung und Nackenpolster. Für ein heilpädagogisches Institut eine sonderbare Sitzordnung.

»Danke, dass Sie mir Ihre Zeit opfern, Frau Professor«, eröffnete Maya Megert die polizeiliche Befragung.

»Opfern ist angesichts des Opfers kaum der passende Begriff«, kritisierte Frau Dupont. »Dr. Jäger hinterlässt eine schmerzliche Lücke im Institut. Ich möchte mein Bedauern und mein herzliches Beileid an die Adresse seiner Angehörigen hiermit zu Protokoll geben.«

Leutnant Megert ließ sich durch Duponts dominante Rhetorik nicht aus dem Konzept bringen. »Eine erste Frage: Haben Sie Herrn Jäger kürzlich Pralinen geschenkt?«

Die Frage ließ Prof. Dupont gleich kleiner wirken. Fast machte es den Anschein, als sei Luft aus dem Hebemechanismus des Chefsessels gewichen. Irritiert über Megerts Frage erklärte sie: »Sie haben recht. Ich hätte ihm ab und zu etwas schenken sollen. Das ist mir leider gar nie in den Sinn gekommen. Dabei hat er doch so viel und gut gearbeitet.«

»Die Pralinen sind also nicht von Ihnen?«, insistierte die Polizistin.

»Nein. Das habe ich soeben erklärt. Was hat es mit diesen Pralinen auf sich?«

»Herr Jäger ist daran gestorben«, gab Megert lapidar Auskunft.

»Sie meinen, er hat sich daran verschluckt?«

»Nein. Die Obduktion beweist eine Vergiftung.«

Jetzt entstand eine Pause. Die Todesursache war bis anhin nicht kommuniziert worden. Prof. Dupont war das erste Mitglied des Institutes, das die traurige Wahrheit erfuhr.

Leutnant Megert nutzte die momentane Sprachlosigkeit der Professorin, um die Frage von Jägers Nachfolge zu klären. »Wem werden Sie die Aufgaben von Dr. Jäger übertragen? Kommt allenfalls Dr. Koller infrage, oder ist Frau Vijayakanthan eine Option?«

Frau Dupont hatte sich wieder gefasst. »Dr. Koller wäre durchaus in der Lage, die Oberassistenz zu übernehmen. Ich bezweifle aber, dass er auch willens ist, da es für ihn eher einen Karriererückschritt bedeuten würde. Frau Selva andererseits hat noch längst nicht den erforderlichen Bildungsstand erreicht. Bei ihr wird es noch Jahre dauern, wenn es nach mir geht.«

»Heißt das, dass Sie persönlich das Seminar von Dr. Jäger fortführen werden?«, wollte Maya Megert wissen. Diese Frage hätte sie besser nicht gestellt.

Ein heiseres Kichern und eine abwinkende Handbewegung waren alles, was die Professorin auf diese unmögliche Vorstellung zu erwidern hatte.

»Kann möglicherweise Frau Simmen Dr. Jäger beerben?«, fragte Megert weiter.

Dupont wirkte irritiert. »Simmen? Wer soll das sein?«

»Ist Sophie Simmen nicht Ihre Doktorandin?«

»Ach so. Ja, das arme Mädchen. Sie hat bei Dr. Jäger eine Dissertation begonnen, die mit der aktuellen Untersuchungsanordnung wenig Aussicht auf Erfolg hat.«

Diese Information überraschte die Polizistin. In Simmens Befragung hatte es anders getönt. Optimistischer.

»Ich erinnere mich, dass Frau Simmen grobe Fehler in der Rekrutierung der Kontrollgruppe begangen hat. Die Probanden waren nicht vergleichbar. Offenbar hat sie es nicht geschafft, in der Schweiz genügend Jugendliche ohne Handy zu finden. Danach hoffte Simmen, das Problem mit Jugendlichen aus Pakistan zu lösen. Sie dachte ernsthaft daran, dort hinzureisen, um in der armen Bevölkerung Versuchskaninchen zu rekrutieren. Wie das schändlicherweise die Pharmaindustrie macht. Dass weder Sprache noch kultureller Hintergrund mit den Schweizern vergleichbar gewesen wären, wollte sie vernachlässigen. Dr. Jäger hat Frau Simmen daraufhin die Hiobsbotschaft überbracht, dass sie ihren Doktorhut vergessen sollte.«

Frau Leutnant horchte auf. »Sie meinen, Dr. Jäger stand der akademischen Laufbahn der jungen Studentin im Wege?«

»Wenn Sie es so dramatisch formulieren wollen«, maulte die Professorin. Sie schaute demonstrativ auf ihre Armbanduhr der Genfer Nobelmarke Franck Muller. Zudem erhob sie sich jetzt aus ihrem Sessel, als unmissverständliches Zeichen, dass sie die Befragung für beendet hielt.

Die Polizistin versuchte sich vorzustellen, wie der Auftritt der Professorin in einer heilpädagogischen Kleinklasse mit kognitionsschwachen Kindern wirken musste. War Frau Prof. Dr. Dr. Dupont tatsächlich in der Lage, sich der jeweiligen Situation anzupassen?

Da machte sich das Mobiltelefon von Maya Megert mit diskreten Vibrationen bemerkbar. Der abrupte Gesprächsabbruch durch Frau Dupont kam der Polizistin somit nicht ungelegen.

Am Telefon meldete sich ein Wissenschaftler des kriminaltechnischen Dienstes. Es sei dem Labor gelungen, an der weihnachtlichen Kartonverpackung der fraglichen Pralinen Fingerabdrücke zu isolieren. Nun mussten diese nur noch mit den Verdächtigen abgeglichen werden.

Im Grunde genommen ahnte es Maya Megert bereits jetzt. Sie würde nicht darum herumkommen, die Doktorandin Sophie Simmen in Untersuchungshaft zu nehmen. Offensichtlich hatte sie es in ihrem blindwütigen Ehrgeiz nicht verkraftet, dass ihr Jürg Jäger den Weg zur Doktorwürde zu vereiteln drohte.

SCHRECKALP

Das belgische Rentnerpaar Annika und Joris Janssens fährt seit Jahren mit dem Auto von Anderlecht nach Habkern ob Interlaken in die Ferien. Habkern ist ein kleines verschlafenes Bergdorf in einem engen Tal, nahe der finsteren Felswand des steilen Hardergrates. Bisher haben die Janssens dort ihre Ferien in den Sommer- oder Herbstmonaten verbracht. Sie logieren immer im einzigen Hotel des Ortes, dem sogenannten Sporthotel. Warum es diese Bezeichnung trägt, ist den Belgiern allerdings ein Rätsel geblieben. Die häufigsten Sportarten der bejahrten Klientel bestehen nämlich aus Wandern, Kartenspielen und Essen.

Dieses Jahr hat sich das Ehepaar vorgenommen, Habkern in der Wintersaison zu besuchen. Sie fahren zwar nicht Ski, weder auf Pisten noch auf Loipen, wären aber für eine gemächliche Schneeschuhwanderung durchaus zu begeistern.

Joris und Annika treffen die erforderlichen Reisevorbereitungen. Dazu gehört auch die Anschaffung von Schneeketten für den Wagen. Joris nimmt sich des Themas an.

Auf einer Internetseite des Touringclubs der Schweiz, TCS, erfährt er Näheres. Die runde Signaltafel »Schneeketten obligatorisch«, ein weißes Radsymbol mit schwarzer Kette auf blauem Grund, bedeute, dass mehrspurige Motorfahrzeuge die betreffende Strecke nur befahren dürfen, wenn wenigstens zwei Antriebsräder der gleichen Achse mit Schneeketten aus Metall versehen sind. Joris glaubt sich an ein solches Schild zu erinnern. Als er und seine Frau letzten Spätherbst Habkern verlassen haben, wurden blaue Schilder neben den großen Holzkisten mit Streugut vom Wegknecht bereitgelegt.

Joris recherchiert im Internet nach den verschiedenen Kettensystemen, um das Praktikabelste herauszufiltern. Dabei stehen sich offensichtlich klassische Kettensysteme und schnell montierbare Spezialketten gegenüber. Die klassischen Ketten empfehlen sich in puncto Handhabung, Fahrverhalten auf dem Schnee und Verschleiß. Schnell montierbare Spezialketten sind doppelt so teuer, ansonsten aber nicht wirkungsvoller. Zudem hängt, dem Urteil verifizierter Verbrauchermeinungen nach, die Montagezeit viel mehr von den Witterungsverhältnissen ab als von den unterschiedlichen Kettensystemen.

Joris entschließt sich aus diesen Gründen zum Kauf traditioneller Ketten. »Eventuell werden wir sie gar nicht benötigen. Da gebe ich doch nicht so viel Geld für Spezialketten aus«, rechtfertigt er sich gegenüber seiner Gattin.

Sie überlässt den Entscheid dem Chauffeur. Dabei ist sie eigentlich auch im Besitz eines Fahrausweises. Joris besteht trotzdem darauf, selbst hinter dem Steuer zu sitzen. Der streitsüchtige Rentner macht seiner Frau ohnehin das Leben schwer. Da hat sie keine Lust, sich auch noch darum zu streiten, wer den Wagen fährt.

Vor Reiseantritt montiert Joris die neuen Ketten probeweise in der trockenen Garage. Er nimmt die Gebrauchsanleitung zur Hand und vollzieht Schritt für Schritt die vorgegebenen Handgriffe: Er fasst den roten Schneekettenring aus Gummi im oberen Bereich und legt die schwere Metallkette von oben her über das linke Hinterrad. Dann zieht er den Schneekettenring so weit wie möglich hinter das Rad. Anschließend lässt er den Wagen etwas nach vorn rollen, um den Rest des Schneekettenrings über das Rad zu ziehen. Dazu muss er zuerst das Garagentor öffnen, denn zwei Meter Spielraum stehen ansonsten nicht zur Verfügung.

Mit Zerren und Fluchen kriegt er die Schneeketten schließlich wieder vom Rad.

Auf der Rückseite der Gebrauchsanleitung steht, dass das Mitführen einer Taschenlampe, von Handschuhen und einer Unterlage zum Knien ratsam sei. Diese Tipps übersieht er in seinem flüchtigen Glück der ersten erfolgreichen Montage.

Mitte Dezember ist es dann so weit. Frühmorgens verlässt das Ehepaar mit vollgestopftem PW das Eigenheim Richtung Berner Oberland. Bereits nach einer halben Stunde Fahrzeit entbrennt ein erster Streit.

»Annika, hast du eigentlich den Kühlschrank abgestellt und die Tür etwas offen gelassen?«

Die Ehefrau reagiert verwundert. »Wieso fragst du? Natürlich hab ich es gemacht. So wie immer.«

»Nein. Das letzte Mal hast du es vergessen. Als wir aus dem Urlaub zurückgekommen sind und ich den Kühlschrank geöffnet habe, stank es erbärmlich. Zudem schimmelte darin ein Stück Edamer«, erinnert er vorwurfsvoll.

»Ach was. War doch nicht der Rede wert. Dass du mir wieder mit diesem alten Käse kommen musst! Konzentriere dich besser auf die Straße«, verteidigt sich Annika verärgert.

»Auf den Verkehr konzentrieren? Tu ich doch! Lenk nicht vom Kühlschrank ab.«

»Und du lenk den Wagen«, gibt sie zurück.

»Seit wann bist du mit meinem Fahrstil unzufrieden? Seit 30 Jahren fahre ich unfallfrei. Oder etwa nicht?«

Annika bereut ihren verbalen Gegenangriff und wiegelt ab. »Schon recht. Ich mein ja bloß.«

»Bloß was? Willst du ans Steuer? Bitte. Wir können an der nächsten Raststätte gerne wechseln.«

»Nein. Und jetzt fahr einfach geradeaus und hör auf zu meckern.«

»Hallo? Wer hat denn gerade mit Meckern begonnen?«

»Du hast doch vom Kühlschrank angefangen«, erinnert ihn Annika.

»Das war nicht gemeckert«, verteidigt sich Joris. »Ich war besorgt, dass du vielleicht vergessen haben könntest –«

»Wiederhole es noch ein halbes Dutzend Mal.«

»Dieser Winterurlaub fängt ja gut an. Richtige Eiszeit«, kommentiert der Gatte bitter.

Worauf die Gattin meint: »Nun übertreib mal nicht. Die Heizung könntest du übrigens etwas zurückschalten. Die Sauna erwartet uns im Sporthotel.«

Sprachlos schaut Joris seine Frau von der Seite an und tut wie von ihr geheißen.

Bis Interlaken geben sich die Ehepartner Mühe, nicht mehr zu zanken. In Unterseen jedoch, bei der Abzweigung der Bergstraße nach Habkern, entflammt ein neuer Streit.

Der Grund liegt am Umstand, dass kein Kettenobligatorium angezeigt ist. Die blaue Tafel mit dem schwarzen Symbol ist nicht aufgestellt.

»Und wozu haben wir uns die teuren Schneeketten angeschafft?«, reklamiert Annika.

»Habe ich zu Hause etwa erraten können, ob in der Schweiz Schnee liegt?«, kontert Joris verärgert. »Zudem sind wir noch nicht am Ziel. Warten wir mal ab, ob die Straße bis zum Hotel geräumt ist.«

Sie ist es. Herr und Frau Janssens erreichen ihr Ferienziel ungebremst. Im Sporthotel werden die Stammgäste mit dampfendem Apfelpunsch herzlich empfangen. Sie erhalten wie immer das gewünschte Doppelzimmer im ersten Stock mit Blick gegen Süden.

Die ersten Ferientage verbringen die Belgier wie gewohnt mit Spazieren, Schlemmen und Kartenspielen. Allerdings spielen sie nicht »Jass« wie die Schweizer am Stammtisch in der Gaststube, sondern »Elfer raus«. Nach dem Mittag sitzen die beiden Rentner jeweils mit Wolldecken in den Liegestühlen auf dem Balkon, um von der alpinen Sonne zu profitieren. Das Schneefeld vor dem Hotel glänzt und glitzert wie mit Brillanten besetzt. Es wäre das reine Winterzauberland, wenn sich Annika und Joris nicht ständig stritten. So aber vergiften sie sich gegenseitig die Atmosphäre. Diese verdichtet sich zu dickem Nebel, der sich auf das Gemüt legt und Annika zur Überzeugung führt, dass es so nicht weitergehen kann. Sie ist jetzt 72-jährig und hat statistisch gesehen noch um die zwölf Jahre zu Leben. Will sie ihren Lebensabend tatsächlich mit Streiten verbringen? Keinesfalls. Annika spielt schon länger mit dem Gedanken, sich von Joris scheiden zu lassen. Gehindert haben sie bisher die erwarteten Einwände der Kinder und die Macht der Gewohnheit. Aber genug ist genug!

Sie setzt sich im Liegestuhl auf, nimmt die Sonnenbrille ab und wendet sich beherzt an den Streithahn: »Joris, so geht es nicht weiter mit uns.«

Er brummt Unverständliches und wendet den Kopf zu Annika.

»Ich will mich scheiden lassen.«

Jetzt nimmt auch Joris die Sonnenbrille ab und sagt: »Hast du einen Sonnenstich oder was?«

Diese Reaktion bestärkt Annika nur noch in ihrem Ansinnen. »Mir ist es ernst. Ich will mich von dir trennen. Es macht keinen Spaß, wenn wir uns die restlichen Jahre mit Zankereien und schlechter Laune vermiesen. Du kannst ja nicht mal beim Kartenspiel verlieren, ohne dass wir danach einen halben Tag lang Krieg haben.«

»So, bist du fertig? Geht es dir jetzt besser?«, spottet der Ehemann. Das ist die falsche Strategie.

»Du scheinst mich nicht ernst zu nehmen, Joris«, stellt Annika enttäuscht fest. »Vielleicht glaubst du mir, nachdem du mit meiner Anwältin gesprochen hast. Ich kann dir ihre Telefonnummer aufschreiben.«

Joris erhebt sich, schmeißt wortlos die Wolldecke in den Liegestuhl und verschwindet im Zimmer.

Annika schaut ihm ratlos nach. Ein paar Minuten später steht auch sie auf, um dem Gatten ins Zimmer zu folgen.

Dieser meint: »Sollen wir den Urlaub abbrechen?«

»Nein, auf die paar Tage mehr oder weniger kommt es nach 49 Ehejahren auch nicht mehr an«, erwidert sie desillusioniert.

Er nickt zustimmend. »Also. Was tun wir?«

»Wir lassen uns scheiden«, wiederholt die Ehefrau, ohne sich darüber im Klaren zu sein, ob der Ehemann zustimmt oder nicht.

»Nein«, sagt er.

»Du bist gegen eine Scheidung?«, fragt sie nach.

»Nein«, wiederholt er.

»Was nun?«, will Annika irritiert wissen.

»Ich habe gefragt, was wir jetzt tun. Heute, meine ich. Und die letzten gemeinsamen Tage in Habkern.«

»Ach so, das meinst du. Tja. Wollten wir nicht mal Schneeschuh laufen?«, erinnert Annika.

»Richtig. Ist das noch aktuell?«, fragt Joris.

»Klar. Kein Problem. Du gehst voraus und ich folge mit ein paar Metern Abstand deiner Spur im Schnee. So können wir uns gar nicht streiten.«

Joris grinst böse.

Annika meint: »Wir könnten auf die Alp Lombach fahren. Dort oben auf dem Hochplateau sei es ideal zum Schneeschuhlaufen, haben mir die Wirtsleute verraten.«

Erstaunlicherweise stimmt ihr Gatte ohne Einwände oder Auflagen zu. Er sagt nur: »Dann mach dich bereit. Wir fahren hoch.«

Die Schneeschuhe zum Anschnallen können im Hotel gemietet werden. Ausgerüstet mit Daunenjacken, Pelzmützen, gefütterten Wanderschuhen und den Leihschuhen, die keine eigentlichen Schuhe, sondern eine Art Tennisschläger sind, die unter die Sohlen montiert werden, fahren die Rentner in Richtung Dorfplatz. Dort biegen sie links in eine einspurige Bergstraße. Kaum sind sie ein paar Meter gefahren, kommt ihnen ein Auto entgegen. Wer bergwärts fährt, hat Vorfahrt. So ist das halt in den Bergen. Da die Straße zuerst abwärts in ein Bachtobel führt, bevor sie sich dann in unübersichtlichen Kurven nach Schwendi fortsetzt, ist es an den Belgiern, dem Gegenverkehr Platz zu machen.

Joris murrt und Annika wird nervös. Zwischen meterhohen Schneewänden rückwärts zu fahren, ist für ungeübte Flachlandautomobilisten eine echte Herausforderung. Joris beginnt zu schwitzen. Allerdings trägt er die dicke Pelzmütze auf dem Kopf. Um sie auszuziehen, fehlt ihm eine freie Hand. Zweimal touchiert der Wagen seitlich die vereiste Schneemauer.

»Joris, du zerkratzt die ganze Karosserie!«, tadelt Annika. Dieser wenig hilfreiche Kommentar lässt den gestressten Ehemann explodieren. »Halt die Klappe, verdammt noch mal! Oder willst du ans Steuer?«

Die grobe Reaktion verschlägt Annika die Sprache. Joris murkst weiter rückwärts. Die Frage nach dem Fahrerwechsel ist ohnehin rhetorischer Art gewesen.

Dann hat er es geschafft. Der Wagen der Belgier steht wieder in der Ausgangsposition auf dem Dorfplatz.

»So, nochmals weiche ich nicht aus«, brummt Joris, der sich ansonsten etwas beruhigt hat. Mit Schwung und Tempo biegt er zum zweiten Mal in die Schwendistraße ein. Bis zur Brücke im Bachtobel haben die Belgier freie Fahrt. Als sie sich jedoch mitten auf der Brücke befinden, kommt ihnen wieder ein Auto entgegen.

Joris macht seinen Vorsatz wahr und drückt aufs Gaspedal. Zusätzlich warnt er mit der Hupe. Das entgegenkommende Fahrzeug meidet eine Konfrontation. Es manövriert rückwärts in eine freigeschleuderte Ausweichstelle und lässt die Belgier passieren. Ja, die einheimische Jungbäuerin winkt den Feriengästen freundlich zu, schüttelt aber gleichzeitig ungläubig den Kopf.

Die Weiterfahrt verläuft ohne Gegenverkehr. Janssens erreichen den Bergweg, der auf die Alp Lombach führt. Weil er privat ist, muss ein Wegzoll entrichtet werden. So steht es jedenfalls auf einer Infotafel vor Ort.

Annika und Joris haben sich zwar auseinandergelebt. In einem Punkt stimmen sie jedoch noch immer überein: In ihrer ausgeprägten Sparsamkeit. Oder ist es purer Geiz?

»Nein, das bezahlen wir nicht«, stellt Joris beim Anblick der Wegzolltafel klar. Da die Straße nicht mit einer Barriere oder sonst einem Hindernis gesichert ist, lässt sie sich auch von jenen Automobilisten befahren, die keinen Obulus entrichten. Ab und zu werden auf der Alp zwar Kontrollen durchgeführt, aber das wissen die Janssens nicht.

»Die blaue Tafel interessiert mich weit mehr«, meint Joris, als er ein Stück nach der Infotafel das Schild mit der Schneekettenpflicht entdeckt.

»Jetzt kannst du deine Superketten doch noch ausprobieren«, spottet Annika.

»Jawohl! Schneekettenobligatorium!« Irgendwie tönt Joris fast erleichtert. Freut er sich, dass seine Schneeketten zum Einsatz kommen? Sieht er sich in seiner weisen Voraussicht bestätigt? Erlebt es Joris als Genugtuung, dass er offensichtlich doch keine unnötige Ausgabe getätigt hat?

Wie soll Annika ahnen, dass hinter Joris' Erleichterung ein ganz anderer Grund steckt?

Er lässt den Wagen zwei Meter zurückrollen. Vor dem Hinweisschild parkt er und steigt aus. Die Schneeketten befinden sich in einer schwarzen Kunststoffbox im Kofferraum.

Er beginnt die erste Kette auf das linke Hinterrad zu montieren. Jetzt zahlt sich die Trockenübung in der heimischen Garage aus. Ohne Schwierigkeiten legt er die Ketten links und rechts über die Räder. Allerdings hat er dabei auf Handschuhe verzichtet. Die hätten ihm besser gedient als die Pelzmütze auf dem Kopf. Er reibt sich seine klammen Finger und steigt wieder in den Wagen. Dort startet er den Motor.

»Schon fertig?«, wundert sich Annika. »Das ging aber schnell.«

Joris hat die Wagenheizung auf das Maximum eingestellt und das Gebläse auf Stufe drei reguliert. Nun hält er seine halb erfrorenen Finger vor die Lüftung. »Ah, tut das gut! So, Annika. Jetzt bist du an der Reihe. Steig bitte aus dem Wagen. Geh nach hinten, um zu kontrollieren, wann die roten Spannringe nach oben zeigen. Ich fahre dazu ein wenig nach vorn.«

Annika wirkt überfordert. »Was muss ich genau machen?«

»Du sollst mir zurufen, wenn die roten Gummiringe nach oben zeigen. Erst danach kann ich die Ketten ganz auf die Räder spannen. Hast du verstanden?«

Annika steigt aus.

Joris ruft ihr nach: »Am besten kniest du hinter das Auto direkt am Rad, damit die Augen auf Achsenhöhe sind. Willst du eine Fußmatte?«

»Nicht nötig. Für den kurzen Augenblick.«

»Bist du bereit? Kniest du hinter dem Rad?«, vergewissert sich Joris.

Annika: »Ja, fahr endlich los!«

Auf diesen Augenblick hat Joris gewartet, seit er in der heimischen Garage den mörderischen Plan geschmiedet hat. Fast schon hat er nicht mehr daran geglaubt, dass sein Plan aufgehen würde. Entschlossen rastet er nun den Rückwärtsgang ein. Kurz hält Joris den Atem an. Dann tritt er mit voller Kraft auf das Gaspedal.

Der Wagen springt rückwärts.

Und Annika himmelwärts, nachdem sie überrollt und dabei tödlich verletzt wurde.

In der Presse ist Tage danach zu lesen, dass ein belgischer Rentner seine Ehefrau zu Tode gefahren habe. Die tragische Verwechslung von erstem Gang und Rückwärtsgang stelle einmal mehr die Fahrtüchtigkeit von Senioren infrage.

Joris kann über seine Investition in ein paar klassische Schneeketten nicht klagen. Über den Verlust seiner zänkischen Ehefrau noch weniger. Eine Scheidung wäre ihn teuer zu stehen gekommen. So profitiert er sogar noch von der Witwerrente.

Schreckalp sei Dank!

DER GEFRÄSSIGE SCHNEEMANN

»Du, Schatz, hast du Moudi gesehen?«, fragt Frau Schafroth beiläufig ihren Mann.

Herr Schafroth arbeitet als Hauswart in einer Burgdorfer Primarschule. Seine Gattin unterstützt ihn dabei. Beide wohnen in einem unscheinbaren Nebengebäude der Schule.

»Nein, warum?«, antwortet der Ehemann.

»Nur so. Er hat seit gestern seinen Teller nicht mehr angerührt.«

»Moudi wird schon nicht verhungern«, tröstet Herr Schafroth.

Frau Schafroth macht sich dennoch Sorgen. »Ob ihm etwas zugestoßen ist? Ich habe ihn mindestens seit gestern nicht mehr gesehen. Hoffentlich ist er nicht auf der Straße von einem Auto angefahren worden.«

Der Hauswart hat Besseres zu tun, als sich um den momentanen Aufenthaltsort des Streuners zu kümmern. Er packt die Schneeschaufel mit der einen Hand, den Plastiksack mit Streusalz mit der anderen und verlässt die Amtswohnung.

Moudi ist der Stubenkater des Ehepaares. Er lebt seit sieben Jahren bei den Schafroths. Von den Schulkindern auf dem Pausenhof wird er täglich gestreichelt. Moudi hat sich an die wilde Horde gewöhnt. Bis vor Kurzem ist er kaum schlecht behandelt worden. In letzter Zeit allerdings haben sich bösartige Bubenstreiche gehäuft. Seitdem geht der Kater dem Emil Zbinden und dem Roland Mäder nach Möglichkeit aus dem Weg. Diese beiden 14-jährigen Burschen haben wiederholt versucht, an seinem buschigen Schwanz zu zerren, ihn mit Kieselsteinchen zu bewerfen oder ihn mit Wasserpistolen ins Visier zu nehmen. Einmal ist es Emil sogar gelungen, mit einem Feuerzeug seine Schnauzhaare anzusengen. Roland hat seinerseits den ketzerischen Versuch unternommen, Moudi mit Knetgummi zu füttern. Die Misshandlungen scheinen mit jedem Mal gemeiner und brutaler auszufallen.

Herr Schafroth räumt den Gehweg vom Parkplatz der Lehrkräfte zum Haupteingang der Schule. Dazu pafft er die Zigarette einer stinkigen Billigmarke.

Der Schulleiter hat ihn gebeten, den Steinplattenweg morgens mit erster Priorität von Schnee und Eis zu befreien. »Wenn eine unserer Lehrkräfte ausrutscht und darum ausfällt, ist das für den Schulbetrieb schlimmer, als wenn bloß ein Schüler auf dem Hintern landet«, hat der pragmatische Pädagoge ergänzt.

Wen wundert es, dass der Schulleiter bei der Schülerschaft keine besondere Wertschätzung genießt.

Links neben dem Plattenweg haben über Nacht wohl Jugendliche einen riesigen Schneemann gebaut. Dieser steht nun unübersehbar wie zur Begrüßung des Lehrerkollegiums in kecker Selbstverständlichkeit vor der Schule.

Hauswart Schafroth kann sich ein Grinsen nicht verkneifen, denn der Schneemann ist ganz offensichtlich als eine Art Karikatur des Schulleiters gemeint. Wie dieser trägt der Schneemann einen buschigen Schnurrbart, markiert mit einem Tannenzweiglein, sowie eine graue Schirmmütze. Was aber die letzten Zweifel ausräumt, dass hier tatsächlich eine Anspielung auf den Chef gemacht wird, ist der auffallend runde Bierbauch. In dessen Mitte prangt eine leuchtend rote Hagebutte als Nabel. Am meisten amüsiert sich Herr Schafroth über die schrumpelige Karotte, die nicht etwa als Nase im Gesicht steckt, sondern als erbärmlich kleiner Penis zwischen zwei überdimensionierten Schneehoden. Herr Schafroth verzichtet darauf, den Schneemann vorsorglich zu entmannen.

Als am späteren Nachmittag die externe Reinigungskraft, Signorina Casserini, eintrifft, steckt die Pimmelkarotte im Antlitz des Schneemanns. Der Schulleiter hat höchst persönlich angeordnet, dass der »perverse Schneemann« auf primäre Geschlechtsmerkmale zu verzichten habe. Eine hilfsbereite Praktikantin hat den Befehl bereits am Vormittag ausgeführt. Trotzdem haben eine ganze Reihe von Schülerinnen und Schülern noch die erste Variante des Kunstwerks zu Gesicht bekommen. Dass die Karotte inzwischen nicht mehr aus dem Unterleib, sondern dem kugelrunden Gesicht herausragt, macht aus dem Pimmel noch lange keinen Zinken. Im Gegenteil. Lümmel wie Emil und Roland spotten nun in unflätiger Manier, dass ihr Schulleiter ganz offensichtlich »einen Schwanz in der Fresse trage«.

Zum guten Glück ist es bereits März und die blasse Sonne lässt den kommenden Frühling erahnen. Der Schneemann beginnt zu schmelzen. Am folgenden Tag hat er sowohl den Schnurrbart als auch die Karotte verloren.

Die ganze Aufregung um den unorthodoxen Schneemann kümmert Frau Schafroth jedoch nicht. Ihre Gedanken gelten Moudi, der noch immer verschwunden ist. Längst hat sie mit bangem Herzen auf je 100 Metern die Straßenränder abgesucht. Zum Glück hat sie Moudis Kadaver nicht in einem Haufen von dreckigem Schneematsch finden müssen. Somit besteht Hoffnung, dass der Streuner wieder auftauchen wird.

Diese Hoffnung wird nicht von jedermann geteilt. Sophia Casserini beispielsweise vermisst den Kater keineswegs. Der Grund liegt in der unerfreulichen Tatsache, dass Moudi die Angewohnheit hat, sein Geschäft in die ebenerdigen Kellernischen zu machen. Herr und Frau Schafroth sind sich zu schade, den Katzenkot ihres Lieblings selber wegzuräumen. Jedes Mal, wenn Signorina Casserini von Schafroths aufgefordert wird, »endlich die verschissenen Kellernischen zu säubern«, muss sich die Reinigungshilfskraft zusammenreißen, um nicht ausfällig zu werden. Einmal nur hat Sophia Casserini es gewagt, eine kritische Bemerkung fallen zu lassen. Für Hundehalter sei es inzwischen eine Selbstverständlichkeit, den Kot ihres Haustieres zu entsorgen. Warum könnten es ihnen Katzenfans nicht gleichtun?

Frau Schafroth hat Signorina Casserini mit einem Blick bestraft, der sprichwörtlich hätte töten können. Seither wehrt sich die externe Reinigungskraft nicht mehr. Sie schluckt den Ärger, ohne ihn zu verdauen.

Die Sonne hat tagsüber bereits genug Kraft erlangt, den Schnee auf Wiesen und Dächern zu schmelzen. An geschützten Lagen erblühen erste Krokusse. Dem Schneemann geht es ans Lebendige. Er ist sichtlich in sich zusammengesackt. Die Arme hat er bereits eingebüßt. Nun droht er, den Kopf zu verlieren. Der dicke Bauch hat sich ebenfalls verändert. Der Schneemann nimmt fast stündlich ab. Das hat einen sonderbaren Nebeneffekt.

Es ist eine Schülerin der zweiten Klasse, die ihn als Erste bemerkt. Das runde Bäuchlein gibt zunehmend den Blick auf etwas Grau-Braunes frei.

Sie macht eine Schulkollegin auf ihre Entdeckung aufmerksam. Diese geht näher ran, bückt sich, um mit dem Tannenzweig des ehemaligen Schnurrbartes Schnee vom Bauch zu wischen.

»Was ist das?«, fragt die Zweitklässlerin gespannt.

Ihre Kollegin schabt beherzt weiter. »Sieht nach etwas Pelzigem aus.«

Dann kreischen die Mädchen fast gleichzeitig: »Wäh! Eine Katze!«

Unnötigerweise fragt die Zweitklässlerin: »Ist sie tot?«

»Tiefgekühlt auf jeden Fall«, kommentiert die Kollegin. »Ich glaube nicht, dass wir sie wiederbeleben können.«

»Ist das nicht Moudi?«

»Du meinst Schafroths Kater? Oh Gott! Frau Schafroth kriegt einen Herzinfarkt!«

»Wir müssen es zuerst Herrn Schafroth sagen«, schlägt die Zweitklässlerin vor.

Ihre Kollegin ist anderer Meinung. »Nein, sonst denkt er noch, wir sind schuld. Wir sagen es unserer Klassenlehrerin. Die kann dann Schafroths die traurige Nachricht überbringen. So wie in den Fernsehkrimis, wenn die Polizeipsychologin an der Haustür der Angehörigen klingelt.«

Ist das ein Auflauf! Eine knappe Viertelstunde nach Moudis Entdeckung steht die ganze Schule inklusive Ehepaar Schafroth und Signorina Casserini um den Fundort.

Witzbolde verbreiten die Hypothese, der Schneemann habe die Katze gefressen.

Moudi wird von Herrn Schafroth mit der angemessenen Pietät ganz aus dem Bauch des gefräßigen Schneemanns gepellt. Auf Händen trägt er das tote Tier danach in die Hauswartwohnung. Schüler- und Lehrerschaft folgen Schafroths im Schritttempo, wie bei einem Leichenzug.

Vor der Haustür wendet sich Herr Schafroth zur Menge um. Sein Gesicht ist ungewöhnlich blass. Der Blick starr und hart. Dann erhebt er seine Stimme wie ein vorchristlicher Zornesgott und verkündet: »Wer das getan hat, wird büßen! Ich verspreche hier und jetzt, ich werde Moudi rächen!«

Eine völlig verstörte Kinderschar und das erschütterte Lehrerkollegium bleiben vor der Haustür stehen, hinter der Schafroths soeben verschwunden sind.

Moudis Tod ist Gesprächsthema Nummer eins im Dorf.

Hauswart Schafroth ermittelt. Er verdächtigt in erster Linie Emil Zbinden und/oder Roland Mäder, denn es ist ihm zu Ohren gekommen, dass diese Burschen den Kater des Öfteren schlecht behandelt haben.

Natürlich kommen auch andere »Nachtbuben« infrage.

Ebenfalls verdächtig scheint Schafroth ein ehemaliger Jasskumpel, den er beim Kartenspiel über längere Zeit beschissen hat, bis der es endlich merkte. Der Beschissene hat ihm Vergeltung geschworen. Ist er zu Moudis Vollstrecker geworden?

Frau Schafroth lässt sich offiziell krankschreiben. Sie leidet neuerdings an Depressionen. Herr Schafroth wird wortkarg und grimmig. Als Hauswart einer Primarschule scheint er zunehmend ungeeignet, wie der Schulleiter besorgt feststellt.

Sophia Casserini hält die gedrückte Stimmung am Arbeitsplatz nicht länger aus. Sie kündigt die Stelle auf Monatsende. Und das, obschon aus den Kellernischen kein Katzenkot mehr zu entfernen ist. Sie beabsichtige, nach Sizilien zurückzukehren, um dort ihren Lebensabend »unter südlicher Sonne und fröhlicheren Menschen« zu verbringen.

In Anwesenheit des Hauswartes werden Emil und Roland einzeln vom Schulleiter verhört. Die beiden Burschen weisen jedoch jede Schuld weit von sich. Als ihre Eltern vom Verhör und der Vorverurteilung durch den Hauswart erfahren, mischen sie sich in das Geschehen ein. Sie verbitten sich diese pseudokriminalistische Untersuchung. Emils Vater droht sogar mit dem Beizug eines Anwaltes, und Rolands alleinerziehende Mutter taucht in Begleitung des Erziehungsberaters auf. Der Hauswart und der Schulleiter müssen kapitulieren. Es liegen nicht die geringsten Beweise für eine Schuld der Buben an Moudis Tod vor.

Frau Schafroth kann sich nicht erholen. Ihr Ehemann lässt sich vorzeitig pensionieren. Das schwer geprüfte Ehepaar verlässt daraufhin die Amtswohnung. Die Urne mit Moudis Asche erhält am neuen Wohnort einen Ehrenplatz.

Im Dorf ist das Drama um den Kater zur Anekdote geschrumpft. Der gefräßige Schneemann bleibt als Lachnummer in Erinnerung.

Ein Abschlussschüler findet nach anderthalb Jahren zufälligerweise einen zerknitterten Brief in einer der Kellernischen. Er ist an den ehemaligen Hauswart gerichtet. Der Schüler bringt das Couvert dem Schulleiter. Dieser leitet das Schreiben pflichtbewusst an den neuen Wohnort des Adressaten weiter.

Das späte Geständnis von Sophia Casserini bekommt allerdings nur das Ehepaar Schafroth zu Gesicht.

BLUTEIS

Lange hat es gedauert, bis diesen Winter an der Breitwangflue ob Kandersteg im Berner Oberland geklettert werden konnte. Die Breitwangflue gilt als Schweizer Mekka für Eis- und Mixed-Kletterer. Vorausgesetzt, man ist den Schwierigkeitsgraden gewachsen. Einfache Routen findet man hier nämlich keine.

Der deutsche Eiskletterer Egbert Franken und der Schweizer Extremkletterer Willi von Gunten verstanden sich seit jeher als Konkurrenten. Nicht nur hinsichtlich des sportlichen Leistungsausweises, sondern auch hinsichtlich der gewonnenen Sponsoren. Mit Recht durfte man darüber spekulieren, ob für die beiden Alpinisten Sport oder Sponsoren im Vordergrund standen. Vermutlich bedingten sich die zwei Bereiche gegenseitig, so wie sich die Konkurrenten nur im anhaltenden Kampf um die kühnsten Gipfelstürme gegenseitig zu Höchstleistungen anstachelten.

Dass sich nun die zwei hartgesottenen Querköpfe zu einer gemeinsamen Tour zusammentun wollten, versetzte nicht nur das persönliche Umfeld der beiden in Erstaunen. Dieses Umfeld bestand auf Seite von Egbert in erster Linie aus Eveline Dumoulin. Auf Willis Seite ebenso. Auch er bezeichnete Eveline Dumoulin als seine Freundin. Er hatte lange genug um sie gekämpft. Eigentlich seit dem Tag, als sie ihm von Egbert vor einer Besteigung der

Eiger-Nordwand vorgestellt worden war. Seit damals hatte sich Willi um die Gunst der begehrten Französin bemüht. Diese Bemühungen waren vom ahnungslosen Egbert lange Zeit unbemerkt geblieben. Zu sehr hatte er auf die Ausstrahlung seiner sportlichen Erfolge vertraut, statt in die Beziehung zu investieren. Dann war es zu spät. Erst vor Kurzem hatte ihn Eveline mit der veränderten Situation konfrontiert. Und Willi war am Ziel. Er durfte sich als Sieger und neuer Freund von Eveline sehen.

Aus diesen persönlichen Gründen war es Willi von Gunten etwas eigenartig vorgekommen, als Egbert ihn neulich zu einer gemeinsamen Klettertour aufgefordert hatte. Oder müsste man vielmehr sagen: herausgefordert hatte? Der Schweizer vermutete, dass Egbert die gemeinsame Unternehmung in erster Linie zum Zweck einer Aussprache vorgeschlagen hatte. So oder so. Willi akzeptierte. Egbert Franken bot ihm an, gemeinsam die legendäre »Alphasäule« in der Breitwangflue zu bezwingen. Diese gilt neben den Superklassikern »Crack Baby« und »Metro« als ultimative Herausforderung. Der 370 Meter hohe Eisfall der »Alphasäule« befindet sich links neben »Crack Baby«. Eine spektakuläre Linie komplett im Eis, welche über eine wilde, überhängende Säule führt. Nicht ohne Grund wird die »Alphasäule« mit dem Schwierigkeitsgrad WI6+ bewertet. Was sie zusätzlich attraktiv macht, ist die Tatsache, dass sie sich nicht jedes Jahr bildet.

Nach einem zaghaften Wintereinbruch zeichnete sich Ende Januar ab, dass sich die »Alphasäule« tatsächlich wieder mal als Kletterfall anbieten könnte. Egbert Franken und Willi von Gunten mussten sich noch gedulden. Erst Ende März erlaubten es die Witterungsverhältnisse, diesen schönen Eisfall zu klettern. Die Aussprache bezüglich Eveline musste lange hinausgeschoben werden. Der Konflikt gärte im Untergrund.

Morgen sollte es definitiv losgehen. Allerdings scheiterte der erste Versuch kläglich. Das lag an einer Gruppe von militanten Naturschützern. Diese standen am Fuß der Breitwangflue mit Transparenten in aller Frühe bereit, um die Kletterer von ihrem Vorhaben abzuhalten. An vorderster Front war Maria Bärtschi, eine Jurastudentin aus Spiez. Sie war die Wortführerin, schwenkte ein Megafon und hetzte ihre Ergebenen auf die Alpinisten, wenn diese Anstalten machten, in die Eiswand zu steigen. Auf den Transparenten standen die Slogans: »Eis lässt niemanden kalt!«, »Schützt die Eisfälle!«, »Eiszapfen statt Eispickel!« und »Kein Tourismus auf Kosten der Natur!«

Egbert und Willi hatten nicht erwartet, an ihrer Tour gehindert zu werden. Aber die Naturschützer zeigten erbitterten Widerstand und mutige Entschlossenheit. Da war nichts zu machen. Wenigstens heute nicht. Die beiden Kletterer kehrten enttäuscht und verärgert um. Allerdings nicht, ohne der rabiaten Maria Bärtschi ein Transparent aus den Händen zu reißen. Als Kriegsbeute schleppte Willi den versprayten Fetzen bis zum abgestellten Auto. Dort landete er auf dem Rücksitz. Natürlich täuschte er nicht darüber hinweg, dass sie heute die Verlierer waren.

»Wir versuchen es morgen nochmals«, schlug Egbert vor. »Dann noch früher als heute.«

»Ja, ich denke auch, dass wir einfach vor den Naturheinis starten müssen«, bestätigte Willi. »Die Weicheier werden kaum oben in eisiger Kälte übernachten.«

Egbert lachte grimmig.

Um 5 Uhr ging es in Kandersteg los. Noch im Dunkeln stapften die beiden den steilen Schneehang zu den Eisfällen hoch. Es schneite ununterbrochen. Dennoch ließen sich die Kletterkameraden nicht von ihrem Plan abbringen.

»Mist, in diesem Tiefschnee benötigen wir eine halbe Ewigkeit«, brummte Willi von Gunten.

Bis zur Wand waren 1.000 Höhenmeter mit Tourenskiern zu überwinden. Die Sicht war auf ein paar Meter beschränkt. Egbert und Willi hatten darum Mühe, den Einstieg zu finden. Immerhin waren die Naturschützer noch nicht vor Ort. Das war die Hauptsache.

Ein arktischer Wind ließ die Kletterer frieren. Hände und Füße waren bereits vor dem Einstieg eiskalt. Das schlug zwar auf die Stimmung der beiden Profis, nicht aber auf ihre Entschlossenheit, die »Alphasäule« gemeinsam zu durchklettern.

Sie stellten ihre Skier in eine windgeschützte, leicht wiedererkennbare Felsnische. Danach montierten sie ihre Steigeisen. Willi verteilte seine Eisschrauben auf die Materialkarabiner am Klettergurt. Mit beiden Händen ergriff Egbert je einen Eispickel. Anschließend stiegen die Kletterer von rechts in die Wand ein. Die ersten Meter folgten sie einem Riss, der gut abzusichern war. Egbert legte Wert darauf, vor Willi zu klettern. Der Deutsche zog seine flauschige Kapuze vom Helm. Fünf Minuten später überraschte ihn bereits eine Staublawine, die seine Kapuze mit Schnee füllte.

Der Schweizer konnte sich einen schadenfreudigen Kommentar nicht verkneifen.

Egbert konterte: »Warte nur, Schweinebacke. Du bekommst dein Fett auch noch ab.« Dazu ließ er ein markantes Lachen hören, das an ein diabolisches Fauchen einer teuflischen Comicfigur erinnerte.

Das spröde Eis in der ersten Seillänge stellte sich als anspruchsvoll heraus. In der zweiten Seillänge erwartete die beiden Alpinisten eine senkrechte Passage von 30 Metern, die ihnen viel Kraft abverlangte. Danach flachte die Wand glücklicherweise etwas ab. Evelines Freunde kletterten gemeinsam über Blumenkohleis bis zum Stand der »Alphasäule«. Tatsächlich war sie, wie erhofft, bis ganz nach unten gewachsen.

Willi hob den Kopf und meinte skeptisch: »Hast du das gesehen?«

Nun spähte auch Egbert nach oben. Rund sieben Meter über dem Einstieg hingen auf einer Breite von zwei Metern bedrohliche Eiszapfen wie monströse Orgelpfeifen.

»Was soll's«, winkte Egbert nonchalant ab. »Mich jedenfalls hindern die paar Zapfen nicht am Aufstieg. Aber wenn er dir zu riskant scheint, kannst du hier auf mich warten, Schätzchen.«

Das Schätzchen war damit ausreichend motiviert. Egbert stieg als Erster, Willi als Zweiter in das Eis. Es war voller Luftlöcher. Darum sparten sie nicht mit Eisschrauben.

Die Luft war inzwischen deutlich wärmer geworden. Von den Eiszapfen tropfte reichlich Wasser. Innerhalb von Minuten waren Willi und Egbert bis auf die Socken durchnässt. Die Eiszapfen boten kaum Halt für die Steigeisen. Immer wieder brachen prächtige Zapfen ab und krachten in die Tiefe.

Dort unten hatten sich in der Zwischenzeit wieder die Naturschützer versammelt. Ihnen winkten Willi und Egbert freundlich zu. Im selben Augenblick löste sich einmal mehr ein schwerer Eiszapfen. Rechtzeitig sprangen die Demonstranten zur Seite. Wutentbrannt verfluchten die ungeschützten Hitzköpfe die beiden Eiskletterer. Kurz darauf zogen die Naturschützer frustriert von dannen.

Willi von Guntens Kräfte erschöpften sich allmählich. Das lag auch daran, dass er inzwischen klitschnass war.

Egbert Franken zog am Seil. »He, Willi. Was ist los?«

»Shit! Ich glaub, ich kann nicht mehr lange. Sorry.« Willi begann daran zu zweifeln, dass seine Kraft bis zur nächsten Eisschraube reichen würde. Ein alarmierendes Zeichen?

Egbert schien noch besser in Form. Er wartete erneut darauf, dass ihm der Schweizer nachsteigen würde. Dabei dachte er an seine Ex-Freundin. Wie leicht es jetzt für ihn wäre, den Konkurrenten loszuwerden. Eine echte Versuchung. Eine, der Egbert im Augenblick jedoch nicht nachzugeben beabsichtigte. Dass sich Eveline von ihm ab- und Willi zugewandt hatte, konnte nicht allein seinem Bergkameraden angelastet werden.

Dann war es so weit.

Willi verfehlte einen Eisnagel, rutschte aus und fiel mit voller Wucht ins Seil. Das wäre für Egbert die ultimative Gelegenheit gewesen, dem Schicksal definitiv seinen Lauf zu lassen. Der Deutsche reagierte jedoch instinktiv richtig. Er sicherte seinen Bergkameraden mit all der ihm verbliebenen Kraft, bis Willi wieder Halt gefunden hatte. Allerdings war klar, dass jetzt nur noch der Abstieg infrage kam. Vorsichtig seilten sie sich ab.

Wieder am Fuß der Wand, montierten sie ihre deponierten Skier. Die Naturschützer hatten sie glücklicherweise übersehen.

Als Willi und Egbert endlich bei ihrem geparkten Wagen ankamen, hatte es bereits eingedunkelt. Es war klirrend kalt. Alle vier Autotüren waren vereist.

»Huere Siech!«, fluchte Willi mit helvetischer Inbrunst. Er war fix und fertig. Eine halbe Stunde lang probierten die beiden Eiskletterer, mindestens eine der Türen zu öffnen. Da beide Nichtraucher waren, stand kein Feuerzeug zur Verfügung. Das Enteiserspray befand sich unerreichbar im Handschuhfach.

Den Tränen nahe und mit letzter Kraft rüttelte Willi an der Tür. Dann wurde er erlöst.

Ein Eispickel schlug in seinen Hinterkopf. Willi von Gunten sackte in die Knie.

Egbert Franken gelang es schließlich, eine Autotür mit viel warmem Hauchen, eifrigem Reiben und energischem Rütteln zu öffnen. Er ergriff das Demotransparent der Aktivisten und schmiss es unweit von Willis Leiche unter eine Tanne. Dann verletzte sich Egbert absichtlich mit einem Steigeisen im Gesicht. Erst danach griff er nach dem Mobiltelefon, um die Polizei zu alarmieren.

Die Beamten protokollierten die stringente Aussage von Egbert Franken. Die beiden Kletterer seien bei der Rückkehr zu ihrem Wagen von militanten Naturschützern überfallen und misshandelt worden! Ob es in ihrer Absicht lag, dabei Willi von Gunten zu töten, würden die weiteren Abklärungen zeigen. Jedenfalls konnten der militanten Umweltaktivistin Maria Bärtschi mehrere Aktionen am Fuß der Breitwangflue nachgewiesen werden. Zudem wurde ihr Demonstrationsplakat mit dem Slogan »Eiszapfen statt Eispickel« in unmittelbarer Nähe zum Tatort sichergestellt.

FEST DER LIEBE

Die beiden Flanellhemden, die an einem Nagel hängen, schwanken ein wenig im Luftzug. Daniel steht auf und kratzt sich am Dreieck von Bauch- und Schamhaaren, schlurft zum Gaskocher und schüttet den übriggebliebenen Kaffee in einen angestoßenen Emailletopf, den die Flamme dann blau umhüllt. Jetzt taucht Beat im Türsturz der Schlafkammer auf, mit Adlernase und schmalem Gesicht, stiernackig und ein bisschen hohlbrüstig, mit kurzem Rumpf auf langen Beinen. Endlich sind die beiden Freunde am Ziel! Endlich haben sie den Zustand von Seelenfrieden und Freundschaft erreicht, von dem sie schon immer geträumt haben! Bis es so weit war, mussten sie an ihren bisherigen Lebensumständen einiges ändern.

Zuhinterst im Innereriz, einem engen Tal der Berner Voralpen, bieten sie Wintertouristen seit Kurzem die Möglichkeit, eine romantische Tour mit Hundeschlitten zu absolvieren. Der Weg führt mehrere Kilometer über verschneite Matten und romantische Waldwege.

Als Basis der Touren dient ein abgelegenes Chalet am Talboden, dem die Hundezwinger angegliedert sind. Dort stören das Bellen und Heulen des Rudels keine Anwohner. Die Tiere werden zu viert oder zu sechst vor die Schlitten gespannt, die sie anschließend in stürmischem Lauf über den vorgespurten Trail ziehen. Die Gäste können entweder bequem im Schlitten sitzen oder hinten auf dem Gefährt stehen und selbst den Musher spielen.

Das Geschäft mit den Schlittenhunden ist noch im Aufbau begriffen. Seine Verwirklichung wurde erst durch den Zusammenschluss der beiden Männer möglich, die das Risiko zu stemmen glauben und das Wagnis trotz Bedenken seitens der Gemeindeverwaltung auf sich genommen haben.

Der 33-jährige Beat Haussener war sieben Jahre mit Erika verheiratet. Die Ehe blieb kinderlos. Eines Tages lernte er den drei Jahre jüngeren Daniel Michel kennen. Sie begegneten sich zum ersten Mal unter der Dusche des Fitnessklubs, wo beide regelmäßig Krafttraining absolvierten. Dass Daniel schwul war, blieb für Beat nicht lange ein Geheimnis. Dass er trotzdem mit einer Frau liiert war hingegen schon. Daniel war mit Andrea verlobt. Die attraktive Blondine stammte aus begütertem Haus. Andrea zeigte sich gerne in Begleitung von Daniel, der mit seinem muskulösen Körper, den wassergrünen Augen und dem weiß gebleichten Gebiss offensichtlich eine gute Partie zu sein schien. Zudem ermöglichte Andrea ihrem Daniel einen luxuriösen Lebensstil, den er sich ohne sie niemals hätte leisten können. Wie das Hundeschlittenunternehmen eben auch. Andrea ihrerseits profitierte von Daniels großzügiger Auslegung des Treuebegriffs, denn sie war als nimmersatte Nymphomanin unaufhörlich auf Männerjagd. Kurz gesagt, die beiden ergänzten sich in geradezu idealer Weise.

Beat Haussener selbst entdeckte seine bisexuelle Seite als lange unterdrückte Neigung. Seine Erika ahnte nichts. Bisher war das für beide besser gewesen, denn Erika war fast krankhaft eifersüchtig. Diese Eifersucht war einer übertriebenen Aufmerksamkeit geschuldet, die der stets galante Gatte dem weiblichen Geschlecht entgegenbrachte. Und zwar aus reiner Tarnung. Er hoffte, damit von seiner Bisexualität abzulenken. Dass ausgerechnet dieses Ablenkungsmanöver Grund verzehrender Eifersuchtsdramen wurde, entbehrte nicht einer tragischen Komik.

Die Realisation des Hundeschlittencamps brachte Beat und Daniel die ersehnten gemeinsamen Tage. Jeden Morgen fuhren sie mit einem Jeep ins Innereriz zu ihrem Chalet. Dort fütterten sie die Huskys, machten die Schlitten bereit und erwarteten die Gäste. Mindestens einer der beiden Männer begleitete die Gäste auf dem Trail. Anschließend wurden die Hunde ausgespannt und die Gäste im Chalet mit würzigem Glühwein bewirtet. Wenn sich die Touristen dann verabschiedet hatten, blieb meistens Zeit für intime Momente in der getäferten Schlafkammer. Gegenüber ihren Frauen war das Schlittenprojekt die ideale Rechtfertigung der täglichen Abwesenheit und Zweisamkeit.

Als Daniel jedoch immer mehr darauf drängte, einmal eine ganze Nacht im Innereriz zu verbringen, wurde es mit der plausiblen Erklärung zu Hause schwieriger.

An einem sonnigen Wochentag wurden ausnahmsweise keine Gäste erwartet. Die beiden Freunde unternahmen eine Trainingstour mit je einem Hundegespann. Vor jedes Gefährt wurden sechs Tiere gespannt. Diese bellten und zerrten bereits vor Aufbruch ungeduldig im Ledergeschirr. In stiebender Fahrt glitten die Schlitten durch den Schnee. Erst folgten sie dem Bachlauf der Zulg, in dem zwischen bizarren Eisformationen glasklares Quellwasser gurgelte. Dann durchquerten Beat und Daniel ein jungfräuliches Schneefeld, dessen gefrorene Decke sich widerstandslos dem Gewicht der Kufen und der 48 Hundepfoten ergab. Der darauffolgende Anstieg im dichten Tannenwald umhüllte die beiden Musher mit dem Geruch nach Harz, frisch gefälltem Holz und dem Fell der zwölf Hundeleiber. Auf dem Grünenbergpass angekommen, öffnete sich eine weite Hochebene vor stahlblauem Himmel, aus dem die Sonne mit blendender Strahlkraft die Herzen der beiden Freunde höherschlagen ließ. Beat, der den vorderen Schlitten lenkte, stieß einen befreienden Juchzer aus, als wäre ein Sträfling soeben seiner jahrzehntelangen Haft entflohen.

Nach der Rückkehr ins Chalet beschlossen die Freunde, zum ersten Mal die Nacht im Innereriz zu verbringen. Während es Beat für nötig hielt, seine Frau telefonisch darüber in Kenntnis zu setzen, verzichtete Daniel, es ihm gleich zu tun. Er meinte leichthin: »Egal, meine Madame vergnügt sich eh in fremden Betten. Der fällt es doch gar nicht auf, wenn ich mal nicht nach Hause komme.«

Daniel erwachte in der Morgendämmerung mit Kopfschmerzen, den Slip in den Kniekehlen, an Beats Hintern geschmiegt. Draußen bellte ein Husky. Die beiden sprachen nicht über Sex. Sie ließen ihn einfach geschehen.

Als die ersten Tagestouristen auftauchten, standen Beat Haussener und Daniel Michel in ihren wattierten Jacken und den Fellmützen bereit wie immer.

In der darauffolgenden Woche sollte die gemeinsame Übernachtung wiederholt werden. Da meckerte Beats Ehefrau: »Was? Schon wieder? Warum habt ihr denn plötzlich so viel Arbeit dort hinten?«

Beat versuchte zu erklären: »Das ist ein gutes Zeichen. Das Geschäft beginnt zu florieren. Gerade jetzt, solange wir noch im Aufbau sind, dürfen wir nichts anbrennen lassen. Das verstehst du doch, Erika?«

Sie hatte ihre Zweifel. »Ich befürchte, dass du dich um gewisse Gäste etwas zu sehr kümmern könntest!«

»Was soll das jetzt heißen? Was sind gewisse Gäste? Und warum sollte ich mich zu sehr um sie kümmern?«, fragte Beat zurück, obschon er die Andeutungen seines Hausmütterchens verstanden hatte.

»Beat, du weißt genau, was ich meine«, schmollte Erika.

»Nein, das tu ich nicht«, beharrte Beat. Für ihn waren diese ständigen, grund- und haltlosen Verdächtigungen inzwischen längst ein Scheidungsgrund.

»Ich rede von den jungen Frauen, die du mit auf deinen Schlitten nimmst«, präzisierte die eifersüchtige Ehefrau. »Und was weiß ich, wohin sonst noch? Ich frage mich ohnehin, wozu man im Chalet eine Schlafkammer eingerichtet hat.«

»Das habe ich dir bereits letzte Woche erklärt«, meinte Beat. »Damit wir dort übernachten können, falls es nach der Arbeit mal spät wird, und wir nicht in der Dunkelheit über die verschneite Straße das finstere Tal hinausfahren müssen.«

Schließlich willigte Erika halbherzig ein. Allerdings stieß sie vorher eine wüste Drohung aus. »Ich garantiere dir das Eine, Beat. Sollte ich je in Erfahrung bringen, dass du mich betrügst, werde ich nicht zögern, deine Hure umzubringen!«

Als die beiden Freunde Stunden später im Innereriz am offenen Feuer saßen, um ihre erkalteten Zehen aufzuwärmen, eröffnete Daniel seinen Plan.

»Beat. So kann das mit uns nicht weitergehen. Du bleibst aus reiner Bequemlichkeit bei deiner eifersüchtigen Hausfrau. Und ich halte meiner Madame den Rücken frei für ihre pausenlosen Eskapaden. Andrea hintergeht mich, wo sie kann. Der einzige Grund, warum ich mich nicht längst von ihr getrennt habe, ist meine finanzielle Abhängigkeit. Zudem müsste ich ihr bei einer Trennung zweifellos das ganze zinslose Darlehen zurückerstatten, das uns das Hundeschlittenprojekt überhaupt ermöglicht hat. Damit wäre unserer gemeinsamen Zukunft die finanzielle Grundlage und die Existenz entzogen.«

Beat hörte resigniert zu. All diese problematischen Umstände waren ihm längst bekannt. Was fehlte, waren Lösungen! Er stand schwerfällig auf und zog sein kariertes Flanellhemd aus, um es über die Rückenlehne der geschnitzten Stabelle zu hängen.

Daniel fuhr fort. Er steigerte sich in einen heißblütigen Monolog. Dabei vergaß er beinahe, seine Füße rechtzeitig aus dem Hitzebereich des Feuers zurückzuziehen. »Andrea hintergeht mich ohnehin«, wiederholte er. »Nur mit dir, Beat, hat sie bisher noch nicht anzubändeln versucht. Dabei hat sie kürzlich lobende Worte verloren.«

»Was? Über mich?«, wunderte sich Beat.

»Richtig. Sie hat wortwörtlich gesagt: ›Schatz, dein Beat wäre mir auch eine Sünde wert.‹«

»Jetzt spinnst du. Das hat sie ganz bestimmt nicht gesagt!«

»Doch, hat sie. Darum bin ich überhaupt auf die Idee gekommen«, erklärte Daniel.

»Was für eine Idee?«, fragte Beat neugierig.

»Will deine Erika denn nicht ›die Hure‹ umbringen, mit der du sie angeblich betrügst?«

Beat winkte ab. »Das hat sie doch bloß so dahingesagt, aus Eifersucht.«

»Toll. Und wenn ich mich nicht täusche, nicht zum ersten Mal?«, beharrte sein Freund.

»Ja. Aber das meint sie nicht wirklich.«

»Woher willst du das wissen?«

»Ich bin immerhin sieben Jahre mit ihr verheiratet.«

»Hör doch auf, Beat. Du meinst, in diesen sieben Jahren deine Frau kennengelernt zu haben. Dabei hast du bis vor Kurzem nicht einmal dich selbst gekannt!«

Darauf konnte Beat nichts erwidern.

»Also, Beat, hier mein Plan: Du machst dich demnächst an meine Partnerin ran. Ich kann das arrangieren, keine Sorge.«

Beat wunderte sich. »Du willst deiner eigenen Frau einen Liebhaber organisieren?«

»Klar. Lieber du als ein Fremder. Beat, du tätest mir einen großen Gefallen.«

Er überlegte. Hatte er die Tragweite von Daniels Plan wirklich erfasst?

Daniel legte nach: »Du tätest es in erster Linie für unsere Beziehung!«

Damit waren die Würfel gefallen. Beat willigte ein.

Dass auch Andrea bereit war, sich auf Beat einzulassen, zeigte sich am sechsten Dezember, dem Nikolaustag. Daniel hatte dafür gesorgt, dass seine Partnerin kurz nach dem Eindunkeln noch zu Hause war. Später würde sie wieder auf Männerjagd gehen. Beat sollte, als Nikolaus verkleidet, einen galanten Auftritt abliefern. Den absolvierte er kurz darauf mit Bravour. Daniel kannte seine Partnerin lange genug, um sich in ihrem Hormonhaushalt bestens auszukennen. Er sah ihre roten Wangen, ihren fahrigen Blick, die nervösen Handbewegungen, mit denen sie fuchtelte, wenn sie erregt war und die Gelegenheit zu einer neuen Affäre witterte.

Eine Woche vor Weihnachten gab sie vor, unbedingt das Chalet im Innereriz besuchen zu wollen. »Schließlich habe ich euch die Immobilie finanziert«, meinte sie, betonen zu müssen.

»Ich denke, ein Schlittenführer wird reichen«, sagte Daniel. »Mich braucht es nicht auch noch.«

»Ja, Schätzchen«, zwitscherte das Vögelchen. »Ich denke, dass wir allein zurechtkommen.«

Andrea und Beat blieben den ganzen Tag weg.

In der nächsten Woche organisierte Erika Haussener einen weihnachtlichen Einkaufsbummel. »Warum fragst du nicht auch Andrea, ob sie mitkommen will?«, schlug ihr Beat vor.

»Warum eigentlich nicht? Immerhin ist sie die Partnerin deines Partners«, alberte sie und hoffte, damit witzig rüberzukommen.

Beat honorierte die Bemerkung aus taktischen Gründen mit einem Lacher.

Zum Einkaufsbummel wurde somit auch Andrea erwartet. Sie dachte jedoch nicht im Traum daran, teilzunehmen. Im Gegenteil. Sie benutzte Erikas angekündigte Abwesenheit, um sich erneut mit Beat zu treffen. Diesmal fand das Rendezvous sogar bei ihm zu Hause statt.

Als Erika mit ihren Freundinnen bereits über eine Viertelstunde in einem Café saß und sich über Andreas große Verspätung wunderte, klingelte plötzlich ihr Smartphone.

Sonderbarerweise war der Geschäftspartner ihres Ehemannes am Apparat. Mit verschwörerischer Stimme verkündete ihr Daniel Michel die unheilvolle Nachricht: »Erika, du wirst es nicht glauben wollen. Ich habe soeben etwas Unglaubliches entdeckt! Beat und meine Partnerin sind …«

Erika Haussener erwischte die beiden in flagranti im Ehebett. Mit bloßer Hand erwürgte sie ihre Rivalin. Darüber, dass Beat den Mord nicht zu vereiteln versuchte, stattdessen seelenruhig zusah und anschließend die Polizei verständigte, wunderte sich Erika nicht. Dass sie eine lebenslängliche Haftstrafe kassierte, schon eher.

»Es handelt sich eindeutig um Mord aus Eifersucht«, plädierte der Ankläger. »Die Frau des besten Freundes hatte mit dem Ehemann der Mörderin ein Verhältnis!«

Beide Männer gaben übereinstimmend zu Protokoll, dass Erika Haussener mehrmals entsprechende Drohungen ausgesprochen hatte. Somit war eine vorsätzliche Tat auch vom Pflichtverteidiger nicht zu widerlegen.

Nun sind die beiden Freunde endlich frei. Ihrer gemeinsamen Zukunft steht nichts und niemand mehr im Wege. Beat und Daniel spannen die Hunde vor die Schlitten. Dann geben die Männer das Startkommando. Die Huskys stemmen sich mit ganzer Kraft in die Riemen und die Gefährte nahmen Fahrt auf. Freie Fahrt!

DAS STADTBAD

Es zeigen sich ihm Bilder von winterschwerem Schuhwerk, verdreckt mit bräunlichem Schneematsch. Edi Zwahlen beobachtet eine ältere Dame in zottigen Pelzstiefeln. Sie führt einen schlotternden Langhaardackel mit triefenden Schwanzfransen an der Leine. Hund und Stiefel scheinen aus demselben Material gefertigt. Tief gekerbte Autopneus preschen durch übervolle Rinnsteine und verspritzen eiskaltes Schmelzwasser an wehrlose Passanten. Zwahlen entkommt den Sturzfluten nur knapp. Er trägt Gummistiefel mit Profilsohlen und vulkanisierten Nähten. In den trüben Pfützen spiegelt sich elektrischer Weihnachtsschmuck. Ganz Bern ist erfüllt von der Salzwassermusik stadtbauamtlich bekämpfter Schneeansammlungen.

Dann trifft Zwahlen ein eisiger Blick aus einem blaugefrorenen Pickelgesicht. Weißer Atem beschlägt in regelmäßigen Abständen die zwei dicken Brillengläser des molligen Teenagers. Er steigt an der Haltestelle im Hirschengraben in ein Tram. Wie eine mit Aknesalbe verkleckerte Maske bleibt sein Gesicht hinter der Scheibe der Straßenbahn völlig ausdruckslos. Auch noch, als die Straßenbahn nach einem durchdringenden Klingelton wieder Fahrt aufnimmt.

Zufälligerweise erblickt Zwahlen die Anschrift eines öffentlichen Hallenbades. Diese weckt das spontane Bedürfnis nach Wärme. Jetzt die trockene Hitze einer Sauna oder eines warmen Bades zu genießen, wäre herrlich!

Was hindert ihn eigentlich, der Eingebung Folge zu leisten? Edi Zwahlen ist Primarlehrer und hat heute Nachmittag ohnehin schulfrei. Also los!

Die nahezu fensterlose Fassade des Stadtbades ist mit grauem Mörtel verputzt. Ruß ist darauf hocken geblieben. Er nuanciert das Mauerwerk mit einem aufsteigenden Dunkel-Hell-Verlauf.

Motiviert strebt Zwahlen direkt einer niederen Treppe zu, die zum Eingang führt. Dabei stößt er mit einem gut gekleideten Herrn zusammen, der soeben das Gebäude verlässt. Dieser reagiert verärgert. Zwahlen brummt zwar eine Entschuldigung, denkt jedoch, dass der alte Hektiker selber schuld ist.

Mit der Höflichkeit ist es so eine Sache. Sich richtig benehmen zu können, heiße heute, sich angemessen zu verhalten, hat Zwahlen kürzlich irgendwo gelesen. Für die meisten Menschen sei Höflichkeit jedenfalls eine der wichtigsten Spielregeln zwischenmenschlicher Beziehungen. Höflichkeit sei ein Verhalten, das man von anderen erwarte, auch wenn man es selbst nicht praktiziere. Wer empfände es nicht als ungalant, wenn Männer den Frauen nicht in den Mantel helfen oder wenn man in diebischer Absicht kurzerhand in den Pelzmantel einer Unbekannten schlüpfen würde?

Edi Zwahlen erinnert sich gerne an seine Phase als freches Kind. Da er sich nachträglich jedoch höflicher entschuldigen musste, als er zuvor frech gewesen war, wählte er mit zunehmendem Alter die Wohlerzogenheit.

Zwahlen hebt den Kopf und späht zur Anschrift hoch. Dabei fällt eine Schneeflocke in sein linkes Auge, wo sie augenblicklich schmilzt. Er zwinkert. Dann stößt er die Tür auf, die ein wehmütiges Sauggeräusch von sich gibt.

Vor der Kasse wartet eine ältere Frau mit rot erhitztem Kopf in wollenen Wickeltüchern. Sie ruft nach der Bedienung: »Hallo! Keiner da?« Dann wendet sie sich zu Zwahlen um und meint empört: »Ich warte schon seit zwei Minuten. Unerhört!«

Kurz darauf schlurft eine Angestellte hinter den Schalter. Sie öffnet die gläserne Durchreiche, die an eine Wechselstube erinnert. Die riesenhafte Kassiererin mittleren Alters setzt sich hinter eine mechanische Registrierkasse mit Museumswert.

Endlich ist Zwahlen an der Reihe. Er tritt heran und verlangt eine Eintrittskarte.

Sie brummt: »Wohin?«

Zwahlen zögernd: »Was gibt's denn hier?«

Sie leiert: »Hallenbad, Sauna, Massage, Solarium.«

»Einmal Sauna, bitte«, antwortet er und fügt an: »Ist es allenfalls möglich, von der Sauna aus auch das Hallenbad zu benutzen?«

Anstelle einer Antwort fragt die Kassiererin: »Kommen Sie jetzt öfters?«

Das klingt in Zwahlens Ohren wie eine Befürchtung. Er lässt sich jedoch nichts anmerken und meint nur: »Allenfalls.«

»Dann füllen Sie diesen Talon aus. Heute zahlen Sie noch fünf Franken. Ab nächstem Mal nur die Hälfte.« Feierlich fügt sie hinzu: »Sie gelten dann als Mitglied.«

Er füllt den Zettel möglichst unleserlich aus. Edi Zwahlen gibt seine Personalien nämlich ungern preis.

»Haben Sie eine Badehose dabei?«, will die Frau wissen.

Zwahlen unterbricht das Ausfüllen des Talons. »Nein. Warum?«

»Sie sagten doch, dass Sie von der Sauna ins Hallenbad wollen? Dazu benötigen Sie eine Badehose.«

»Ach ja, natürlich. Entschuldigen Sie.«

Glücklicherweise können welche gemietet werden. Zwahlen hat die Wahl zwischen ausgeleierten Bermudas und einem peinlichen Tanga. Offensichtlich Fundgegenstände. Halbherzig entscheidet er sich für bunte Bermudashorts mit den halblangen Schlabberbeinen. Ungerührt händigt ihm die Kassiererin die Hose, ein raues Frottiertuch, eine feuchte Badehaube und den Schlüssel mit der Nummer 58 aus. Der Schlüssel ist mit einem roten Flechtbandriemchen versehen.

»Danke«, sagt Zwahlen, dreht sich um und denkt: schnell weg!

Im selben Augenblick vernimmt er ein energisches »Halt!« Dann, freundlicher: »Benutzen Sie die Treppe rechts, Herr Zwahlen.«

Er entschuldigt sich kleinlaut und ist verärgert darüber, dass sie seinen Namen auf dem Talon doch lesen konnte.

Zwahlen steigt eiligst die Treppe hoch. Überall Salzspuren und schmutzige Abdrücke von Wintersohlen auf dem Boden. Im ersten Stock erblickt er ein Hinweisschild: »Damen und Mädchen«. Also weiter. Im zweiten Stock zwei weitere Schilder. Das erste: »Knaben«. Die Anschrift daneben: »Massage«. Weiter! Im dritten Stock endlich liest er: »Sauna«. Zwahlen betritt den eierschalenweiß gekachelten Umkleideraum. Ausgelaugte Holzroste über feuchtem Zementboden verbreiten einen modrigen Geruch. Ringsum reihen sich vergitterte Kästchen an den Wänden. In der Raummitte steht eine hölzerne Umkleidekabine, momentan besetzt. Um die Kabine herum lauern halbnackte Kerle. Zwahlen sucht Kästchen Nummer 58. Verhaltenes Gekicher aus der Kabine irritiert ihn vorübergehend. Was geht dort vor sich?

Rasch zieht er sich aus, schlägt das große Badetuch um die Hüfte und bindet sich den Schlüssel um das linke Handgelenk. Er flüchtet durch ein eisiges Fußbad unter die Dusche. Da endlich erlebt er Wonne auf Knopfdruck. Brausebaden im dampfenden Gießbad der angerosteten Wasserleitungsröhre. Zwahlen fühlt sich vom prasselnden Wasserstrahl liebevoll umschmeichelt. Er schließt die Augen. Erinnerungen an Bilder von David Hockney werden wach: »Duschender Mann« von 1965. Acryl auf Leinwand, 153 mal 153 Zentimeter. Oder »Duschender Mann in Beverly Hills« von 1964. Acryl auf Leinwand, 167 mal 167 Zentimeter. Geduscht wird bei Hockney im Quadrat.

Danach erinnert sich Edi Zwahlen an den Kellerraum eines kleinen Landschulhauses. Dort befanden sich reihenweise Brausen an der Decke. Abends, nach erschöpfender Schulmeisterei, fand er sinnliche Erholung unter den acht Duschköpfen. Den ersten Knopf stellte er auf eiskalt, den achten auf brühend heiß. Dazwischen regulierte er chromatische Temperaturstufen. Duschen wie musizieren: In Primen, Sekunden, Terzen, Quarten, Quinten, Sexten, Septimen oder der Oktave. Edi Zwahlen hüpfte von der einen Dusche zur andern, bis das Warmwasser des Boilers erschöpft war. Der duftende Seifenschaum ist ihm unvergesslich geblieben: Green Apple. Die Duftnote war damals frisch auf dem Markt. Der ganze Kellerraum füllte sich mit fruchtigem Dampf. Die enge Abflussrinne kam bei all den gurgelnden Wassermassen an ihre Grenzen. Es führte regelmäßig zu kleinen Überschwemmungen.

Edi Zwahlen kommen Bilder aus der Rekrutenschule hoch: kurzes Duschen nach langen Märschen. Nur fünf Minuten Warmwasser. Ein gestiefelter Feldweibel kontrolliert mit der Stoppuhr. Fröstelnde Rekruten defilieren mit wunden Zehen. Wie im Gemälde »Soldatenbad« von Ernst Ludwig Kirchner, 1915, Öl auf Leinwand, 140,3 mal 151,8 Zentimeter. Ein schnauzbärtiger rothaariger Militarist in polierten Reitstiefeln, brauner Uniform sowie hoher Mütze lehnt lässig an einer Wand, die Hände hinter dem Rücken verschränkt. Er hält Aufsicht über duschende Soldaten, wie unser Feldweibel in der Rekrutenschule.

Zwahlen hat genug. Er stellt die Dusche ab, um sich anschließend in die schwedische Sauna zu begeben. Ein einziger, spindeldürrer Greis liegt auf den oberen Holzlatten, durch die er sich demnächst durchzuschwitzen droht. Zwahlen wählt die untere Liege. Ringsum an der Wand sind Hinweisschilder montiert: »Bitte Tür rasch zuziehen. Bitte nicht sprechen. Bitte Tuch ganz unterlegen. Bitte Aufgüsse nicht selber ausführen.«

Nach einer Weile wird die Kabinentür unwirsch aufgerissen. Ein Bademeister gießt Eukalyptuswasser über die glühend heißen Ofensteine.

Zwahlen wird angemotzt. »Können Sie nicht lesen? Badetuch ganz unterlegen. Auch unter die Füße!«

Zwahlen tut wie befohlen und brummt eine Entschuldigung. Allerdings hätte er eine freundlichere Ermahnung vorgezogen. Er beschließt, nun das Hallenbad aufzusuchen. Dazu schlüpft er in die minderwertige Leihhose, nimmt die blaue Badekappe aus dünnem Gummi zur Hand und sucht nach dem Weg zum Schwimmbecken. Dieser führt über eine Betontreppe nach unten. Zwahlen krümmt die Zehen einwärts, um die Berührungsfläche mit dem kalten Grund zu reduzieren. Das hohe schmale Treppenhaus ist ganz mit Kacheln ausgekleidet. Zugwind bläst von unten herauf. Zwahlen fröstelt. Die Treppe verlangt ihm höchste Konzentration ab, um sich nicht zu verhaspeln. Ob es am

Brennpunkt seiner Brillengläser liegt? Oder an seiner eingeschränkten psychomotorischen Koordinationsfähigkeit, wie letzthin eine befreundete Physiotherapeutin vermutet hat? Vorsichtig steigt er die fast endlos scheinende Treppe hinunter. Sie erinnert ihn an die kühlen Kachelräume des deutschen Malers Hanspeter Reuter: Feierlich, magisch realistisch, klinisch und menschenleer: »Stadtbad ohne Ding« von 1972. Öl auf Leinwand, 180 mal 150 Zentimeter.

Endlich versperrt ihm eine gläserne Doppeltür den Weg. Er drückt erfolglos gegen den rechten Flügel. Er müsste daran ziehen. Hinter der Tür empfängt ihn beißender Chlorgestank. Die Augen beginnen zu tränen. An der Längsseite der spärlich beleuchteten Schwimmhalle führt linkerhand eine breite Treppe zum Schwimmbecken hinunter. Im Wasser tummeln sich Schulkinder. Rechterhand reihen sich kleine Ruhenischen. Gegenüber der Eingangstür erhebt sich ein schlanker Sprungturm bis zur stuckierten Decke.

Edi Zwahlen begibt sich zum Becken und prüft mit der rechten Zehe die Wassertemperatur. Sie ist unterirdisch. Für Zwahlen jedenfalls viel zu niedrig. Er wundert sich über die Kinder, die das offensichtlich nicht zu stören scheint.

Da donnert in seinem Rücken die Stimme des Bademeisters: »Zuerst duschen! Können Sie nicht lesen?«

Zwahlen wendet sich verärgert um. »Ich geh ja gar nicht ins Wasser!«

Der Bademeister guckt ihn verständnislos an. »Was suchen Sie dann hier?«

Edi Zwahlen fällt leider keine schlagfertige Antwort ein. Während er zur Treppe geht, überlegt er sich, wie er sich angemessen revanchieren könnte.

Zwahlen setzt sich auf die unterste Treppenstufe und beobachtet die Badegäste. Drei Rentner mit schwarz-weißen Badehauben klatschen in barfüßigem Gleichschritt über die Steintreppe zum Eisengeländer des Beckeneinstiegs. Ein paar Kinder schwimmen ehrfürchtig zur Seite, sobald die behaarte und bejahrte Dreierflotte in koordiniertem Rückengleichschlag auf blindem Kollisionskurs kreuzt. Rote und weiße Plastikeier, aufgereiht an Nylonschnüren, hängen zum Trocknen an rostigen Wandhaken. Ein athletischer Bursche mit hautfarbenem Nasenklemmer schwimmt haspelnd zur Bassintreppe, als befürchte er, demnächst zu ertrinken. Was für ein erbärmlicher Anblick!

Auf beiden Schmalseiten des Schwimmbeckens gibt es acht Startblöcke.

Überall an den Wänden hängen Schilder: »Reinigungsdusche obligatorisch. Herumrennen und Ballspielen verboten. Seitwärts einspringen verboten. Benützung des Sprungturms nur mit Bewilligung des Bademeisters.«

Wo ist eigentlich der unfreundliche Bademeister geblieben? Seine Loge ist hell erleuchtet, aber leer.

Eine Frau mit heller Hornbrille und dunkelblauem Baumwollkleid entnimmt Wasserproben aus unterschiedlichen Tiefen. Sie versorgt die verschlossenen Gläser in einer zinnoberroten Kühlbox. Da eilt aus dem Hintergrund der Bademeister hinzu. Er trägt hellblaue Shorts und ein blütenweißes T-Shirt. Wie ein Hündchen folgt der Mann in gemessenem Abstand der Beamtin vom Gesundheitsamt. Als sie zu ihm aufblickt, macht er eine Bemerkung. Zwahlen versteht jedoch nicht, was gesprochen wird.

Eine bleiche Schwimmerin übt sich in Rückenkraul. Sie trägt eine rosafarbene Badekappe mit dreidimensionalen Seerosen auf dem Kopf.

Ein magersüchtiges Mädchen besteigt leichtfüßig den Sprungturm. Ohne Zwischenhalt stürzt sie sich kopfüber vom Sprungbrett ins Wasser, mitten zwischen die plantschenden Schulkinder. Sie erzielt glücklicherweise keinen Treffer, erklimmt den Turm jedoch erneut. Müsste der Bademeister hier nicht intervenieren? Der sorgt sich stattdessen um das Ergebnis der Wasserkontrolle. Vermutlich wird der Urinwert wieder viel zu hoch liegen. Das kommt bestimmt von übermütigen Kindern und undichten Greisen. Die rücksichtslose Wasserspringerin taucht nach dem zweiten Sprung wieder inmitten der Schülerschar auf, schnäuzt sich und krault zum Sprungturm zurück.

Erst jetzt fällt Edi Zwahlen eine Empore auf, die sich nahe der Decke über die ganze Hallenbreite zieht. Dort oben sitzen angekleidete Menschen an zerbeulten Blechtischchen. Ein dunkelhaariger Kellner serviert Mineralwasser und Tee. Plötzlich schauen alle Gäste zum Sprungturm hinüber. Ein Greis fuchtelt mit seinem Spazierstock. Zwahlen wendet den Kopf.

Das untergewichtige Mädchen ist zum dritten Mal vom Turm gesprungen. Ist die blöde Kuh tatsächlich einem schwimmenden Kind auf den Rücken gestelzt?

Nein. Glücklicherweise nicht. Als die Springerin auftaucht, schwebt eine weiße Taube über ihrem Kopf. Wie bei einer Heiligen. Ausgerechnet der! Völlig unpassend. Die Turmspringerin verspritzt das Chlorwasser wie Weihwasser um sich. Vermutlich ist die Taube durch ein offenes Oberlicht eingedrungen und findet nun den Ausgang nicht mehr. Der kunsthistorisch interessierte Zwahlen kann sich dazu der bildlichen Assoziation nicht erwehren: Joachim Patinir: »Taufe Christi«, um 1515, 60 mal 77 Zentimeter. Über dem Haupt von Jesus schwebt der Heilige Geist in Form einer weißen Taube.

Der Alte mit dem Stock krächzt Unverständliches. Die Taube gurrt. Die Kinder kreischen. Der Bademeister hustet.

Die Lehrerin ruft ihre Schülerschaft zusammen und erklärt: »Also, das Wichtigste ist nicht, dass ihr den oder den Test mit knapper Not besteht. Ihr sollt in erster Linie sauber springen. Wer Test eins machen will, soll dahin. Wer Test zwei oder drei springen will, dorthin. Die Restlichen schauen für sich.«

Es gibt keine Restlichen.

Der Interverband für Schwimmen, IVSCH, will mit Schwimmtests die Breitenwirkung des Schwimmens fördern. Warum wird dann gesprungen, statt geschwommen, fragt sich Zwahlen. Der IVSCH gibt Testabzeichen und -ausweise ab. Die können auf die Badekleider genäht werden.

Die blasse Rückenschwimmerin schwebt in lockerer Sitzhaltung bewegungslos im Wasser. Wo nimmt sie nur den enormen Auftrieb her? Sie erinnert entfernt an ein ausgebleichtes Stück Schwemmholz. Ein Knabe bemerkt sie und lacht schrill heraus. Ob er mitbekommen hat, dass die Frau an Ort und Stelle seelenruhig ins Wasser pinkelt? Die Schwimmerin taucht wieder ab. Ihre Badehaube steigt mit einem gutturalen Blubber wie eine Schwimmboje an die Wasseroberfläche. Die Seerosen haben sich verselbständigt.

An Edi Zwahlens linker Fußsohle hat sich ein Hautlappen gelöst. Er reißt angeekelt die Haut weg und stellt dabei fest, dass es auch an der Zeit wäre, wieder Mal die Zehennägel zu schneiden.

Überall auf der Treppe liegen wildverstreut die bunten Frottiertücher der Schüler und Schülerinnen. Mittendrin steht eine Kartonschachtel voller reifer Zitronen. Wozu die gut sein sollen?

Die Lehrerin beurteilt neben dem Sprungbrett die Sprünge ihrer Schützlinge. Die vollführen der Reihe nach einen sogenannten »Gegenbrettler«: Kopfsprung vorwärts, rücklings, gehockt oder gehechtet. Gerade segelt in fürchterlichen Verrenkungen eine Schülerin haarscharf an der Brettkante vorbei, um danach gnadenlos hart auf die Wasseroberfläche zu klatschen.

»Nicht erfüllt!«, lautet der spröde Kommentar der Lehrerin.

Der Sportler mit der hautfarbenen Nasenklemme lümmelt inzwischen auf einem Startblock nahe den Mädchen. Das eine Bein hat er dicht an den Körper hochgezogen. Das andere schlenkert lässig im Wasser. Er mimt erfolglos den Desinteressierten. Nach einer Weile wechselt er den Startblock, setzt sich erneut und fährt mit einer auffallend fleischigen Zunge über seine wulstige Unterlippe.

Die Mädchen beachten ihn dennoch nicht. Sie stehen stattdessen aufgeregt beim Sprungturm in der Schlange. Nur wenige haben bisher das Leistungsspringen erfüllt.

Ein linkischer Typ in knappem Badeslip erscheint in der doppelten Flügeltür der Schwimmhalle. Edi Zwahlen erkennt den erbärmlichen Stofffetzen sofort wieder und schmunzelt. Es handelt sich zweifelsfrei um das von ihm zuvor verschmähte Leihstück.

Der Bademeister hat sich seither glücklicherweise nicht mehr blicken lassen.

Die Mädchen springen inzwischen bereits sogenannte »Stänzler«: Fußsprünge aus einem Meter Höhe bei drei Meter Wassertiefe. Mit gestrecktem Körper muss bis auf den Boden durchgetaucht werden. Der Absprung aus dem Stand erfolgt vorlings.

Die Lehrerin hat zuvor erklärt: »Die Ausgangsstellung

verlangt eine aufrechte Körperhaltung. Zehenspitzen an der vorderen Brettkante, Beine und Fersen geschlossen, Bauch eingezogen, die gestreckten Arme seitlich angeschlossen oder in Hochhalte, Kopf aufrecht. Dann folgt die Ausholbewegung: Armeheben seitwärts, und die Fersen anheben. Der Armschwung führt seitwärts-abwärts-vorwärts-hoch, Knie werden nach vorne gebeugt, maximale Belastung des Brettes durch den Armschwung und das Strecken der Beine. Wichtig: Den Oberkörper nicht nach vorne abknicken, Kopf gerade halten, das Becken nicht zu stark zurückdrücken. Die Arme gelangen zur Hochhalte. Die Beine vollständig strecken und die Füße kräftig ins Brett drücken, sodass euer Schwerpunkt eine hohe, steile Flugbahn beschreibt.«

Wen wundert's, dass nach dieser komplizierten Anleitung nur wenige Springerinnen den Test erfüllen, denkt sich Zwahlen.

Als er wieder zur Empore hochschaut, fliegt die verirrte Taube vom Geländer herunter, sodass er im ersten Moment meint, es handle sich um eine weiße Papierserviette. Danach schwimmt tatsächlich eine Serviette auf dem Wasser. Wo aber ist die Taube geblieben? Ein Zaubertrick?

Zwahlen erhebt sich und geht zum Beckenrand, um die Serviette herauszufischen. Dort begegnet er wieder dem Bademeister. Er fragt ihn, was er mit der Serviette gewollt habe.

»Gewollt?« Zwahlen ist sprachlos. Er erklärt seine lauteren Absichten. »Ich wollte die Serviette herausfischen, um sie dann zu entsorgen. Das ist alles.«

»So, so. Entsorgen! Und wo hätten Sie das erledigt?«

Zwahlen schaut sich um. Tatsächlich findet er keinen Abfalleimer.

Der Bademeister reißt ihm die nasse Serviette aus der Hand und entfernt sich kopfschüttelnd.

Edi Zwahlen reicht es. Er verlässt die Schwimmhalle in Richtung der Umkleidekabine. Dabei erwischt er versehentlich eine falsche Treppe. Sie endet vor einem Heizungs- oder Lüftungsraum. Jedenfalls legt der Wirrwarr von Röhren, pfeifenden Ventilen, Thermostaten und Kippschaltern diese Annahme nahe.

Wie könnte es anders sein? Der Bademeister erwischt Edi Zwahlen auch hier unten. »Was tun Sie hier? Sie haben hier nichts verloren!«

»Entschuldigung. Ich habe mich verlaufen. Ich suche die Umkleidekabine der Sauna.«

»So, so. Hier unten? Die Umkleidekabinen befinden sich im dritten Stock. Wie kann man sich da verlaufen?«, wundert sich der misstrauische Mann.

Zwahlen fühlt sich gedemütigt. Wütend fährt er ihn an: »Dann zeigen Sie mir doch den richtigen Weg, statt nur herumzubellen!«

»Rumbellen? Ich? Rumbellen?« Der robuste Kerl macht einen bedrohlichen Schritt auf Zwahlen zu. Dann überlegt er es sich offenbar anders. Er sagt: »Folgen Sie mir!« und führt Zwahlen in den dritten Stock.

Hier begibt sich Zwahlen umgehend zum Kästchen 58. Hastig kleidet er sich an. Vor einem verkleckerten Spiegel föhnt und kämmt er die Haare. Dann eilt er hinunter in den Eingangsbereich mit dem gläsernen Kassenhäuschen.

Er deponiert Schlüssel, Badetuch, Haube und geliehene Badehose auf dem Tresen. Die Kassiererin nimmt davon keine Notiz. Sie lässt Zwahlen warten. Die Schulklasse verlässt inzwischen das Hallenbad. Danach verabschieden sich einzelne ältere Herrschaften. Für diese legt die Kassiererin das Strickzeug zur Seite. Die gewaltige Frauengestalt strickt winzige Babyschuhe und nascht nebenher Berner Bärentatzen. Endlich nimmt sie auch Zwahlens Retouren entgegen und reicht ihm das Pfandgeld.

Edi Zwahlen knöpft sich seinen Wintermantel zu. Die Ausgangstür schnappt hinter ihm ins Schloss. Dann steht er wieder in der Kälte vor dem grauen Gebäude. Der Schneematsch ist inzwischen gefroren. Zwahlen steigt vorsichtig die glatte Treppe hinunter auf das fast menschenleere Trottoir. Von weither ertönt Blasmusik der Heilsarmee.

Er überquert gedankenverloren die Straße in Richtung einer Traminsel. Dort erblickt er den Bademeister, der inzwischen offensichtlich abgelöst worden ist. Über die unerwartete Gelegenheit einer Revanche freut sich Zwahlen. Er beeilt sich, den Kerl einzuholen. Als er ihn links überholt, zischt er dem Bademeister zu: »Hoffentlich haut es Sie heute noch so richtig auf Ihre ungehobelte Fresse!«

Der Angesprochene wendet verdutzt den Kopf.

Edi Zwahlen flüchtet feige über die Traminsel. Der Bademeister will ihm folgen, übersieht jedoch eine herannahende Straßenbahn. Das Bremsmanöver erfolgt viel zu spät. Als Passanten schreien und kreischen, bleibt Zwahlen stehen. Er blickt sich um. Unter dem Triebwagen der Straßenbahn liegt der Bademeister. Und er macht nicht den Eindruck, je wieder unhöflich zu sein.

Leider fällt Edi Zwahlen ausgerechnet zu diesem blutigen Bild kein passendes Werk aus der Malerei ein.

DIE PERSIANERMÜTZE

Der iranische Oppositionelle Bakr Al-Omar ist als politischer Flüchtling vorläufig in der Schweiz aufgenommen und wohnt in einer Asylunterkunft auf dem Bödeli, dem Schwemmland zwischen Brienzer- und Thunersee. Täglich spaziert er gedankenverloren durch den Kurort. Al-Omar hat keine sinnvolle Beschäftigung. Wobei das Spazieren möglicherweise gar nicht so sinnlos ist. Besonders an jenem sonnigen Wintertag, an dem er im glitzernden Schneefeld der Höhematte einen schwarzen Fleck entdeckt.

Ungefähr zehn Meter vom geräumten Gehweg entfernt liegt ein Gegenstand im Feld. Es könnte sich um ein Buch, ein Mäppchen oder um einen Handschuh handeln. Oder liegt dort der Kadaver einer toten Krähe?

Al-Omar wird neugierig. Er verlässt den Weg und steuert auf das dunkle Objekt zu. Eine vermummte Frau und ihr arabischer Begleiter beobachten ihn dabei. In Interlaken verbringen viele reiche Saudis ihre Ferien. Verschleierte Frauen gehören hier längst zum Alltagsbild. Daher würde ein Vermummungsverbot, wie es von rechten Kreisen angeregt wird, dem Tourismus im Berner Oberland voraussichtlich schmerzliche Einbußen bescheren.

Als Al-Omar das Objekt erreicht, klopft sein Herz vor Freude. Er bückt sich und hebt es auf. Es handelt sich um eine schiffchenförmige Persianermütze. Sie ist aus dem Fell des Karakulschafs gefertigt und wird daher auch als Karakulmütze oder Kullah bezeichnet. Al-Omar zieht seine Strickmütze vom Kopf und setzt sich probeweise das Fundstück auf. Es wird mit der Kante in Blickrichtung getragen. Die Mütze passt wie angegossen. So eine Persianermütze hat er sich schon lange gewünscht. Leider haben ihm bisher die Mittel zur Anschaffung der kostbaren Kopfbedeckung gefehlt. Während solche Mützen in der Schweiz vor zwei, drei Generationen Mode waren, werden sie im Iran, im Irak oder in Afghanistan noch immer sehr geschätzt. Ein prominenter Träger dieser Mützenart ist der afghanische Präsident Hamid Karzai.

Danach setzt Al-Omar die Mütze wieder ab. Er klappt das Fell auf und sucht nach einem Hinweis auf den rechtmäßigen Besitzer. Tatsächlich findet er ein eingenähtes Monogramm: G. H.

Diskret schaut er sich um. Das saudische Paar hat seinen Weg fortgesetzt. Al-Omar fühlt sich unbeobachtet. Er zaudert kurz, überlegt, ob er wieder seine alte Strickmütze oder die Persianermütze tragen soll. Dann entscheidet er sich für die Fellmütze, die er mit würdevoller Kopfhaltung in die Asylunterkunft zurückträgt. Dort meldet er sich pflichtgemäß bei der Eingangskontrolle. Auf die neue Kopfbedeckung wird er nicht angesprochen.

Ein Leichenfund mitten im winterlichen Interlaken sorgt für Aufsehen. Gottfried Hofer wird in der öffentlichen Toilette der verschneiten Höhematte aufgefunden.

Im Zentrum von Interlaken befinden sich mehrere öffentliche Toiletten: unter anderem an der Strandbadstrasse, beim Kinderspielplatz am Englischen Garten und bei der Höhematte. Sie sind alle gratis benutzbar. Allerdings werden sie nachtsüber von einer Sicherheitsfirma zu- und am Morgen um 6 Uhr von Mitarbeitern eines privaten Reinigungsdienstes wieder aufgeschlossen. Einer dieser Mitarbeiter ist es, der die Leiche von Gottfried Hofer morgens um 11 Uhr gefunden hat.

Für die Polizei ist es eine Hilfe, zu wissen, dass die stillen Örtchen täglich dreimal gereinigt werden. So ist es relativ leicht, den Zeitpunkt einzugrenzen, in dem das Opfer ermordet worden ist. Der Mann muss zwischen 6 und 11 Uhr vormittags erstochen worden sein. Dass er nicht eines natürlichen Todes gestorben ist, scheint eindeutig. Die blutverspritzten Wände und die Wunde im Rücken sprechen eine deutliche Sprache. Der Fundort ist mit dem Tatort identisch.

Bakr Al-Omar ist Sunnit. Schiiten haben ihn in seiner Heimat inhaftiert. Er erinnert sich an seinen schiitischen Landsmann Sadr Muhammad, der ihn verhört und gefoltert hat. Sunniten und Schiiten hassen sich. Der Konflikt im Irak und in Syrien lenkt das Augenmerk auf diese beiden Glaubensrichtungen. 80 bis 90 Prozent der Muslime weltweit sind Sunniten. Nur in Ländern wie dem Irak, dem Iran und Bahrain stellen die Schiiten die Mehrheit. Der Konflikt basiert auf einem Streit über die Nachfolge Mohammeds. Die Schiiten sind im Gegensatz zu den Sunniten der Ansicht, dass der Nachfolger Mohammeds aus seiner Familie stammen müsse.

Bakr Al-Omars neue Mütze wird von seinen iranischen Zimmergenossen sofort bemerkt.

Der eine meint: »Schöne Mütze, Bakr. Wo hast du sie denn her?«

Bakr: »Gefunden.«

»Gefunden? So, so«, zweifelt der andere.

Bakr ist über dessen Misstrauen verärgert. »Was denkst du? Meinst du etwa, ich habe sie gestohlen?«

»Hab ich nicht gesagt«, verteidigt sich sein Mitbewohner.

Ein weiterer Zimmergenosse will wissen: »Wo findet man in Interlaken solche Mützen?«

Bakr hält sich an die Wahrheit. »Ich habe die Persianermütze im Schnee gefunden. Auf der Höhematte, wenn ihr wisst, wo die ist.«

»Kennt doch jeder«, winkt der Erste ab. »Warum bringst du die Mütze nicht ins Fundbüro? In der Schweiz werden Fundsachen abgeliefert!«

»Wer sagt das?«, fragt Bakr unwirsch zurück.

Der zweite Zimmergenosse antwortet: »Das hat uns doch kürzlich unsere Betreuerin geraten. Hast du das vergessen, Bakr?«

»Nein. Nie gehört. Aber sowieso egal. Ich behalte die Mütze. Sie gehört jetzt mir. Schluss! Ihr seid ja nur neidisch.«

Die anderen grinsen spöttisch. Ganz unrecht hat Bakr mit seiner Vermutung jedoch nicht.

Im Flur der Asylunterkunft wird er von einem Somali auf die Mütze angesprochen: »He, Mann. Was hast du für ein Tier auf dem Kopf?«

Bakr Al-Omar lässt sich nicht zu einer Antwort herab.

Am folgenden Tag, als Bakr gerade die Unterkunft zu seinem täglichen Spaziergang verlassen will, fällt die Persianermütze einer Schweizer Betreuerin auf. Die Frau ist um die 20, politisch engagiert und vehemente Tierschützerin.

»Hallo, Herr Al-Omar!«, grüßt Sylvia Eigenheer.

Er wendet sich erfreut um. »Guten Tag, Frau Eigenheer.«

»Gehen Sie wieder auf Ihren Rundgang?«, fragt die Betreuerin.

»Ja, ja. Auch wenn es heute draußen kalt ist. Ich habe jetzt eine warme Mütze.« Er zwinkert Frau Eigenheer zu.

Diese reagiert jedoch nicht wie erwartet. Sie runzelt die Stirn und erkundigt sich: »Ist das nicht eine sogenannte Persianermütze, die Sie da tragen?«

»Genau«, bestätigt Bakr freudestrahlend. »Ich habe sie gestern gefunden.« Er befürchtet, dass die Betreuerin nun auch mit dem Ratschlag zur Ablieferung an das Fundbüro kommt. Aber weit gefehlt!

»Herr Al-Omar, wissen Sie nicht, dass an dieser Mütze Blut klebt?« Sylvia Eigenheer ahnt nicht, wie recht sie mit ihrer Aussage hat. In doppeltem Sinne.

Nachdem Bakr Al-Omar die Mütze vom Kopf gezogen, sie auf Blut untersucht, aber keines daran gefunden hat, fixiert er die Betreuerin mit ratlosem Blick. Er hat keine Ahnung, wovon Frau Eigenheer spricht. Noch weniger ahnt er ihr Engagement als Tierschützerin.

Sylvia Eigenheer ihrerseits bombardiert Bakr Al-Omar jetzt mit harten Fakten: »Bei der Gewinnung des englockigen Fells werden Lämmer des Karakulschafs geschlachtet.«

Bakr hebt die Schultern. »Darum ist das Fell so schön. Gleich nach der Geburt beginnt sich der Pelz sonst zu glätten.«

»Ja, eben. Das meine ich«, bekräftigt die Betreuerin. »Das Persianerfell wird von ungeborenen Karakullämmern gewonnen. Normalerweise schlachtet man die ersten drei Lämmer nach der natürlichen Geburt. Beim vierten Lamm wird dem Muttertier 15 bis 30 Tage vor der Niederkunft der Bauch aufgeschlitzt, um den Fötus zu entnehmen!« Ihre Stimme bebt.

Bakr winkt ab: »Wozu die Aufregung, Frau Eigenheer? Es handelt sich ausschließlich um Frühgeburten.«

Diese Behauptung empört die Tierschützerin noch mehr. »Ha! Das glaube, wer will! Jährlich werden rund vier Millionen dieser Felle verarbeitet. Die Fehlgeburtsrate dagegen liegt lediglich bei fünf Prozent. Fällt Ihnen dabei nichts auf, Herr Al-Omar?«

Er schüttelt verärgert den Kopf und wendet sich ab. Bevor Bakr Al-Omar die Unterkunft verlässt, meint er: »Soll ich die Mütze wieder lebendig machen, oder was?«

Die Polizei durchleuchtet das persönliche Umfeld von Gottfried Hofer. Allzu viel Aufwand bedeutet das nicht, denn der alte Mann hat ziemlich einsam gelebt. Bekannt sind nur eine Mitarbeiterin der mobilen Altenpflege, die ihn täglich bei der Erledigung der Hausarbeiten unterstützt hat, und ein Neffe in Solothurn, der ihn ab und zu besucht hat.

Die Pflegedienstmitarbeiterin heißt Enissa Ammar. Sie ist Iranerin und vor über zehn Jahren in die Schweiz geflüchtet. Dank ihrer guten Deutschkennnisse und der in ihrer Heimat ausgeübten Tätigkeit als Krankenschwester hat sie sich schnell in die Schweizer Verhältnisse integriert. Sie erscheint der Polizei als unverdächtig.

Doch Enissa Ammar hat ein Geheimnis, das sie bei der Befragung nicht erzählt. Die Persianermütze von Herrn Hofer ist ihr bei Arbeitsantritt sofort ins Auge gestochen. Und noch was hat sie erstaunt. Der alte Herr sprach neben singendem Oberländerdialekt überraschenderweise auch etwas Persisch! Darauf angesprochen, hat er Frau Ammar angedeutet, dass er während der Schah-Zeit mit dem Iran Handel betrieben habe. Welche Güter ausgetauscht worden sind, hat er nicht verraten.

Enissa Ammar hat an der Richtigkeit seiner Aussagen

stets gezweifelt. Dieser Mann schien etwas zu verbergen. Von seinem Äußeren her wäre er problemlos als iranischer Landsmann durchgegangen. Die dunklen, stechenden Augen, die markanten Wangenknochen sowie der stets kurz gestutzte, weiße Backenbart haben dem Rentner den Ausdruck eines pensionierten Polizeibeamten verliehen. Was Gottfried Hofer nicht wissen konnte, ist der Umstand, dass Frau Ammar ihm nur die Treue gehalten hat, um sein vermeintliches Geheimnis zu lüften.

Aus Gründen der persönlichen Sicherheit wechselte die Sunnitin Enissa Ammar in ihrem Heimatland den Familiennamen. Eigentlich heißt sie Al-Omar. Dieser Name hätte sie jedoch als Sunnitin entlarvt. Daher ließ sie ihre Ausweispapiere mithilfe Dritter und einer Menge Geld auf den schiitischen Familiennamen Ammar umschreiben. Doch sie war nicht die Einzige in ihrer Familie, die politisch verfolgt wurde. Ihr Cousin Bakr Al-Omar saß sogar im Gefängnis. Dass er inzwischen auch in der Schweiz ist, hat er Enissa zu verdanken. Sie hat ihm die erforderlichen Mittel zukommen lassen, die ihm nach seiner Freilassung aus der Haft die Flucht ermöglichten. Seit er in Interlaken in der Asylunterkunft lebt, haben sich die beiden mehrmals ohne besondere Vorsichtsmaßnahmen getroffen. Denn auf der Friedensinsel Schweiz droht den beiden von schiitischer Seite keine Gefahr mehr. Dachten sie jedenfalls. Bis Enissa per Zufall den gebrechlichen Herrn Hofer als Klient zugeteilt bekommen hat.

Bei der ersten Begegnung ist ihr beinahe das Herz in die Hose gerutscht. Herr Hofer hatte frappante Ähnlichkeit mit Sadr Muhammad, dem Peiniger ihres Cousins! Natürlich muss man den Alterungsprozess berücksichtigen. Hofer könnte Muhammad sein, dachte sie. Aber wie ist so was möglich? Gottfried Hofer verkörpert einen harmlosen Schweizer Rentner mit Pflegebedarf.

Dieser Zusammenhang bleibt den ermittelnden Behörden verborgen. Für die Polizei steht deshalb im Tötungsdelikt Gottfried Hofer ein zufälliger Raubmord im Vordergrund. Hofer war zur falschen Zeit am falschen Ort. Er wurde ausgeraubt und ermordet. Basta!

Vor dem definitiven Abschluss der Akte Hofer wird jedoch auch die zweite Bezugsperson ins Visier genommen. Der Neffe Hans »Housi« Hofer hätte ein Motiv. Er ist laut schriftlichem Testament des Verstorbenen als Alleinerbe eingesetzt. Ob Housi sich dessen bewusst gewesen ist, bleibt unklar. Er streitet es jedenfalls vehement ab. Ein Raubmord mit Housi Hofer als Täter ergibt wenig Sinn. Außer, der Erbe hat vom Inhalt des Testaments gewusst und ist ungeduldig geworden.

Als Enissa Ammar in der nachfolgenden Woche wieder mit ihrem Cousin zusammenkommt, trifft sie beinahe der Schlag. Bakr trägt Hofers Persianermütze! Das Monogramm ist eindeutig.

»Lass diese Mütze sofort und für alle Zeiten verschwinden!«, beschwört sie ihren Cousin.

Völlig vor den Kopf gestoßen weigert er sich, dem Rat zu folgen.

Da rutscht Enissa ganz nah an Bakr heran und flüstert ihm ein Geheimnis ins Ohr. Es ist die Geschichte vom schiitischen Peiniger, der nach Enissas Überzeugung bis vor wenigen Tagen unter falscher Identität in der Schweiz gelebt haben soll. Sie zeigt Bakr ein Foto, das sie in Hofers Wohnung entwendet hat. Es zeigt den Verdächtigen in mittlerem Alter.

Bakr Al-Omar erbleicht. Auch er glaubt jetzt, Sadr Muhammad wiederzuerkennen.

Enissa Ammar gesteht Al-Omar: »Ich bin letzte Woche wie immer zu Hofer alias Muhammad in die Wohnung gegangen. Während ich geputzt habe, hat er sie normalerweise verlassen, um mir nicht unnötig im Weg zu stehen. So auch an seinem letzten Tag. Ich bin ihm unbemerkt gefolgt. Er spazierte ahnungslos an der Höhematte entlang. Im öffentlichen WC suchte er Erleichterung. Du musst wissen, dass er mehr oder weniger inkontinent war. Ich bin ihm auch dorthinein nachgegangen. Zum Glück war um diese Zeit sonst niemand anwesend. Ich habe ihn mit seinem persischen Namen angesprochen: Sadr Muhammad!

Er war überhaupt nicht überrascht. Er lächelte nur und meinte lapidar: ›Da wären wir also!‹ Dann wandte er sich von mir ab.

Ich habe ihm ohne zu zögern das Messer in den Rücken gestoßen, Brieftasche und Mütze abgenommen und bin quer über die verschneite Höhematte gerannt. Dabei kam mir in den Sinn, dass es womöglich unklug war, die Mütze mit den Initialen mitgenommen zu haben. Ich habe sie an Ort und Stelle in hohem Bogen weggeschmissen. Wer würde sie schon mit dem Opfer in Verbindung bringen? Falls sie überhaupt jemand finden sollte. Dass ausgerechnet du die Persianermütze entdeckt und mitgenommen hast, ist ein riesiger Zufall.«

Bakr Al-Omar hört sich Enissas Geschichte wortlos an. Dazu dreht er pausenlos die weiche Fellmütze in den Händen. Die Persianermütze wird ihm fehlen.

Die Kantonspolizei Bern betreibt keinen weiteren Aufwand. Der ermordete Rentner wirft keine großen Wellen in der lokalen Presse. Der Neffe und die Frau vom Pflegedienst werden nicht länger verdächtigt. Es gibt keinerlei Indizien oder Beweise. Laut Schlussbericht der Polizei war Gottfried Hofer, wie bereits von Anfang an vermutet, zur falschen Zeit am falschen Ort. »Die unbekannte Täterschaft ist flüchtig.«

Die Wahrheit hätte ihn auch als Opfer einer tragischen Verwechslung nicht wieder lebendig gemacht.

LICHTERGLANZ

Der junge Familienvater Danilo Petkovic lebte mit seiner kleinen Familie in einem Vorort von Bern. Seine Frau und das dreijährige Mädchen waren sein ganzer Stolz. Mal abgesehen vom opulenten Weihnachtsschmuck, der das Reihenhäuschen während der Adventszeit schmückte. Im Grunde genommen hatte Danilo diesen Schmuck nur seiner Familie zuliebe angeschafft.

Weniger begeistert waren Petkovics Nachbarn. Die behaupteten doch tatsächlich, wegen den Lämpchen nicht mehr schlafen zu können. Zugegeben, der elektrische Weihnachtsschmuck war nicht zu übersehen. Jedes Jahr wurde er zudem umfangreicher und lichtstärker. Hatten im ersten Jahr nur ein paar Sterne und ein winkender Nikolaus die Nacht erhellt, so kam im Folgejahr eine ganze Batterie von kaltweißen Eiszapfen hinzu. Diese Zapfen erweckten den Eindruck, ständig zu tropfen. Im dritten Jahr wurde im Rasen vor dem Haus ein illuminiertes Rentiergespann hinzugefügt. In diesem Jahr schließlich hatte sich Danilo Petkovic eine Laserkanone geleistet, mit der er die ganze Hausfassade mit wandelnden Lichtpunkten überziehen konnte, die wohl an Schneeflocken erinnern sollten. LED- und Laserprojektoren waren der neueste Schrei. Damit hatte Danilo Petkovic den Bogen nach Meinung der Nachbarn definitiv überspannt.

Sie begannen den Familienvater zu beschimpfen. Als sich

die Anfeindungen auch auf Ehefrau und Kind ausbreiteten, war der Nachbarschaftskrieg in eine neue Phase getreten: die Phase der unverhohlenen Drohungen.

Dabei war die rechtliche Situation eigentlich klar. Das Schweizer Bundesgericht hatte mit einem Grundsatzurteil die Lichtverschmutzung durch Weihnachtsbeleuchtung an Privatliegenschaften eingeschränkt. Demzufolge müssen Zierbeleuchtungen um 22 Uhr ausgeschaltet werden. Großzügigere Regeln gelten in der Weihnachtszeit. Die Beleuchtung darf jeweils vom ersten Advent bis zum sechsten Januar bis um 1 Uhr nachts betrieben werden.

Das interessierte die Nachbarschaft jedoch wenig. Ihrer Meinung nach musste Danilo Petkovic den »Elektroschrott« reduzieren und um 22 Uhr ausschalten.

Für Lichtverschmutzung fehlen in der Schweiz bisher gesetzliche Grenzwerte. Da negative Folgen für Menschen, Tiere und Pflanzen jedoch belegt sind, bestanden die Nachbarn auf ihren Forderungen. Die zusätzliche Aufhellung des Nachthimmels beeinträchtige zudem die Wahrnehmung des Sternenhimmels und das Erleben der nächtlichen Winterlandschaft, argumentierte Trudi Mettler, die Vertreterin des Vereins Dark Night. Es war natürlich ein dummer Zufall, dass ausgerechnet sie in Petkovics unmittelbarer Nachbarschaft wohnte. Wie Trudi Mettler wehrten sich auch die Vereinsmitglieder gegen den Unsinn unnötiger Lichtverschmutzung. Das bewegte, flackernde, blinkende und flimmernde Licht beeinträchtige zudem die Verkehrssicherheit, argumentierten sie.

Der Streit wurde immer heftiger. Familie Petkovic wurde telefonisch belästigt. Frau Mettler hatte zudem mehrmals an ihrer Haustür vorgesprochen. Schließlich zertrümmerte jemand die Projektionskanone. Sie war in der verschneiten

Gartenhecke postiert und somit von der Straße aus leicht zu erreichen. Dieser Vandalen-Akt brachte das Fass zum Überlaufen. Petkovic erstattete Anzeige gegen Unbekannt. Das half.

Danilo Petkovic brauchte sich fortan nicht länger mit der Nachbarschaft herumzuärgern. Am Tag nach Bekanntgabe der Anzeige wurde er nämlich tot im Garten aufgefunden. Seine Ehefrau entdeckte den leblosen Körper ihres aufopfernden Gatten im Rentierschlitten.

Der Notarzt war der Meinung, dass Danilo Petkovic einem Stromschlag erlegen sei. Sicherheitshalber forderte der Mediziner noch die Polizei an. Auch die war vom Unfalltod überzeugt. Umso mehr, als am Rentierschlitten gleich mehrere lebensgefährliche Stellen unsachgemäßer Kabelisolationen festgestellt wurden.

»Solche minderwertige Ware sollte verboten werden«, meinte der Polizist. »Die Leute wollen halt möglichst viel Klimbim für möglichst wenig Moneten. Wie sich hier gezeigt hat, kann Geiz tödlich enden.«

Samira Petkovic empfand diese Bemerkung als respektlos. Insgeheim musste sie jedoch zugeben, dass auch sie ihrem Danilo Vorwürfe gemacht hatte, weil er so viel Geld für Weihnachtsdekorationen ausgab. Kein Wunder, dass der Gatte danach möglichst preisgünstige Angebote gesucht hatte, quasi dem Haussegen zuliebe. Schließlich sollte sich seine Familie am Lichterzauber erfreuen.

Dass die zuständige Behörde Danilos Tod als simplen Unfall abgetan hatte, konnte Samira nicht akzeptieren. Sie verdächtigte die feindselige Nachbarschaft. Auf eigene Faust begann Samira, Nachforschungen zu betreiben.

Als erste Person überprüfte sie Frau Mettler. Sie stattete ihr einen Besuch ab. Dazu sah sich Samira berechtigt, denn Trudi Mettler hatte letzte Woche gleich mehrmals an ihrer Tür geklingelt.

»Guten Tag, Frau Mettler.«

»Herzliches Beileid, Frau Petkovic.«

»Danke. Darf ich Sie kurz was fragen?«

»Ja, klar. Kommen Sie doch rein.« Der einladende Ton von Frau Mettler war offensichtlich dem Mitleid mit der jungen Witwe geschuldet.

»Verstehen Sie bitte meine Frage nicht falsch«, leitete Samira Petkovic ihre Nachforschungen ein. »Wo sind Sie vorgestern Nacht gewesen?«

Diese direkte Frage irritierte Frau Mettler gewaltig. »Ich verstehe nicht, warum Sie das wissen wollen«, sagte sie und ergänzte: »und was es Sie angeht!«

Samira Petkovic senkte verlegen den Blick. Mit schwacher Stimme räumte sie ein: »Das ist mir schon klar.«

»Ich habe die letzten paar Nächte bei meiner Tochter in Gümligen verbracht und bin jeweils erst im Verlauf des Vormittags hierher zurückgekehrt. Wegen Ihnen! Besser gesagt, wegen Ihrer verdammten Lichtershow. Ich habe nicht mehr schlafen können. Das wissen Sie genau. Ich habe schließlich dreimal vor Ihrer Haustür gestanden, um Sie zu bitten, die Lichter um 22 Uhr abzustellen oder ganz zu entfernen. VERGEBLICH!«

»Sorry, Frau Mettler. Wie Sie bestimmt festgestellt haben, ist die Anlage seit dem Tod meines Gatten außer Betrieb gesetzt. Damit ist Ihr Problem wohl gelöst.«

»Mein Problem? Sie haben Humor, Frau Petkovic. Nun gut. Hauptsache, wir haben unsere Winternächte zurück. Das mit Ihrem Mann tut mir, wie gesagt, echt leid. Auf Wiedersehen.« Sie begleitete die Nachbarin zur Tür.

Diese Auskunft war für Frau Petkovic wertvoller, als

es Frau Mettler vermuten könnte. Samira konnte sie als Verdächtige streichen. Wer sonst kam als Danilos Mörder noch infrage?

Einerseits war da der Arbeitskollege Santino Raselli. Dieser wohnte in unmittelbarer Nachbarschaft. Andererseits gab es den kosovarischen Landsmann Abaz Ibrahimi. Er lebte in einem nahen, von ihrem Haus aus sichtbaren Wohnblock in einer Parterrewohnung. Den Balkon schmückte er ebenfalls mit hell leuchtenden Lichterketten. An Petkovics Installationen kam er damit jedoch nicht heran. Nicht zuletzt, weil ihm dafür der Platz fehlte. Seine spitzen Bemerkungen fanden ihren Ursprung vermutlich mehr in der Missgunst als im Missfallen.

Diese Herren wollte Samira als Nächstes unter die Lupe nehmen. Ihrer Meinung nach hatten beide stichhaltige Motive, um ihren geliebten Danilo aus dem Weg zu räumen.

Bei Ibrahimi hätten Eifersucht, Neid oder Missgunst zutreffen können. Bei Raselli war der Fall komplexer. Als Arbeitskollege derselben Autogarage hatten sie sich bestens gekannt. In letzter Zeit florierte der Betrieb nicht mehr so toll. Der Chef und Besitzer der Garage hatte darum durchblicken lassen, dass er über einen Abbau der Belegschaft nachdachte. Santino und Danilo hatten beide als Mechaniker gearbeitet.

Samira Petkovic stieg in ihren Kleinwagen und fuhr schnurstracks zur Garage. Dort erkundigte sie sich nach Santino Raselli.

Er erschien mit traurigem Blick. »Liebe Samira. Es tut mir ja so leid. Ich kann es nicht fassen, dass Danilo gestorben ist.«

Da Santinos Hand völlig mit Öl verschmiert war, reichte er Samira den Ärmel des Übergewandes.

Sie schüttelte seinen Unterarm und blickte ihm fragend in die Augen. »Santino, ich kann einfach nicht glauben, dass Danilo unvorsichtig war. Er hatte doch tagtäglich mit Elektronik zu tun?«

»Logo. Wir arbeiten hier ständig mit Kabeln, die unter Spannung stehen«, bestätigte der Mechaniker.

»Warum sollte er also eine defekte Isolation am Rentierschlitten übersehen oder ignoriert haben?«

Santino wusste darauf keine Antwort.

Samira bohrte weiter: »Santino, ist dir in der Nacht, als Danilo umgekommen ist, etwas aufgefallen? Hast du zufälligerweise mal zu uns herübergeguckt?«

»Was sollte mir aufgefallen sein? Als ich am Vorabend endlich den Schlaf gefunden habe, pennte ich, bis mich der Wecker um 6 Uhr wieder geweckt hat.«

»Hat dich denn unsere Weihnachtsbeleuchtung am Schlaf gehindert?«

»Nein. Ich habe mir Sorgen gemacht.«

»Was für Sorgen?«

»Wegen meinem Job. Du hast von Danilo vielleicht gehört, dass unser Chef an eine Reduktion der Mannschaft denkt. Ich stehe mit meinen 59 Jahren vermutlich auf der Abschussliste.«

»Stimmt, davon habe ich gehört. Echt Scheiße.« Samira brachte es nun nicht mehr übers Herz, Santino nach seinem Alibi für die Mordnacht zu fragen. Es schien alles darauf hinzudeuten, dass er ihr die Wahrheit gesagt hatte. Bevor sie ihn fälschlicherweise als Verdächtigen diffamierte, wollte sie sich lieber erst den Ibrahimi vorknöpfen.

Der Garagenchef trat hinzu. Nach Gruß und Beileidsbezeugung fragte er mit Blick auf seinen Angestellten: »Ist mit dem Wagen etwas nicht in Ordnung?«

Samira Petkovic verneinte.

Darauf forderte der Chef den Mechaniker zur Weiterarbeit auf: »Herr Raselli, dann können Sie sich jetzt um den grünen Mazda dort drüben kümmern.«

Gehorsam verabschiedete er sich von der Witwe und tat wie geheißen.

Der Chef an Frau Petkovic gewandt: »Wissen Sie schon, wann die Beerdigung stattfindet?«

»Sie werden von mir ein Leidzirkular erhalten.«

Nun musste Abaz Ibrahimi auf den Zahn gefühlt werden. Das war gar nicht so einfach. Samira Petkovic beobachtete tagelang seinen Balkon, ohne den Nachbarn je darauf zu entdecken. Auch ein spontaner Besuch lief ins Leere. Telefonisch versandeten die Anrufe in der Combox. Fast hatte es den Anschein, als ginge ihr Ibrahimi aus dem Weg. Was konnte das bedeuten?

Am Tag vor der Beerdigung endlich erspähte Samira den Gesuchten, als er gerade den Wohnblock verlassen wollte. Samira schlüpfte blitzschnell in ihre Daunenjacke. Zum Schuhewechseln blieb keine Zeit. In Pantoffeln rannte sie über die Straße. Diese war links und rechts von braunem Schneematsch gesäumt. Ohne Rücksicht auf Verluste trat Samira in den salzhaltigen Matsch. Hauptsache, der Run führte zum Ziel!

Von Weitem rief Samira: »Hallo, Herr Ibrahimi! Hallo! Warten Sie bitte!«

Abaz Ibrahimi blieb erstaunt stehen.

Außer Atem erreicht Samira den sommerlich gekleideten Mann. »Gut, dass ich Sie endlich mal antreffe, Herr Ibrahimi«, pustete sie.

»Sie kennen mich?«, fragte er zurück.

»Klar. Sie sind doch der Nachbar mit dem geschmückten Balkon.«

»Richtig. Und wer sind Sie?«

Was trieb der Kerl für ein Spielchen? Warum tat er so, als wüsste er nicht, mit wem er es zu tun hat?

Aber bitte, wenn er spielen wollte: »Frau Petkovic vom Nachbarhaus da drüben. Das mit der Weihnachtsbeleuchtung.«

Jetzt hellte sich Ibrahimis Miene auf. »Sie sind das?« Scherzhaft fügte er hinzu: »Es freut mich, meine ärgste Konkurrentin endlich persönlich kennenzulernen.«

War das bereits der Anfang eines Geständnisses? Jedenfalls hatte er soeben zugegeben, dass er sich selbst als konkurrierender Dekorateur verstand. Ihre viel spektakulärere und glanzvollere Weihnachtsdekoration musste ihm gewaltig in die Nase gestochen haben.

»Herr Ibrahimi, ich habe Sie in den letzten Tagen vergeblich zu erreichen versucht.«

»Schon möglich. Ich bin erst gerade aus den Ferien zurückgekehrt.« Samira Petkovic erstarrte. Wie hatte sie sich nur so verrennen können?

»Warum haben Sie mich denn sprechen wollen?«, erkundigte sich Ibrahimi. Ganz offensichtlich begann er zu frösteln.

Petkovic stotterte. »Ja, ähm, eigentlich hat es sich bereits erledigt.«

»Erledigt? Wozu kommen Sie dann wie eine Furie angerannt?«

Das mit der Furie störte Samira zwar, aber es war definitiv nicht an ihr, jetzt die Betupfte zu mimen. Als Verlegenheitsfrage meinte sie: »Wo waren Sie denn in den Ferien?«

»Ich war eine Woche auf den Kanarischen Inseln. So, und jetzt möchte ich in meinen Wagen. Es ist hier 25 Grad kälter als auf Gran Canaria.«

»Sorry, Herr Ibrahimi. Hat mich gefreut, Sie kennenzulernen.«

»Ganz meinerseits. Und wie gesagt: großes Kompliment für Ihre Weihnachtsbeleuchtung. Da kann ich einpacken.« Mit einem süßlichen Grinsen verabschiedete er sich.

So ein Reinfall! Samira Petkovic war verzweifelt, denn sie hatte jetzt keinen Schimmer mehr, wen sie noch als Mörder ihres Mannes verdächtigen könnte. Oder hatte die Polizei mit ihrer Behauptung, Danilo sei an einem Stromschlag verunfallt, etwa doch recht?

An der eindrücklichen Beerdigung war wie angekündigt auch der Garagenchef anwesend. Nach der Gedenkfeier bedankte sich Samira bei ihm für die Teilnahme. Bei einem kurzen Gespräch mit der Witwe seines verstorbenen Mitarbeiters machte er eine Bemerkung, die Samira Petkovic zu denken gab: »Ich werde Danilo im Betrieb vermissen. Mit seiner elektronischen Zusatzausbildung war er dem alten Raselli weit überlegen. Ich hätte auf jeden Fall Ihren Danilo im Betrieb behalten, das können Sie mir glauben, Frau Petkovic.«

War es denkbar, dass Santino Raselli den jüngeren Konkurrenten aus dem Rennen geworfen hat, um die eigene Anstellung nicht zu gefährden? Musste Danilo Petkovic sterben, um Rasellis Entlassung zu verhindern?

Samira Petkovic meldete sich bei der Polizei, um ihre neuen Erkenntnisse vorzutragen. Nur wenige Tage danach konnte der geständige Raselli verhaftet werden.

DIE BETRIEBSFEIER

Claudia Meier ist mit der Organisation einer weihnachtlichen Betriebsfeier beauftragt. Sie macht es zum ersten Mal. Im Vorjahr organisierte den Anlass eine Sachbearbeiterin, die im Laufe des Jahres entlassen wurde. Die Feier soll am fünften Dezember ab 18 Uhr stattfinden. Die 15-köpfige Belegschaft der mittelgroßen Druckerei wird im Namen der Geschäftsleitung herzlich nach Münsingen im Aaretal eingeladen.

Am Vormittag des fünften Dezember wird noch voll gearbeitet. Die Druckmaschinen laufen zwar nicht mehr, es muss aber ein größerer Posten frisch gedruckter Prospekte geschnitten, gefalzt und gebündelt werden.

Ein Radio plärrt. Bereits zum vierten Mal erklingt der Weihnachtshit »Last Christmas« der Gruppe Wham. Dann wird das Programm unterbrochen: »Wir bitten um Aufmerksamkeit für eine Meldung der Kantonspolizei Bern. Heute Vormittag ist aus dem Bezirksgefängnis Thun ein 21-jähriger Sträfling entflohen. Er misst 1,88 Meter, ist von schlanker Statur und trägt einen Kurzhaarschnitt. Am linken Unterarm hat er einen Totenschädel eintätowiert, in dessen linken Auge ein Dolch steckt. Der Mann könnte bewaffnet sein. Es wird um Vorsicht und Meldung an die nächste Dienststelle gebeten.«

Danach erklingt wieder Musik.

Claudia Meier hat sich etwas Besonderes ausgedacht. Sie hat bei der Berner Samichlouszunft einen Samichlous, einen

Nikolaus, bestellt. Das Außergewöhnliche daran ist weniger der Nikolaus selbst, als die Tatsache, dass dieser dem Betriebschef die Leviten lesen soll. Zumindest für die Mitarbeiter und Mitarbeiterinnen, die von ihm in Mitarbeitergesprächen mit Kritik konfrontiert wurden, wird das ein großer Spaß. Da ist sich Claudia Meier so gut wie sicher. Sie hat eine lange Liste von Schwächen und Tugenden ihres Arbeitgebers zusammengestellt und sie der Samichlouszunft zugemailt. Der Nikolaus soll diese Informationen dann in seinem goldenen Buch dabeihaben, aus dem er die mehr oder weniger rühmlichen Tatsachen vorlesen wird. Zudem hat Frau Meier eine Vereinbarung getroffen, laut der alle Angestellten mit einem kleinen Jutesack, gefüllt mit Erdnüssen, Mandarinen, Schokolade und einem Einkaufsgutschein im Wert von je 20 Franken, beschenkt werden sollen. Diese Säckchen bereitet die Sekretärin vor und stellt sie rechtzeitig in der offenen Garageneinfahrt bereit. Der Nikolaus wird sie dort kurz vor Eintreffen im Betrieb behändigen. Auf die Begleitung des Darstellers durch einen zusätzlichen »Schmutzli« wird aus Kostengründen verzichtet.

Der gebuchte Weihnachtsmann hat Claudia Meier darauf hingewiesen, dass er möglicherweise nicht ganz pünktlich auftreten werde. Umso erstaunter ist sie, als ihr eine eingeweihte Mitarbeiterin zuflüstert: »Du, Claudia. Ich glaube da draußen im Vorgarten ist jemand. Der verschneite Kirschlorbeer hat gewackelt und seine Zweige haben Schnee abgeworfen.«

Die Uhr zeigt erst 16.30 Uhr.

»Was? Unser Klaus kommt doch hoffentlich nicht schon jetzt!«, meint Claudia. »Der Chef ist noch oben in seinem Büro. Zum Glück habe ich wenigstens die Jutesäckchen bereits am vereinbarten Ort deponiert.«

»Nein, nach dem Nikolaus sieht es nicht aus. Das ist was anderes«, ängstigt sich die Kollegin.

»Was soll schon sein? Vielleicht ist es eine Katze. Oder der Wind hat die Zweige bewegt. Wäre mir beides lieber, als dass der Weihnachtsmann bereits jetzt seinen Auftritt hat.«

»Und wenn es der entflohene Sträfling ist?«, sorgt sich die Kollegin.

»Was hätte der vor unserer Firma verloren? Wozu sollte der sich im Busch verstecken?«

»Vielleicht wartet er ab, bis jemand von uns das Gebäude verlässt. Dann raubt er die Person aus oder nimmt sie womöglich als Geisel. Anschließend erpresst er den Chef zur Herausgabe der Lohngelder. So was kommt doch vor.«

Claudia beschwichtigt: »Sue, du schaust definitiv zu viele TV-Krimis.«

In dem Moment wird draußen erneut Schnee von den Zweigen geschüttelt.

Kurz darauf rumpelt es am Haupteingang. Jemand scheint Schnee von schwerem Schuhwerk abzustampfen. Dann klingelt die Hausglocke.

»Verdammt! Er ist doch schon da.« Aufgeregt eilt Claudia Meier zur Tür. Durch das Milchglas in Kopfhöhe erkennt sie das rote Gewand. Sie öffnet und begrüßt den Weihnachtsmann.

»Guten Abend, lieber Weihnachtsmann. Sie sind aber früh dran.«

»Ho, ho«, antwortet der bärtige Geselle mit offensichtlich verstellter Stimme. »Jawohl, ich mache auch bei euch einen Besuch.«

»Kommen Sie doch bitte herein.«

Die Belegschaft bricht die Arbeit ab, um sich in der großen Druckhalle bereitzustellen. Sue eilt nach oben, um den

Chef dazuzuholen. Dieser wirft einen kritischen Blick auf seine kostbare Armbanduhr. Er verkneift sich aber die Bemerkung und folgt der Angestellten nach unten.

Der Nikolaus stampft an Claudia vorbei in den schlecht beleuchteten Flur. Auf seiner Schulter trägt er einen riesigen Stoffsack, der sehr schwer zu sein scheint. Claudia fragt sich, ob der Kerl all die bereitgestellten Tüten in den Riesensack gestopft hat.

In der Druckmaschinenhalle lässt der Nikolaus mit lautem Ächzen den Jutesack zu Boden gleiten. Der Mann ist mittelgroß und schlank, trägt einen roten Umhang mit Kapuze, weiße Handschuhe und einen weißen Rauschebart. Insgesamt wirkt er wenig authentisch. Seine Verkleidung ist zu offensichtlich. Zudem muss es sich um einen jungen Mann handeln, denn die unnatürlich tiefe Stimme klingt mehr nach einem pubertierenden Stimmbrüchigen als nach dem Brummen eines Greises. Claudia fallen die Schuhe auf. Der Nikolaus trägt hellbraune Gummistiefel, die höchstens Größe 38 haben dürften.

Er lässt seinen Blick aufmerksam durch den Raum gleiten. Als Res Soltermann in Begleitung von Sue zur Belegschaft stößt, wird er vom Weihnachtsmann mit feindseligem Blick empfangen. »Ist wohl der Boss? Sehr gut, ho, ho!«

Der Chef lächelt verlegen. Er ahnt nichts Gutes. Hätte er doch Frau Meier nicht bloß ein Ausgabendach vorgegeben. Offenbar hat sie ihre organisatorischen Freiheiten etwas gar frei interpretiert. Aber was bleibt Soltermann anderes übrig, als gute Miene zum bösen Spiel zu machen?

In gekünstelter Basslage wendet sich der Nikolaus an den Chef: »So, so. Schön, bist du auch dabei. Ich hoffe doch, du hast ein Gedichtlein vorbereitet?«

Was für eine peinliche Kinderei! Die Belegschaft kichert dennoch und beobachtet gespannt Soltermanns Reaktion.

Dieser hebt seine buschigen Augenbrauen und atmet kräftig ein. »Na gut. Wenn's nicht anders geht. Lieber, lieber Nikolaus, teil uns schnell die Bescherung aus.«

»Ho, ho. Das ist aber ein kurzes Gedichtlein. Dafür gibt's kein großes Geschenk. Geh mal zum Sack und öffne ihn!«

Der Chef gehorcht mit saurer Miene. Vergeblich versucht er, die Schnur zu lösen, mit der der Sack zugebunden ist. »Hat jemand eine Schere?«, fragt Soltermann in die Runde.

Da zückt der Nikolaus unvermittelt einen Dolch mit blitzender Klinge. Diesen hat er offenbar unter der Kutte versteckt getragen. Mit zwei Schritten stellt er sich vor Soltermann und grinst ihn böse an. »Wie wär's damit?«

Der Chef erschrickt. Er befürchtet, dass sich der Bärtige mit der Waffe auf ihn stürzt. Jedoch geschieht nichts dergleichen. Der Nikolaus reicht Soltermann lediglich den Dolch. Gerade als er damit die Sackschnur aufzuschneiden versucht, fällt ihm ein Fleck auf, der sich in der Zwischenzeit unter dem Sack ausgebreitet hat. Der Chef zögert. Er zieht den Sack etwas zur Seite, sodass der ganze Fleck zum Vorschein kommt. Dabei bildet sich eine kurze, schmierige Schleifspur. Sie ist rot. Blutrot!

Soltermann hält inne. Die Umstehenden geben erstaunte Laute von sich.

Endlich wagt Claudia Meier eine Frage: »Was, was ist das?« Auch der Nikolaus hat inzwischen den roten Fleck entdeckt. Der scheint ihm alles andere als recht zu sein. Er lässt ein dreifaches »Ho, ho, ho« vernehmen.

Jetzt hakt der Chef nach: »Was steckt da in Ihrem Sack, Nikolaus?«

»Mach ihn auf, dann weißt du's. Oder hast du etwa Schiss?«

Inzwischen sind Claudia Meier noch weitere Unstimmigkeiten aufgefallen. So sitzt zwar eine runde Metallbrille auf der Nase vom Nikolaus, die Gläser sind jedoch dunkel getönt. Wozu trägt der Weihnachtsmann eine Sonnenbrille?

Der Saum von Kapuze und Ärmel ist mit weißem Kunstpelz gesäumt. Der Pelz hat sich bereits an mehreren Stellen gelöst. Das macht einen schäbigen Eindruck. Von einem professionellen Darsteller der Nikolauszunft hätte Claudia ein schöneres Gewand erwartet. Was sie jedoch richtig beunruhigt, ist der Pelzbesatz seines rechten Ärmels. Dieser ist mindestens zur Hälfte mit blutroter Flüssigkeit verschmutzt. Allmählich hält es auch Claudia nicht mehr für unmöglich, dass nicht der gebuchte Nikolaus, sondern der gesuchte Ausbrecher vor ihnen steht. Was führt dieser unheimliche Kerl im Schilde?

Unauffällig schaut sie sich nach einem Gegenstand um, den sie zur Not als Waffe verwenden könnte. Da erinnert sie sich an die Vorgaben im goldenen Buch. Damit kann sie den Nikolaus identifizieren. Wenn er dem Chef die Sünden und Tugenden vorlesen kann, muss es sich um den gebuchten Darsteller handeln. Falls er allerdings keine Ahnung hat, mit was er Res Soltermann konfrontieren soll, handelt es sich eindeutig um einen falschen Nikolaus. In dem Fall wird Claudia Meier versuchen, sich unbemerkt davonzuschleichen, um im Büro des Chefs telefonisch die Polizei zu alarmieren.

»Nikolaus, Sie wollten unserem Chef doch aus dem goldenen Buch vorlesen?«

Der Nikolaus wirkt zwar überrascht, fasst sich aber schnell wieder und zieht tatsächlich ein in Goldfolie gewickeltes Buch hervor.

Um überhaupt darin lesen zu können, muss er die Sonnenbrille ablegen. Dadurch werden endlich seine Augen sichtbar. Und die sorgen nicht nur bei Claudia Meier für ein überraschtes Gesicht. Seine jugendlichen, faltenfreien Augenpartien zieren nämlich ein Paar sehr feminine, überlange Wimpern. Wer oder was zum Teufel steckt wirklich im roten Gewand? Und was für ein grausiges Zeug sickert da die ganze Zeit aus dem großen Jutesack?

Der Nikolaus lässt sich Zeit, bevor er zu lesen beginnt. »So, so. Aha. Ja, ja. Res, ich weiß genau, was du im letzten Jahr alles angestellt hat! Du hast offenbar trotz positivem Geschäftsgang keine Lohnerhöhungen ausbezahlt. Du hast auch keine namhaften Weihnachtsgratifikationen in Aussicht gestellt. Deine Leute haben das ganze Jahr hindurch hart für dich gearbeitet. Einen neuen Wagen hast aber nur du dir leisten können. Ho, ho! Da steht kein einziges Wort, das dich als guten Chef auszeichnen würde.« Der Nikolaus schüttelt theatralisch den Kopf, sodass sein Rauschebart wie zottige Putzfäden hin und her schwingt.

Claudia Meier ist irritiert. Zwar stimmt das Gehörte nicht mit den Angaben überein, die sie der Zunft im Voraus gemailt hat. Andererseits muss sie zugeben, dass die Aussagen leider auch nicht ganz von der Hand zu weisen sind. Für den richtigen Nikolaus weiß er irgendwie zu wenig, für den falschen jedoch eindeutig zu viel. Dass im Kostüm der entflohene Sträfling stecken könnte, hält Claudia inzwischen für unwahrscheinlich.

Res Soltermann hat während der Standpauke die ganze Zeit zu Boden gestarrt. Er hat den roten Fleck fixiert, der sich unter dem Sack ausbreitet. Die vorgetragenen Vorwürfe scheinen ihn wenig zu beeindrucken. Kaum hat der Nikolaus seinen Sermon beendet, geht der Chef in die Hocke. Mit der Fingerkuppe des rechten Zeigefingers nimmt er eine Probe der roten Flüssigkeit. Er erhebt sich und schnuppert am Finger. »He Leute, das rote Zeugs ist bloß Blutorangensaft!«

Die umstehende Belegschaft schaut ihn verdutzt an. Eigentlich hätte sie sich eher eine Reaktion auf die Vorwürfe erhofft.

Der Nikolaus hat sein Buch jedoch noch nicht geschlossen. Erneut erhebt er seine Stimme. »Res, was hier im goldenen Buch mit ganz dicker, roter Tinte aufgeschrieben ist, hast du dir noch nicht angehört. Da spielt das bisschen Blutorangensaft auf dem Boden keine Rolle.«

Die Stimme des Weihnachtsmannes hat sich markant verändert. Er spricht jetzt in der Tonlage einer Frau. »Das Allerschlimmste, was du im letzten Jahr geboten hast, ist die Entlassung einer langjährigen Mitarbeiterin. Ohne Anerkennung ihrer Verdienste um das Wohlergehen der Firma hast du sie kaltherzig vor die Tür gesetzt. Schäme dich! Dafür hast du mehr als nur die Rute verdient. Eigentlich sollte dieser Dolch in deiner Brust stecken.« Er wechselt nun in die Ich-Form: »Aber damit hättest du mir ein zweites Mal das Leben versaut. Für dich, du armseliger Saukerl, gehe ich nicht ins Gefängnis. Lieber gebe ich dich vor deiner versammelten Belegschaft der Lächerlichkeit preis!« Damit reißt sich der Weihnachtsmann den Bart aus dem Gesicht und die Kapuze vom Kopf.

Wie aus einem Munde tönt es ringsum: »Ines Wirth! Du?«

Der entlassenen Sachbearbeiterin kullern Tränen aus den Augen. Ob aus Zorn oder Trauer, ist schwer zu sagen. Dann wendet sie sich abrupt um die eigene Achse und verlässt im Eilschritt die Druckhalle. Im Ausgang ruft sie zurück: »Den Sack mit den zerquetschten Blutorangen dürft ihr übrigens behalten. Ich bin beim Kirschlorbeer auf dem Eis ausgerutscht und auf den Sack gefallen. Darum sind die Orangen zermanscht. Ursprünglich sollte ja euer Soltermännchen so aussehen.«

Damit verschwindet die Weihnachtsfrau endgültig in der Dunkelheit.

Der sprachlose Chef und die umstehenden Angestellten schauen verdattert um sich. Nicht nur Claudia Meier hat sich die Betriebsfeier anders vorgestellt.

In dem Moment klopft es erneut heftig an die Tür.

Res Soltermann brummt: »Was will das verrückte Huhn denn noch?« Er begibt sich höchstpersönlich zum Eingang und öffnet.

Davor steht der Weihnachtsmann. Schon wieder. Nur dass es sich dieses Mal offensichtlich um den gebuchten Akteur aus der Nikolauszunft handelt. In beiden Händen hält er bündelweise kleine Jutesäcklein. Er entschuldigt sich: »Sorry, ich bin etwas spät dran.«

Soltermann runzelt die Stirn. »Sie haben mir gerade noch gefehlt!«

Damit knallt er dem Unglücklichen die Tür vor der Nase zu.

DER PISTENZWERG

Der zwölfjährige Sämi Frey und sein bester Freund, der gleichaltrige Wili Barmettler, verbringen bereits zum dritten Mal die Winterferien mit ihren Familien im Aletschgebiet. Die Familien haben die beiden Jungs der Skischule zur Ausbildung und eigenen Entlastung anvertraut. Sämi und Wili machen schnell gute Fortschritte. Sie können mit der Skiklasse leicht mithalten.

Sämi ist der Sportlichere der beiden. Er fährt gerne schnell und in möglichst direkter Hanglinie. Wili legt hingegen mehr Wert auf den Fahrstil. Er schwingt in eleganten Kurven gehorsam dem Skilehrer hinterher. Während Wili mit Lob bedacht wird, erfährt Sämi nichts als Tadel.

»Sämi, rase nicht blind die Piste runter. Du bist doch kein Rennfahrer. Versuche die Abfahrt zu genießen!«

»Ich genieße sie ja«, mault er zurück.

»Nein, du bringst sie so rasch wie möglich hinter dich. Das ist alles.«

»Ich mach halt Tempo«, entgegnet er.

»Du machst vor allem, was du willst. Wozu bezahlt dir dein Vater überhaupt die Skischule, wenn du doch nichts lernen willst?« Der Skilehrer gerät bei Sämi stets an das Ende seines pädagogischen Lateins. Erbost rügt er den uneinsichtigen Skischüler: »Mit deiner hirnlosen Bolzerei gefährdest du nicht nur dich selbst, sondern auch die anderen Sportler auf der Piste. Du verhältst dich rücksichtslos!«

»Und du gehst mir auf den Sack!«, mault der verwöhnte Bengel. »Ich werde Papa fragen, ob er mich nicht zu einem besseren Lehrer schicken kann.« Damit wären die Machtverhältnisse wieder geklärt.

Sein Freund Wili mischt sich ein. »Sei endlich still, Sämi. Sonst sind wir plötzlich nicht mehr in derselben Klasse. Willst du das?«

Daran hat der Raser nicht gedacht. Obschon sich die gemeinsamen Momente in der Gruppe auf das Anstehen bei der Talstation und die Fahrt mit dem Schlepplift beschränken. Ein Schlepp- oder Bügellift ist ein Skilift, bei dem die Wintersportler auf angeschnallten Skiern aufrecht stehend und in einen ankerförmigen Doppelbügel gelehnt den Berg hinaufgezogen werden. Für Anfänger ist ein Schlepplift oftmals ein Albtraum. Wili und Sämi haben nach anfänglichen Schwierigkeiten im ersten Skiwinter aber den Dreh raus. Sie stellen sich am Einstieg nebeneinander in Fahrtrichtung auf das Lifttrassee. Dann drehen beide ihren Kopf nach hinten, um den nahenden Bügel zu beobachten. Der Einstieghelfer Anton Briggen zieht den Bügel ruckartig nach unten bis auf die Höhe der Oberschenkel der Jungs. Dort übernimmt ihn Sämi mit der freien Hand. In der Außenhand tragen die Burschen ihre Skistöcke.

Trotzdem kommt es ab und zu zum Sturz. Entweder verkantet Sämi seine Skier oder er gleitet seitlich in Wilis Spur, sodass dieser nach links verdrängt wird, bis er ganz vom Bügel fällt. Dabei steht meistens nicht fest, ob es Zufall oder Sämis böse Absicht ist. Auch schafft es Sämi hin und wieder, den Bügel zu verpassen. In solchen Fällen schnellt der hölzerne Anker haarscharf an den Hinterköpfen hoch und Anton Briggen flucht. Unterwegs passieren Missgeschicke, die dazu führen, dass sie unfreiwillig abbügeln und im Schnee landen. Meistens trägt Sämi die Schuld. Er macht Faxen, flirtet mit wildfremden Sportlerinnen oder erlaubt sich auf dem eisigen Trassee einen Slalom. Wili hat diese Blödeleien bisher der Freundschaft zuliebe erduldet. Allmählich wird ihm das Verhalten seines Freundes jedoch lästig. Sämi ärgert ihn zusätzlich mit dem helvetischen Spottvers:

»Wili, Wili Saustili
hanget a dr Chuchidieli.
D'Chuchidieli chracht.
Wili, Wili lacht.«

Schließlich beginnt sich Wili von Sämi zu distanzieren. Ein sicheres Zeichen ist die Tatsache, dass dieser seit Kurzem stets solo am Ankerbügel hängt. Kein anderer Skischüler will noch mit Sämi gemeinsam hochgeschleppt werden. Den scheint das allerdings nicht zu stören. Er mimt den Coolman. Ja, er zeigt noch gewagtere Kunststückchen. Er versucht beispielsweise einen freihändigen Aufstieg oder klemmt sich den Bügel von vorn zwischen die Oberschenkel, um sich weit nach hinten lehnen zu können.

Der Skilehrer hat längst resigniert. Nach dem Motto: »Mach, was du willst, aber gehorchen musst du!«

Im selben Skigebiet genießt auch der 16-jährige Snowboarder Jörg Zimmermann die gut präparierten Pisten. Er beherrscht sein Board und fährt schnell und riskant. Ab und zu verlässt er die gekennzeichneten Pisten und übt sich in Freeriden.

Eines Nachmittags kommt es zu einem Zusammenstoß zwischen Jörg und Sämi. Der Skifahrer schneidet dem Boarder wiederholt den Weg ab. Beinahe macht es den Anschein, als ob Sämi den Walliser absichtlich ausbremst und provoziert.

Beim dritten Mal kracht's!

Die beiden Sportler prallen ineinander. Das bunte Snowboard löst sich von Jörgs Fuß und rast 30 Meter den Hang hinunter. In einer verschneiten Föhre bleibt es hängen. Sämi seinerseits verliert beide Skier. Die Bindungen haben sich, wie für solche Ereignisse vorgesehen, geöffnet. Zum guten Glück bleiben jedoch die Skier in den Sicherungsriemen hängen. Nur den Skistöcken muss Sämi nachsteigen. Nachdem die beiden Burschen sich ihrer Unversehrtheit vergewissert und das Material zusammengesucht haben, kommt es zu einer bösen Auseinandersetzung.

»Du verdammter Idiot!«, bellt Jörg Zimmermann. »Hast du keine Augen im Kopf?«

Sämi Frey entgegnet: »Sorry, Mann. Hab dich nicht gesehen!«

»Kein Wunder, wenn du weder nach links noch rechts guckst.«

Sämi wiederholt kleinlaut seine Entschuldigung.

Jörg Zimmermann brummt Unverständliches und wischt sich dazu den Schnee von Hose und Jacke.

»Ich pass jetzt besser auf«, verspricht der Kleine.

Der Große lässt die Angelegenheit mit diesem Versprechen scheinbar auf sich beruhen.

An der Talstation schneidet Sämi dem Jörg jedoch erneut den Weg ab. Der Kleine drängelt und schiebt sich frech vor den wartenden Zimmermann. Dieser ruft: »Hallo, Zwerg! Geht's noch? Wie wär's mit anstehen?«

Sämi hat sich bereits auf dem Lifttrassee bereitgestellt und greift nach dem Bügel, den ihm Herr Briggen in automatischer Teilnahmslosigkeit reicht.

Jörg Zimmermann verflucht erneut den unverschämten Wicht. Zwei Minuten später hängt auch Jörg am Schlepplift.

An der Bergstation gilt es, beizeiten das Aussteigen vorzubereiten. Dazu drückt Jörg Zimmermann seinen Ankerbügel nach unten, um ihn anschließend vom Körper zu lösen und mit gestrecktem Arm vor die Brust zu ziehen. Sobald er das Plateau der Ausstiegsstelle erreicht hat, lässt er den Bügel in Fahrtrichtung zur Umlaufrolle hochschnellen. Dann macht er zügig den Nachkommenden Platz. Jörg steigt nach der vorgeschriebenen Seite aus, um in die Startposition der Abfahrtspiste zu gleiten. Natürlich muss es für ihn die schwarze Piste sein. Ärgerlicherweise rast dort auch wieder der verdammte Zwerg. Der Snowboarder holt ihn ein, um ihn mit einem satten Schlenker zu brüskieren. Eine stiebende Schneewolke umnebelt für einen kurzen Augenblick Sämis Skibrille. Der zeigt jedoch nicht die geringste Reaktion und bolzt weiter blind den Steilhang hinunter.

An der Talstation wartet die Skiklasse mit ihrem Lehrer. Sie sind gegenüber Sämi Frey eine ganze Runde im Verzug. Während Sämi zweimal die Piste gehobelt hat, haben es seine Mitschüler lediglich auf eine einzige Abfahrt gebracht. Das freut den Kleinen. Hingegen bedrückt ihn die zunehmende Distanziertheit seines Freundes. Wili Barmettler geht Sämi ganz offensichtlich aus dem Weg. Selbst beim Anstehen am Lift sorgt Wili dafür, dass mindestens einer der anderen Schüler zwischen ihnen steht. Im Grunde genommen leiden beide Burschen unter der selbstgewählten Entfremdung.

Sogar ihre Eltern haben inzwischen bemerkt, dass es mit dem guten Einvernehmen zwischen den Sprösslingen neuerdings hapert. Dass einer der beiden jedoch unverhältnismäßige Rachegefühle entwickelt, entgeht auch ihnen.

So nimmt die Tragödie ihren Lauf.

Die Bergsonne strahlt an diesem Morgen aus einem wolkenlosen Himmel. Das atemberaubende Ultramarin lässt die schneebedeckten Gipfel wie überzuckerte Zipfelmützen scheinen. Im Skigebiet ist viel Betrieb.

Natürlich ist auch die Skischule unterwegs. Wie immer ohne Sämi Frey, der es vorzieht, eigene Spuren in den Schnee zu legen. Konsequenterweise hätte der Skilehrer den erziehungs- und bildungsresistenten Knaben längst aus der Klasse schmeißen sollen. Seinem Portemonnaie und der Fürsprache Willi Barmettlers zuliebe hat der Skilehrer bisher auf diese restriktive Maßnahme verzichtet. Dass Willi sich für Sämi einsetzt, obschon er offensichtlich nichts mehr mit ihm zu tun haben will, macht den Lehrer nicht weiter misstrauisch.

Sämi Frey ist unentschlossen, ob er versuchen sollte, Wili Barmettler als Freund zurückzugewinnen oder ob er sich für die zerbrochene Freundschaft rächen sollte.

Im Getümmel der Wintersportler und -sportlerinnen saust auch der einheimische Jörg Zimmermann über die schnellen Pisten. Es ist sein letzter Ferientag.

Der Zufall will es, dass Jörg, Sämi und Wili gleichzeitig an der Talstation des Schleppliftes anstehen. Wili steht zuvorderst in der Schlange. Dicht hinter ihm folgt der Snowboarder. Sämi drängelt hinter Jörg.

Dieser wendet sich gereizt um: »Gopferdami! Kannst du vielleicht etwas Abstand halten? Ich hasse es, wenn mir Zwerge das Board zerkratzen!«

Sämi seinerseits hasst es, als Zwerg bezeichnet zu werden. Er gibt zurück: »Dann schließ doch endlich auf, du Spasti! Du weißt genau, dass die Skischüler Vortritt haben.«

Der Skilehrer, der seiner Klasse ganz am Schluss folgt, mischt sich ein. »He! Was ist los da vorn?«

Jörg Zimmermann schaut kurz zum Lehrer mit der erdbeerroten Skijacke und dem gestickten Skilehrerabzeichen. Daraufhin schluckt er seinen Ärger hinunter und rückt dicht an Willis Skier heran.

Sämi kann es noch immer nicht lassen. Er drängelt weiterhin und ruft Wili zu: »He, Wili. Wollen wir wiedermal zusammen Lift fahren?« Es tönt wie ein Friedensangebot.

Wili wendet sich erstaunt nach hinten um. Er zögert. Dann meint er: »Okay. Von mir aus. Aber wehe, wenn du versuchst, mich aus der Spur zu drängen!«

Sämi strahlt und lacht. »So was mache ich nie!«

Wili verzichtet auf eine Berichtigung. Offensichtlich versucht Sämi gerade eine Wiedergutmachung. Warum sollte man sie nicht in Betracht ziehen? »Okay, Alter!«

Wilis Einverständnis nimmt Sämi zum Anlass, in einem Überraschungscoup den Snowboarder vor ihm zu überholen. Mit den Ellenbogen verschafft er sich den nötigen Platz.

Jörg Zimmermann wird total überrumpelt. Er reagiert viel zu spät. Der Zwerg steht bereits vor ihm und neben Wili.

»Das gibt's doch nicht!«, reklamiert Jörg nun lautstark. »Du saufrecher Wicht! Warte nur, das zahle ich dir heim!«

Sämi Frey hat jedoch bereits Position auf dem Lifttrassee bezogen. Wili will ihm folgen. Da stürmt Jörg nach vorn und packt Wili am Ärmel.

Der Einstieghelfer Anton Briggen brummt: »He, he! Immer schön der Reihe nach!« Dazu nimmt er weder seine Tabakspfeife aus dem Mundwinkel, noch verhindert er Sämis Drängelei.

Dieser packt kurzerhand den nächsten Bügel und fährt los. Ohne Wili. Der Snowboarder hat ihn zurückgedrängt, um an seiner Stelle den nachfolgenden Bügel zu angeln. Hinter Sämi fährt darum Jörg solo den Hang hinauf. Erst als Dritter ist endlich Wili an der Reihe. Ein anderer Skischüler stellt sich ruhig neben ihn. Gemeinsam folgen sie den Streithähnen.

Die Fahrt verläuft vorerst ohne weitere Zwischenfälle.

Sämi Frey erreicht die Bergstation und bügelt im horizontalen Ausstiegsbereich ab. Statt dass er aber sofort nach links weggleitet, um dem herannahenden Jörg Platz zu machen, bleibt er absichtlich mitten auf dem Trassee stehen. Er wendet sich seinem Widersacher zu, um ihm den Stinkefinger zu zeigen.

Jörg Zimmermann reagiert umgehend. Noch in der Schräge, rund drei Meter vor der Bergstation, löst er sich vom Bügel, um ihn hochschnellen zu lassen. Der Snowboarder rutscht einen guten Meter auf dem eisigen Trassee zurück. Dann gelingt es Jörg, sein Board schräg zu stellen. Er verlässt die Spur. Gerade noch rechtzeitig, bevor er vom nachfolgenden Wili samt Begleiter gerammt wird.

Alles ereignet sich innerhalb kürzester Zeit. 30 Sekunden später erreichen Wili und der Skischüler die Bergstation. Dort stürzen beide über den am Boden liegenden Sämi. Blut versickert im Schnee. Jetzt erst werden andere Sportler auf das Chaos aufmerksam. Eine Frau kreischt, Skischüler schreien, bis ein Mann endlich ins Lifthäuschen eilt und den roten Knopf der Schnellabschaltung betätigt. Der ruckartige Notstopp lässt die Menschen am Lift reihenweise stürzen. Wie Dominosteine purzeln sie in den Schnee, rutschen talwärts ineinander hinein und verhaspeln sich mit Stöcken und Skiern.

Derweil hat sich Jörg Zimmermann auf seinem Board längst aus dem Staub gemacht. Allerdings steht außer Zweifel, dass er für den Totschlag an Sämi Frey zur Rechenschaft gezogen wird. Der einheimische Snowboarder hat es zu verantworten, dass der Junge in der Bergstation vom hochschnellenden Ankerbügel erschlagen wurde.

STERBENSTRAURIG

Heute flockte der erste Schnee bis in niedere Lagen. Traurig starrte Ada Racar zum Balkonfenster hinaus. Im überheizten Einzelzimmer einer Seniorenresidenz in Matten bei Interlaken lag die Leiche von Rosa Seiler im Pflegebett. Es war nicht das erste Mal, dass die rumänische Pflegefachfrau am Morgen eine verstorbene Bewohnerin antraf. Dennoch konnte sich Ada Racar nicht daran gewöhnen. Das war vermutlich gut so.

Die 92-jährige Frau Seiler war ihr ganz besonders am Herzen gelegen. Das hatte einerseits mit dem unkomplizierten, im wahrsten Sinn des Wortes »pflegeleichten« Verhalten der Seniorin zu tun gehabt. Andererseits hatte Frau Seiler der Pflegefachfrau ab und zu Geschenke gemacht. Diese anzunehmen, war dem Personal zwar offiziell verboten. Ada Racar brachte es aber nicht über das Herz, die Gaben abzulehnen. Nun war die generöse Frau Seiler tot. Die Pflegefachfrau wischte sich die Tränen von den Backen, bevor sie Verstärkung herbeirief.

Die Pflegeverantwortliche der Abteilung erschien umgehend. Nach einem ersten Augenschein, der nichts Ungewöhnliches erkennen ließ, informierte sie den Heimleiter, telefonierte mit dem Vertrauensarzt wegen des Totenscheins und benachrichtigte die erreichbaren Angehörigen der Verstorbenen, die ihr in diesem Fall persönlich bekannt waren. Es handelte sich um die Schwiegertochter, Frau Karin Seiler-Winter, sowie den Enkel Manuel Grossen, der seine Oma fast wöchentlich besucht hatte. Es war der Sohn der an Brustkrebs verstorbenen Tochter von Frau Seiler.

In der Zwischenzeit lüftete Frau Racar das Zimmer. Im Flur neben der Tür wurde ein kleines Beistelltischchen mit einer elektrischen LED-Kerze und einem Porzellanengel arrangiert. Das hausinterne Zeichen, dass jemand die Gemeinschaft für immer verlassen hatte.

Es dauerte nicht lange, bis die Mitbewohnerin Elisabeth Zurbuchen aus dem Parterre Kerze und Todesfall bemerkt und die traurige Botschaft im Salon der Seniorenresidenz verbreitet hatte. Dabei waren Frau Zurbuchen und Frau Seiler nicht als Busenfreundinnen bekannt. Im Gegenteil. Die zwei Bewohnerinnen hatten sich schlecht verstanden. Gehässige oder geheuchelte Bemerkungen waren wie Torpedos hin und her geschossen worden. Der Ursprung der gegenseitigen Abneigung lag in der Vergangenheit, als die beiden Frauen an derselben Quartierstraße gewohnt hatten. Die eine in einem stattlichen Einfamilienhaus an sonniger Lage, die andere in der schattigen Mietwohnung eines unpersönlichen Wohnblocks. Frau Zurbuchen hatte Frau Seiler ihr Glück missgönnt. Im Alter lebten beide Frauen im selben Altersheim, das beschönigend als Seniorenresidenz beschrieben wurde. Frau Zurbuchen zog anfänglich mit ihrem Gatten ein. Der verstarb nach einem Jahr. Frau Seiler war bereits verwitwet, als sie in die Residenz umsiedelte. Dass beide Seniorinnen trotz unterschiedlicher Vermögensverhältnisse im selben Haus den Lebensabend verbringen konnten, lag am Sozialsystem der Schweiz. Das sieht vor, dass Vermögende ihre anfallenden Heimkosten selbst bezahlen, während Personen mit bescheidenen

Reserven vom System der Ergänzungsleistungen profitieren. Wer im aktiven Leben durch Glück oder Fleiß zu Geld gekommen war, berappte im Alter die anfallenden Kosten. Obschon weder Frau Zurbuchen noch Frau Seiler an dieser Regelung etwas ändern konnten, war sie doch Anlass zu Sticheleien und Missgunst gewesen. Die Windrichtung der Missgunst zwischen den ehemaligen Nachbarinnen hatte sich im Alter jedoch gewendet.

Das Testament von Rosa Seiler erwies sich für ihren Sohn Egon als Enttäuschung. Da er sich in all den Heimjahren, im Gegensatz zur Schwiegertochter, kaum um seine alte Mutter gekümmert hatte, wurde er testamentarisch auf den gesetzlichen Pflichtteil gesetzt. Als großer Gewinner erwies sich der Enkel Manuel Grossen. Er sollte den Löwenanteil des stattlichen Vermögens erben. Für Egon Seiler machte es keinen Sinn, dagegen Einspruch zu erheben, weil das Testament alle Erfordernisse eines gültigen letzten Willens erfüllte.

Auch Ada Racar sollte mit einer namhaften Summe bedacht werden. Genug, um die Vermögensverhältnisse der Pflegefachfrau auf den Kopf zu stellen.

Der geprellte Sohn suchte nach einer Lösung zu seinen Gunsten. Diese sah er in der Anzweiflung der Todesursache. Laut Totenschein soll seine Mutter an einem Hirnschlag »sanft entschlafen« sein. Daran hegte Egon Seiler Zweifel. Er verlangte eine Obduktion der Leiche, trotz der in Aussicht gestellten Kostenübernahme im Falle einer Bestätigung der ursprünglichen Todesursache.

Das Ergebnis war ein Schock.

Rosa Seiler war tatsächlich nicht an einem Hirnschlag gestorben.

Wie hatte Egon ahnen können, dass mit der anfänglich festgehaltenen Todesursache etwas nicht stimmte? Oder war es tatsächlich nur die Enttäuschung über den Pflichtteil? Für Angehörige, Heimleitung und Behörden war es mehr als verwunderlich, dass Frau Seilers Sohn mit seinem Verdacht richtiggelegen hatte.

Der böse Kommentar des Arztes, der den ersten Totenschein ausgefüllt hatte, war darum auch bezeichnend: »Dann muss der Seiler seine Mutter selbst erledigt haben. Wie sonst hat er die wahre Todesursache im Voraus gekannt?«

Worauf ihm der designierte Untersuchungsleiter der Kantonspolizei Bern zu bedenken gab: »Es ist kaum anzunehmen, dass sich ein Täter in derart idiotischer Weise verraten würde.«

Im zweiten Totenschein für Rosa Seiler stand als neue Todesursache ein multiples Organversagen nach einer allergischen Reaktion.

Dass Frau Seiler auf geröstete Haselnüsse, geschwefelte Walnüsse sowie frische Erdbeeren in lebensbedrohlicher Heftigkeit allergisch reagierte, war nach der medizinischen Eintrittsuntersuchung in die Seniorenresidenz in ihrer Akte festgehalten worden. In ihrem Menüplan wurden solche Zutaten von Beginn an streng vermieden. Die Diätküche der Institution hatte sich bisher stets daran gehalten. Bis auf den tragischen Zwischenfall?

Es erwies sich als schwierig, im Nachhinein die Zutaten aller Speisen zu eruieren, die die Verstorbene am Vortag ihres Ablebens zu sich genommen hatte. Entsprechende authentische Essensreste konnten weder im Magen noch in der Küche gesichert werden. Nach Menüplan wurden weder Nüsse noch Erdbeeren verwendet. Zwar hieß es auf Verpackungen der verschiedensten Lebensmittel »Kann

Spuren von Nüssen enthalten«. Aber selbst eine solche Bemerkung wurde auf den überprüften Verpackungen in der Küche nicht festgestellt.

Herr Pfäuti, Hauswart der Seniorenresidenz, lieferte per Zufall einen entscheidenden Hinweis. Er war es, der das Zimmer der Verstorbenen nach dem Abtransport durch das Bestattungsunternehmen und der Freigabe durch die Angehörigen geräumt hatte. Gegenüber der Kantonspolizei erwähnte er ein Geschenkpapier, das mit Fettspuren und Puderzucker verunreinigt war. Es hatte sich im Abfalleimer der Wohnung Seiler befunden.

Der zweite entscheidende Hinweis kam von Ada Racar. »Am Vorabend des Hinschieds von Frau Seiler habe ich ihr wie gewöhnlich die Tabletten gereicht und die Stützstrümpfe ausgezogen. Als kleines Dankeschön hat mir Frau Seiler ein Stück Weihnachtsstollen angeboten. Den hatte sie angeblich am selben Nachmittag von einer Besucherin oder einem Besucher erhalten. Für sie allein sei er aber viel zu groß, der Stollen, hat Frau Seiler augenzwinkernd bemerkt.«

»Und? Haben Sie das Angebot akzeptiert?«, wollte der Untersuchungsleiter Bernhard Kleinert wissen.

Frau Racar wehrte entrüstet ab: »Nein, ich nehme keine Geschenke von Bewohnerinnen an!«

Der Untersuchungsleiter musste lächeln. »Mit dem Verbot ist wohl kaum die Entgegennahme eines Stücks Kuchen gemeint.«

»Wie dem auch sei. Ich habe zum Glück nichts vom Stollen gegessen. Wer weiß, ob ich daran nicht auch gestorben wäre«, mutmaßte Frau Racar trotzig.

»Wer behauptet, dass Frau Seiler durch den Stollen zu Tode kam? Ist sie nicht an einem Hirnschlag gestorben?«, fragte der Beamte, obschon er es besser wusste. Er wunderte sich aber, dass die Ergebnisse der Obduktion in so kurzer Zeit bis zum Personal der Seniorenresidenz durchgesickert waren. Natürlich musste der Beamte auch an die Möglichkeit denken, dass Frau Racar selbst den mit einer Nussmischung gefüllten Stollen verschenkt hatte und darum längst im Bilde war. Ob mit böser Absicht, da ihr die Allergie der Patientin bekannt war, oder ob durch gutgemeinte Gedankenlosigkeit, blieb vorerst offen. Zuhanden des Protokolls erkundigte sich der Untersuchungsleiter: »Frau Racar, haben Sie Frau Seiler den Weihnachtsstollen geschenkt?«

Die Frage verwirrte die Pflegefachfrau: »Was wollen Sie damit andeuten? Ich habe Frau Seiler nichts geschenkt.«

Wieder grinste Bernhard Kleinert. »Wer die Alte am Nachmittag besucht und beschenkt hat, wissen Sie auch nicht?«

Irritiert wiederholte Frau Racar: »Die Alte?«

»Zählte sie nicht 92 Lenze? Da kann wohl von einer Alten gesprochen werden.«

Frau Racar schüttelte missbilligend den Kopf.

Wer Rosa Seiler an jenem Nachmittag besucht hatte, zeigten die Aufnahmen der Videokamera im Eingangsbereich der Seniorenresidenz. Darauf war gut erkennbar, wie der Enkel der Verstorbenen das Gebäude betrat. Unter dem linken Arm trug er eine Plastiktüte, in der ohne Weiteres ein Geschenk von der Größe eines Weihnachtsstollens Platz gefunden hätte.

Manuel Grossen wurde umgehend kontaktiert und bezüglich seines mutmaßlichen Besuchs befragt.

»Klar war ich auch an jenem Nachmittag bei Oma. Ich besuche sie regelmäßig«, erklärte der Jüngling.

»Und? Haben Sie ihr etwas mitgebracht?«, wollte der Untersuchungsleiter wissen, in der Hoffnung, dass die revidierte Todesursache noch nicht bis zum Enkel durchgedrungen war.

»Ich bringe ihr fast immer etwas Kleines mit«, bestätigte Manuel Grossen.

»Was war es am letzten gemeinsamen Nachmittag?«, fragte der große Kleinert betont sachlich.

Und der kleine Grossen antwortete: »Es war ein Weihnachtsstollen mit ganz viel Puderzucker drauf. Darum musste ich ihn in ein Geschenkpapier einwickeln.«

»Wo haben Sie das Gebäck gekauft?«

Entrüstet erwiderte der Befragte: »Was denken Sie! Das war doch kein Gekaufter! Etwa noch vom Großverteiler? Nein! Der Stollen war selbst gebacken!«

Irgendwie war es nicht das, was Bernhard Kleinert hören wollte. Die Aussage des Enkels versetzte Manuel Grossen nämlich in die erste Reihe der Tatverdächtigen. Das tat dem Beamten aus unerklärlichen Gründen leid.

Der Untersuchungsleiter machte nach der Befragung in seinem Büro eine Auslegeordnung. Unter der Annahme, dass Frau Seiler einem Gewaltverbrechen erlegen und nicht einfach Opfer eines tragischen Unfalls geworden war, stellte sich die Frage, wer ein Motiv, die Gelegenheit und die Mittel hatte, sie an ihrer lebensbedrohlichen Allergie absichtlich sterben zu lassen.

Da war der Enkel, der ihr das Gebäck mit der nusshaltigen Füllung überreicht hatte. Zudem hatte Manuel festgehalten, dass der Stollen selbst gebacken war. Wusste der Enkel von der Allergie seiner Oma?

Auch der Sohn der Verstorbenen, Egon Seiler, hatte unter

Umständen ein Motiv. Es war nicht auszuschließen, dass ihm die Mutter anlässlich eines seltenen Besuches mit einer Enterbung gedroht hatte. Wollte er einem entsprechenden Eintrag ins Testament zuvorkommen? Wann hatte Rosa Seiler ihr Testament verfasst? Zumindest diese Frage konnte leicht beantwortet werden, galt es lediglich, das Datum auf dem handschriftlichen Testament zu überprüfen.

Weiter blieb auch die rumänische Pflegefachfrau Ada Racar im Fokus der Untersuchungen. Sie hatte täglich mit Rosa Seiler zu tun gehabt, wusste zweifellos von ihrer Allergie und hatte wiederholt unerlaubte Geschenke entgegengenommen. Waren diese tatsächlich stets so unbedeutend gewesen, wie es die Pflegefachfrau dargestellt hatte? Oder hatte Frau Racar eventuell größere Geschenke angenommen? Wusste Frau Racar, dass sie im Testament bedacht werden sollte? Wie stand es um ihre aktuelle finanzielle Situation? Hatte sie Schulden? Wie dringend war Ada Racar auf das Geld von Rosa Seiler angewiesen?

Die missgünstige Mitbewohnerin und ehemalige Nachbarin von Frau Seiler, Elisabeth Zurbuchen, hätte auch ein Motiv. Missgunst und Neid konnten durchaus einen Mord provozieren. Andererseits war es nicht wahrscheinlich, dass die jahrelangen Grabenkämpfe ausgerechnet im hohen Alter noch in einem Tötungsdelikt gipfelten. Außer einer späten Genugtuung hätte die greise Frau Zurbuchen nichts mehr zu gewinnen. Allerdings auch nicht allzu viel zu verlieren, da sie bei einer Verurteilung kaum in der Lage wäre, die aufgebrummten Jahre noch vollumfänglich abzusitzen.

Herr Pfäuti, die Pflegeleiterin und die Heimleitung kamen als Täterschaft im Augenblick weniger infrage.

In erster Priorität musste geklärt werden, ob die Einnahme der allergetischen Substanzen freiwillig oder unfreiwillig erfolgt war. Ganz auszuschließen wäre nämlich auch die Variante nicht, dass Rosa Seiler ihrem langen Leben bewusst ein rasches Ende bereiten wollte. In diesem Fall hätte sie die Gelegenheit beim Schopf gepackt, als ihr der möglicherweise ahnungslose Enkel den Nussstollen schenkte. War es jedoch realistisch, dass die Oma ihrem lieben Enkel diese moralische Last aufbürdete?

Nach langem Hin und Her rang sich Bernhard Kleinert zur Annahme durch, nach der ihr Enkel das todbringende Geschenk ahnungslos überreicht und die Beschenkte in seniler Unkonzentriertheit davon gekostet hatte. Konnte somit der Fall Rosa Seiler als Unfall zu den Akten gelegt werden? Die Aussicht war verführerisch. Selbst für einen gewissenhaften Beamten der Kantonspolizei Bern.

Da ereignete sich eine kleine Szene, die dem ganzen Fall eine unerwartete Wendung brachte. Manuel Grossen wurde zu einer Nachbefragung aufgeboten. Es ging vor allem um die Schilderung des genauen Ablaufs der Ereignisse des letzten Nachmittags mit seiner Oma. Wie und wann genau wurde das Geschenk überreicht? Wurde es sofort ausgepackt oder blieb es anfänglich im Geschenkpapier liegen? War der Enkel bei der Einnahme des Gebäcks durch Frau Seiler noch anwesend? Verspeisten die beiden das Gebäck in ahnungsloser Eintracht? Zögerte sie allenfalls vor dem Essen? Oder verschlang sie den Kuchen mit Todesverachtung?

Manuel Grossen antwortete stets ohne zu zögern.

Auf die Frage nach dem Verschlingen des Gebäcks mit Todesverachtung meinte er entrüstet: »Todesverachtung? Wollen Sie meine Mutter beleidigen?«

»Ähm. Was hat jetzt Ihre Mutter damit zu tun?«, wunderte sich der Untersuchungsleiter. »Ist sie nicht bereits vor Jahren an Krebs verstorben?«

»Leider, ja. Ich meine natürlich meine Stiefmutter. Entschuldigen Sie die Ungenauigkeit.«

Da horchte Bernhard Kleinert auf. »Ihre Stiefmutter?«

»Ja. Silvia Grossen-Kummer. Die neue Frau an der Seite meines Vaters.«

Der Beamte notierte sich den Namen der Frau. »Gut. Erklären Sie mir trotzdem, wie ich Ihre Stiefmutter mit der Frage nach der Todesverachtung beleidigen könnte?«

Die Antwort kam wie aus der Pistole. »Weil Oma den Kuchen nicht mit Todesverachtung, sondern mit Heißhunger verzehrt hat. Darum. Und weil meine Stiefmutter die besten Weihnachtsstollen der Welt backt«, ereiferte sich Manuel Grossen.

Bernhard Kleinert stutzte. Er blätterte in seinen Unterlagen. Nach einer Weile hatte er offenbar die gesuchte Passage im Protokoll gefunden. Er las vor: »Hier haben Sie zu Protokoll gegeben, der Stollen sei selbst gebacken?«

»Ist er ja auch. Bloß nicht von mir. Ich habe nie behauptet, dass ich der Bäcker war.«

Da musste ihm der Untersuchungsleiter allerdings Recht geben. »Hm, dann sollte ich jetzt auch noch Ihre Stiefmutter befragen.«

Manuel Grossen hob die Schultern.

Silvia Grossen-Kummer saß dem Untersuchungsleiter bereits am folgenden Tag gegenüber. Gleich nach der ersten Befragung konnte sie als Täterin überführt und festgenommen werden.

Überraschend schnell gestand sie, durch ihren Ehemann zufälligerweise von der lebensbedrohlichen Allergie Rosa Seilers erfahren zu haben. Zudem kam ihr das Gerücht zu Ohren, dass Manuel womöglich als Alleinerbe vorgesehen war und der Sohn wegen der Vernachlässigung seiner Mutter auf den Pflichtteil gesetzt werden sollte. In erster Linie ging es Silvia Grossen-Kummer jedoch darum, dem ungeliebten Stiefsöhnchen sein bevorstehendes Studentenleben nicht mitfinanzieren zu müssen. »Als Alleinerbe kann er schließlich selbst für seinen Lebensunterhalt aufkommen«, meinte sie abschätzig. Diesen müsste dann nicht ihr frisch eroberter Ehemann zu Lasten seiner Großzügigkeit ihr gegenüber berappen. Kurz und schlecht: Sie hatte beschlossen, die »Umlagerung des Vermögens« von Manuels Oma zu beschleunigen.

»Ich würde es dir von ganzem Herzen gönnen, wenn du so jung schon wohlhabend werden solltest«, hatte sie geheuchelt, um anschließend direkt in die Küche zu marschieren. In heimtückischer Absicht hatte sie einen Weihnachtsstollen mit viel, viel, viel Nussfüllung hergestellt.

Als sie später den Stollen aus dem heißen Ofen nahm, hatte sie mit Augenzwinkern gemeint: »Manuel, bring den Stollen deiner Oma. Es kann nichts schaden, wenn gerade du sie bei Gönnerlaune hältst.«

Manuel Grossen war Erbschleicherei zutiefst zuwider. Nur ungern hatte er darum den Weg in die Seniorenresidenz angetreten. Als er die Wohnung verließ, hatte ihm die Stiefmutter mit puderzuckersüßem Lächeln versichert: »Ich werde mit allen Mitteln für dich kämpfen!«

Leider hat Silvia Grossen-Kummer ihr Versprechen wahr gemacht. Dass bei einer 92-järigen Verstorbenen an der natürlichen Todesursache gezweifelt werden und ausgerechnet der leibliche Sohn eine Obduktion verlangen könnte, war in ihrem Plan nicht vorgesehen gewesen.

DER MISSBRAUCHTE ADVENTSKALENDER

In schriftlichen Überlieferungen aus dem 12. Jahrhundert im Kanton Unterwalden ist bereits die Rede von Raclette oder Bratkäse. Es wird von Käse berichtet, der über dem offenen Feuer geschmolzen wurde.

Im Kanton Wallis ist diese Käsespezialität seit 1574 belegt. In Johanna Spyris Bestseller »Heidi« von 1880 wurde im Kanton Graubünden ebenfalls Käsebraten am Spieß gegessen. Es handelte sich offensichtlich um eine Alpenländische Mahlzeit, die ursprünglich von Schweizer Sennen zubereitet und geschätzt wurde.

Erst im 20. Jahrhundert fanden auch die Menschen in den Tälern und Städten langsam Geschmack am Raclette. Der Name stammt vom französischen »racler«, was so viel wie »abkratzen« oder »abschaben« bedeutet.

In den 70er-Jahren kamen die handlichen, elektrischen Racletteöfen auf, die bis heute gebräuchlich sind und mit kleinen Bratpfännchen bestückt werden. Ein hölzerner Schaber gehört wie Messer und Gabel stets zu jedem individuellen Besteck. Neben Fondue darf Raclette ohne Zweifel als eine der gängigsten Schweizer Spezialitäten gelten, die vorzugsweise im Winter gegessen werden.

Da es unkompliziert ist, Raclette zu servieren, hatte die 30-jährige Postbeamtin Cassandra Aebersold es für den heutigen Abend für ihre Gäste vorbereitet. Sie verteilte Ananasscheiben, Silberzwiebeln, Minimaiskolben und Cornichons in separate Schälchen und brachte anderthalb Kilo kleine Kartoffeln zum Kochen. Diese Beilagen waren in ihrem Berner Freundeskreis üblich. Ebenso der fruchtige Weißwein und der ungesüßte Kräutertee, die wahlweise zur Verfügung standen. Das Praktische an diesem Menü war, dass die Gäste selber für die Zubereitung ihrer Mahlzeit verantwortlich waren. Jeder bestückte sein eigenes Pfännchen, das je nach Appetit und »Fresskadenz« mit viereckigen Käsescheiben belegt werden konnte. Es handelte sich um einen Halbhartkäse mit guter Schmelzbarkeit und einer Reifezeit zwischen drei und sechs Monaten. Cassandra bot ihn hoch aufgeschichtet auf einer schönen Majolikaplatte in zwei Sorten an: natur oder mit Pfefferkörnern. Erfahrungsgemäß entwickelten die Gäste bei diesem Menü einen nicht zu unterschätzenden Heißhunger.

Die Gäste waren Seraphina Stiefel, die vorgesetzte Arbeitskollegin auf der Post, zusammen mit ihrem neuen türkischen Freund und Bartholomäus Bangeter, ein katholischer Priester, von dem Cassandra mit Sicherheit und aus eigener Erfahrung behaupten konnte, dass er ausnahmsweise nicht pädophil war.

Auf Seraphinas neuen türkischen Freund war Cassandra heute besonders gespannt. Er sei ungefähr in ihrem Alter und trage den klingenden Namen Gündogan Demirkan, hatte ihr die 60-jährige Arbeitskollegin bereits am Telefon von ihrem jungen Begleiter vorgeschwärmt.

Cassandra hatte einen schlanken Körper und trug mit Vorliebe karierte Blusen mit Jeans. Ihr ovales Gesicht wurde von langem mittelblonden Haar umspielt, das sie meistens zu einem Rossschwanz zusammenband. Ihr breiter Mund schien zum Lachen wie gemacht, und die reizenden Augenfältchen erweckten den Eindruck, als wäre ihr Antlitz stets von heiterem Gemüt durchsonnt.

Cassandra bewohnte in der Nähe des Berner Hirschengrabens eine geschmackvoll eingerichtete Mietwohnung. Da diese weder über einen Balkon noch über eine Terrasse verfügte, war es vor allem die Winterzeit, in der sie hier Einladungen gab. Im Sommer bevorzugte ihr Freundeskreis begreiflicherweise Grillabende und Gartenpartys unter freiem Himmel.

In allen Räumen außer dem Bad und der Küche zierte ein neuer Parkettboden die Wohnung. Die Zimmer waren ungewöhnlich hoch und Gipsapplikationen in barockem Stil schmückten die Decken.

Das kleine Zimmer gegen Norden benutzte Cassandra als Arbeitszimmer. Sie hatte es mit einem Schreibtisch und einem Büchergestell spartanisch möbliert. An der einzigen freien Wand neben dem Pult hing ein nostalgischer Adventskalender. Ansonsten war in der ganzen Wohnung keine weitere Weihnachtsdekoration anzutreffen. Bei dem Kalender handelte es sich um eine mehrfarbige Lithografie mit vorgestanzten nummerierten Türchen. Sie war mit einem bedruckten dünnen Papier hinterlegt, auf dem es vermutlich kleine Motive hinter den Türchen zu entdecken gab.

Die Schauseite des Adventskalenders war aufwendig und prächtig gestaltet. Er zeigte in zauberhafter Detailfülle das Wohnzimmer einer gutbürgerlichen Familie um 1900. Der Vater in braunem Anzug und weißem Hemd trug Bart und Schnauz. Er erinnerte in seiner ehrwürdigen Erscheinung an Henry Dunant, den Begründer des Roten Kreuzes. Er stand ganz links am Bildrand, hielt eine Teetasse in der rechten Hand und beobachtete das weihnachtliche Treiben seiner Familie aus sicherer Distanz. Vor ihm befand sich in knöchellangem dunkelroten Satinkleid sein getreues Weib. Sie wirkte irgendwie verloren. Ratlos hob sie an einer Packschnur ein Paar rote Nikolausstiefel in die Höhe. Obschon die Stiefel vor lauter Süßigkeiten überzuquellen drohten, interessierte sich keines ihrer fünf Kinder dafür. Sie schienen von der unglaublichen Menge an Geschenken, die teilweise noch verschnürt, teilweise bereits ausgepackt herumlagen, keine Notiz zu nehmen. Mitten im Raum beeindruckte ein überreich geschmückter Tannenbaum. Er war mit Lebkuchenherzen, kleinen Goldtrompeten, bunten Glaskugeln, Pappengeln und Alusternen behängt. Brennende Kerzen ließen sowohl Baumschmuck wie Kinderaugen glänzen.

Im Vordergrund der linken unteren Bildecke saß die Großmutter in einem karminroten Polstersessel. Die Alte trug wie Frau Holle höchstpersönlich ein weißes Häubchen und himmelblaue Röcke. Auf ihrem Schoß saß ein kleines Mädchen mit rosigen Wangen und ebensolcher Schleife im blonden Haar. Es hielt liebevoll die Hände der Großmutter umfangen, die sie wie zum Gebet gefaltet hatte. Der Großmutter links und rechts zu Füßen hatten sich zwei weitere Kinder am Boden niedergelassen. Ein Junge in Matrosenuniform, kurzen Hosen und wollenen Strümpfen knabberte an einem Lebkuchenherz. Daneben spielte ein pummeliges Kleinkind mit einem weißen Schoßhündchen. Die vielen Geschenke ließen eigenartigerweise nicht nur die drei kleinen Kinder kalt, sondern auch ihre beiden älteren Schwestern. Diese standen in knielangen Kleidchen und mit weißen Häkelkragen rechts im Bild auf einer breiten Treppe. Sie hatten wie ihre Geschwister eine Haut wie Porzellan, rote Wangen und übergroße Augen. Problemlos wären sie als Marlene Dietrichs kleine Schwestern durchgegangen. Die eine der beiden hielt einen angebissenen Lebkuchen in der Hand. Offensichtlich fanden die Fressalien bei der Jungmannschaft die größte Wertschätzung. Alle Puppen, Bären, Trommeln und Trompeten, die herumlagen, schienen die Herzen der Kinder noch nicht erreicht zu haben.

Die ganze weihnachtliche Pracht des Adventskalenders war mit silbrigem Glimmer überzuckert. Keines der 24 Türchen war in all den Jahren aufgebrochen worden!

Die Gäste erschienen pünktlich. Es war bekannt, dass Cassandra Verspätungen hasste. Unter der Tür übergaben sie der Gastgeberin kleine Geschenke wie Eintrittspreise. Kurz nach Seraphina und ihrem Boy trudelte auch schon Bartholomäus ein. Er hatte sich am Vortag peinlicherweise erkundigt, ob er etwas mitzubringen habe. Selbstverständlich hatte Cassandra die unmögliche Frage bejaht. Entweder wurden Gastgeschenke freiwillig übereicht, oder man kam eben ungefragt mit leeren Händen. Dass sich der Priester offenbar eine Absolution seines Geizes erhoffte, empfand Cassandra als beschämend. Allerdings war sie davon nicht überrascht; hatte sie mit Bartholomäus doch schon die eine oder andere Peinlichkeit anderer Art durchlebt. Trotzdem schätzte sie ihn als Gast, denn er entfaltete in Gesellschaft gerne seine unbestrittenen Qualitäten als guter Unterhalter.

Auf dem Tisch stand alles zum gemeinsamen Nachtessen bereit. Dennoch wurde erst allen ein Glas Sekt zum Anstoßen gereicht.

Seraphina hatte eine selbstsichere Ausstrahlung. Sie war eine gepflegte, modische Erscheinung, der man die höhere Gehaltsklasse von Weitem ansah. Das taubenblaue wollene Deuxpièces erinnerte entfernt an ein Modell von Coco

Chanel, und die Perlenkette war zweifellos echt. Seraphina hatte sich die Lippen mit frischem Himbeerrot geschminkt. Sie fielen auch darum auf, weil sie sich beim Lächeln nicht etwa nach oben, sondern nach unten bogen. So hätte das Lächeln leicht spöttisch oder überheblich gewirkt, wäre nicht der verschmitzte Ausdruck ihrer Augen gewesen, der diese Wirkung verhinderte. Außer dem Lippenstift trug Seraphina kein Make-up. Das kurzgeschnittene, geföhnte Haar war wie die Augenbrauen rotbraun gefärbt. Hellblaue Augen funkelten aus einem hellhäutigen Gesicht, das keinen Zweifel an Entschlusskraft und Durchsetzungsvermögen ließ.

Ihr türkischer Freund war halb so alt wie sie. Wo und wie sie ihn kennengelernt hatte, wollte Seraphina partout nicht verraten. Dafür verriet sie gerne die Bedeutung des Namens ihres neuen Lovers. »Gündogan werden Kinder getauft, die bei Sonnenaufgang zur Welt gekommen sind.«

Das türkische Sonnenkind alias Sonnyboy war bemerkenswert gut gebaut. Sein muskulöser Körper spannte das langärmlige Lacoste-Shirt wie in einer Hochglanzwerbung für proteinhaltige Ergänzungsnahrung. Der kleine Kopf mit dem länglichen Gesicht wirkte auf diesem imposanten Körper allerdings etwas verloren. Hingegen passte die längliche spitze Nase wiederum perfekt in das markante Jünglingsgesicht. Das rabenschwarze Haar trug Gündogan oben sehr lang und seitlich radikal kurz. Der Millimeterschnitt hörte erst auf Scheitelhöhe auf. Das üppige Deckhaar war ausgiebig mit stark festigendem Gel durchsetzt.

Cassandra fielen Gündogans volle Lippen auf, die nur dank der markanten Nase nicht weiblich wirkten. Lange seidige Wimpern säumten seine dunklen Augen, die er mit häufigem Blinzeln effektvoll in Szene zu setzen wusste. Er gefiel Cassandra und sie hätte ihn bestimmt nicht von der Bettkante geschubst. Sie hatte den Beau darum sich direkt gegenüber am Tisch platziert.

Der Priester schließlich war ungefähr in Seraphinas Alter. Bartholomäus war von kleiner magerer Postur. Seine graubraune Haarpracht fand in einer niederen quergefurchten Stirn einen tiefen Ansatz. Ein buschiger Schnurrbart wurde durch zwei Augenbrauen komplettiert, die sich in ihrer Art nur durch die Wuchsrichtung vom Schnurrbart unterschieden. Dazwischen glänzte eine fettige Knollennase. Sie war ebenso rot wie die großen fleischigen Ohren des Priesters. Sie erwiesen ihm vermutlich beim Anhören und Abnehmen der Beichten beste Dienste.

Cassandra holte die heißen Pellkartoffeln aus der Küche, heizte den elektrischen Racletteofen auf und bat die Gäste zu Tisch.

Es dauerte nicht lange, bis Bartholomäus seinen Unterhaltungswert unter Beweis stellte. »Kennt ihr übrigens die Sage vom Raclette?«, fragte er rein rhetorisch.

Seraphina schabte bereits ihre dritte Käseportion über die Kartoffel auf ihrem Teller. »Los! Erzähl schon!«, forderte sie den Priester auf. »Kannst sie ohnehin nicht für dich behalten.«

Bartholomäus überhörte ihre Unterstellung großzügig. »Auf einer Schweizer Alp sömmerte einst ein Senn namens Melchior. Er hat die Kühe gehütet, Butter im Fass geschleudert und in einem riesigen Kupferkessel über dem offenen Feuer die würzige Alpenmilch zu Käse verarbeitet. Leider musste er dort oben mutterseelenalleine krampfen. Zudem ängstigte er sich bei Nacht, Nebel oder Gewittern, denn er war ausgesprochen abergläubisch. Für ihn waren gewisse Wetterereignisse, verunfallte Kühe oder das Gelingen des

Käses dem Willen der Geister geschuldet. So war er sich auch sicher, dass ihm ein böser Geist ein Kälblein gestohlen hatte. Trotz seiner Angst machte sich Melchior auf die Suche.«

Gündogan hatte inzwischen zu essen aufgehört. Fasziniert wie ein kleiner Junge lauschte er Bartholomäus' Erzählung, obschon er mangels ausreichender Deutschkenntnisse nicht alles verstand.

»Es begann einzunachten. Zu allem Unglück kam noch Nebel auf. Der ängstliche Senn war gezwungen, in einer unbewohnten Lotterhütte auf der Guggialp zu übernachten. Das kostete ihn Einiges an Überwindung, denn ausgerechnet in dieser halb zerfallenen Hütte spukte es angeblich. Er fasste sich jedoch ein Herz und trat ein. Da er seine Suche ohne Proviant angetreten hatte, plagte ihn jetzt der Hunger. Er hoffte auf etwas Essbares. Tatsächlich fand er ein vergessenes Stück ausgetrockneten Hartkäse. Den spießte er auf einen Holzstecken, entfachte mit ein paar harzigen Arvenhölzern ein Feuerchen und hielt den Spieß darüber. Als der Käsebraten geschmolzen war, glaubte Melchior am Fenster eine schauerliche Fratze zu erblicken. Sie erinnerte ihn halb an ein Wildschwein und halb an einen Wolf. Das Wolfsschwein bleckte die gewaltigen Zähne. Melchior war nicht klar, ob sich der Geist auf den Käse freute oder ob er mit seinen gelben Hauern einen blutigen Angriff plante.«

Cassandra unterbrach. »Ich hoffe doch, deine Geschichte wird nicht allzu unappetitlich, Bartholomäus? Ich bin mit meinem Raclette noch nicht fertig.«

Der Priester schnaubte und meinte beschwichtigend: »Aber Cassandra, du kennst mich doch!«

Sie nur: »Ja eben!«

»Da glitt der Geist durch die Ritzen der morschen Balken in den verrauchten Raum und streckte zur Verwunderung des Senns seine käsigen Storzen in das Feuer. Anschließend bot ihm das Wolfsschwein von seinem Gebratenen an.«

»Nein! Jetzt wird's ja tatsächlich unappetitlich!«, protestierte die Gastgeberin. Den Gästen schien die Sage allerdings nicht auf den Magen zu schlagen. So ließ Cassandra den Priester gewähren.

»Ich bin ja gleich durch«, beruhigte er. »Im Gegensatz zum Käse blieb Melchior jedoch hart. Die angesengten Beine des Geistes ekelten ihn, und er erwiderte beherzt: ›Friss du von deinem und ich von meinem!‹ Das machte den Geist so zornig, dass er augenblicklich verdampfte und verschwand.«

Der türkische Jüngling starrte noch immer mit weit aufgerissenen Augen auf den Erzähler. Seine Freundin fragte: »Bartholomäus, woher hast du denn diese wilde Story?«

Er grinste vielsagend. »Ein gewisser Johannes Jegerlehner soll sie so oder ähnlich in einer heimatkundlichen Schrift aufgeschrieben haben. Ich habe die Sage allerdings aus der Erinnerung erzählt und möglicherweise gewisse Details vergessen oder selbst dazu gedichtet.«

»Das können die Geistlichen doch besonders gut«, hänselte Cassandra.

»Was?«, fragte der Priester unschuldig.

»Ja eben, das Dazudichten.«

Und Seraphina ergänzte schnippisch: »Darum stehen sich Geist-er und Geist-liche doch auch rein linguistisch nah.«

Bartholomäus verzog den Mund zu einer beleidigten Schnute. Ignoranten Laien gönnte er wenig Gehör.

»Vielleicht hat sich Jegerlehner die Spukgeschichte selbst ausgedacht«, meinte Cassandra vermittelnd.

Gündogan hatte zwischenzeitlich den Faden verloren. Dafür blinzelte er der Gastgeberin mit seinen seidigen Wimpern umso verführerischer zu.

»Was soll's«, sagte Bartholomäus. »Wer dichtet, lügt. Das weiß doch jeder. Es ist schließlich die einzige gesellschaftlich akzeptiert Form, Unwahrheiten zu verbreiten. Ich habe bloß die Sage von Jegerlehner übernommen.«

»Hast du sie ihm damit nicht quasi gestohlen?«, fragte Cassandra unvorsichtigerweise.

Der Priester verteidigte sich. »Du hast aber eine sonderbare Auffassung von Diebstahl, Cassandra.«

»Ich habe schon mehrmals gestohlen«, gestand Seraphina Stiefel spontan.

Die Runde schaute sie verdutzt an.

»In Hotels nehme ich immer alle Pflegeprodukte mit. Einmal habe ich auch den weißen Bademantel mitgehen lassen. Ich habe dafür vom Hotel bis zum heutigen Tag keine Rechnung erhalten.«

»Solang du nicht die Hotelbibel klaust«, relativierte der Priester. »Das wäre dann tatsächlich eine unverzeihliche Sünde.«

Seraphina fand offenbar Vergnügen daran, die Anwesenden mit dem Geständnis ihrer kriminellen Taten zu erschrecken. »Im Flugzeug packe ich meistens die Wärmedecke ein. Wenn ich ausreichend Platz im Handgepäck habe, auch noch das Kissen dazu.«

»Ich bezweifle, dass das erlaubt ist«, meinte die Gastgeberin, erhob sich und begann den Tisch abzuräumen. Bartholomäus half ihr dabei. Seraphina und ihr Lover schauten sich derweil neugierig in der Wohnung um.

»Wie sind deine Eltern eigentlich auf die Idee gekommen, im 20. Jahrhundert einen Knaben Bartholomäus zu taufen?«, wollte Cassandra wissen.

Der Priester nickte und meinte: »Ja, in der Schule war mein Vorname tatsächlich den meisten Kollegen zu lang und zu kompliziert. Sie riefen mich bloß ›Bart‹. Das habe ich nicht besonders geschätzt. Aber gegen einen Übernamen kann man sich schwerlich wehren.«

»Hast du später wenigstens mal einen Bart getragen?«

»Wieso? Siehst du etwa keinen Schnurrbart?«, fragt Bartholomäus zurück.

»Der zählt nicht«, entschied Cassandra. »Ich meine einen richtigen Nikolausbart.«

Der Priester winkte lachend ab. »Dazu wurde ich in meiner Jungend wohl allzu sehr bartgeschädigt.«

Plötzlich rief Seraphina nach Cassandra. Sie stand mit Gündogan im Arbeitszimmer. »Du, ich habe dir schon mal die Türchen geöffnet. Du warst damit ja gewaltig im Hintertreffen!« Sie kam in die Küche und reckte der Gastgeberin ihren antiken Adventskalender entgegen.

Cassandra traf beinahe der Schlag! Sie brauchte einen Augenblick, bis sie überhaupt reagieren konnte. »Was hast du getan, Seraphina! Der Adventskalender hat die letzten 100 Jahre überlebt, ohne dass jemand die Türchen aufgerissen hätte. Und jetzt das! Nein, es darf nicht wahr sein!«

Seraphina hatte Cassandras heftige Reaktion nicht erwartet. Sie hatte sich gedankenlos am Kalender vergriffen. Jetzt war ihr der Fauxpas äußerst peinlich. Sie entschuldigte sich mehrmals und verschwand schuldbewusst im Arbeitszimmer.

Der Adventskalender war hinüber. So suchte Cassandra als gute Gastgeberin wenigstens noch die Stimmung zu retten.

Allzulange blieben die Gäste jedoch nicht mehr. Cassandra war's recht.

Als sie am nächsten Vormittag die Wohnung reinigte und die Überreste des gestrigen Gelages wegräumte, warf sie einen zufälligen Blick in ihr Büro. Da traute sie ihren Augen nicht. An der Stelle, an der der Adventskalender normalerweise hing, klaffte eine Lücke!

Sogleich begann Cassandras Herz wild zu rasen. Sie trat vor die leere Wand, als würde das etwas ändern. Der Kalender blieb verschwunden!

Sie brauchte nur kurz zu überlegen, um sich in Erinnerung zu rufen, wer ihn zum letzten Mal in der Hand gehabt hatte. Es war ihre Vorgesetzte. Dazu kam ihr Seraphinas Geständnis in den Sinn. Was hatte die Frau in ihrem Leben schon alles gestohlen! Wieso also nicht auch den Adventskalender?

Als sich die beiden Frauen wenig später am Arbeitsplatz zufällig trafen, ließ sich Cassandra nichts anmerken. Seraphina bedankte sich nochmals für den tollen Abend. »Auch Gündogan hat es gut gefallen bei dir«, meinte sie, als sei dies eine besondere Auszeichnung. Der Adventskalender wurde mit keinem Wort erwähnt. Das kam Cassandra verdächtig vor. Hätte sich ihre Vorgesetzte nicht erneut für ihren Fauxpas mit den geöffneten Türchen entschuldigen sollen? Kam ihr diesbezügliches Schweigen nicht schon fast einem Geständnis gleich? Hatte sie den Kalender kurzerhand eingepackt, in der Hoffnung, damit ihr Missgeschick vergessen zu machen?

Cassandra bedrückte die Ungewissheit. Umso erfreuter war sie, als sie nach Feierabend auf dem Bundesplatz zufälligerweise Bartholomäus antraf.

»Du, ich brauche deinen Rat. Ganz im Vertrauen! Ich weiß nicht, was ich tun soll.«

Der Priester horchte auf.

»Ich befürchte, Seraphina hat mir den Adventskalender geklaut.«

Bartholomäus wiegte das weise Haupt und riet: »Das kann ich mir eigentlich nicht vorstellen. Ich empfehle dir, nochmals gründlich danach zu suchen.«

»Das habe ich bereits«, wandte Cassandra ein. »Seraphina hat mit ihren Hotel- und Flugzeugstorys ja selbst zugegeben, dass sie eine kleptomanische Ader hat.«

»Eine Freundin zu bestehlen, ist aber etwas ganz anderes. Schau erneut nach, bevor du falsche Anschuldigungen verbreitest«, empfahl er.

Cassandra tat wie geheißen. Zum Glück und ihrer Schande fand sie den vermissten Adventskalender tatsächlich im Arbeitszimmer. Offenbar hatte ihn Seraphina nach der Öffnung der Türchen schuldbewusst unter ein Bündel alter Zeitschriften geschoben. Cassandra war erleichtert!

Die Erleichterung war jedoch nur von kurzer Dauer.

Am nächsten Tag rief ihre Chefin sie zu sich.

Cassandra betrat entspannt Seraphinas Büro, ohne noch an den Adventskalender zu denken. Den hatte sie sich längst aus dem Kopf geschlagen.

Seraphina Stiefel machte ein besorgtes Gesicht. »Cassandra, ich bin von dir enttäuscht.«

Cassandra begriff nicht.

»Ich habe den Eindruck gewonnen, dass die Vertrauensbasis für eine gute Zusammenarbeit erschüttert ist.«

Nun begann Cassandra zu ahnen, dass ihre Chefin womöglich etwas von den Vorwürfen erfahren haben könnte.

Von wem, war klar. Es kam ja einzig und allein der Priester infrage. Sie ließ Seraphina jedoch erst mal weiterreden.

»Ich denke, du kennst den Grund. Was du noch nicht kennst, sind die Konsequenzen. Ich muss dir leider die Stelle künden. Selbstverständlich innerhalb der vertraglichen Kündigungsfrist. In drei Monaten bist du hier weg! Von der Liste meiner Freundinnen habe ich dich mit sofortiger Wirkung gestrichen.«

Das hat Cassandra nicht erwartet. Dass sie einfach fallen gelassen wurde, hätte sie Seraphina nicht zugetraut. Wortlos erhob sich die Bescholtene vom Stuhl und schwankte an den Postschalter zurück, wo sie völlig unkonzentriert ihre Arbeit beendete. Am folgenden Tag meldete sie sich krank.

Sie saß zu Hause und vertrödelte die Zeit vor dem Computer. Als sie ihre E-Mails konsultierte, war auch eine von Seraphina dabei.

Cassandra
Du bist eine dreckige Lügnerin!
Es bleibt mir ein Rätsel, wie ich ein solch verlogenes, hinterhältiges Miststück je als Freundin bezeichnen konnte.
Lass dich nie wieder bei mir blicken!
Deine Krankmeldung ist übrigens akzeptiert. Jeder weitere Tag in deiner Nähe ließe mich bis ins Innerste erschaudern.
Ein befreundeter Anwalt hat sich mir rührenderweise anerboten, dich wegen übler Nachrede zu verklagen.

Seraphina

Cassandra stockte der Atem. Nie hätte sie der aparten Madame eine derart vulgäre Ausdrucksweise zugetraut. So lernte man die Leute kennen. Die Drohung mit dem Anwalt wirkte lächerlich. Welcher seriöse Jurist wäre schon dazu bereit, ohne nähere Kenntnis der Faktenlage Partei zu ergreifen? Außer es ginge ihm bloß ums Geld.

Am zornigsten war Cassandra jedoch auf den Schweinepriester. Hätte er den falschen Verdacht nicht weitergeplaudert, hätte Seraphina nie davon erfahren.

Cassandra löschte umgehend die primitive E-Mail von Seraphina Stinkstiefel und begann, online Stelleninserate zu durchforsten. Mit ihrer Qualifikation konnte sie optimistisch sein.

Tatsächlich fand sie noch vor Ablauf der Kündigungsfrist eine neue Stelle bei der Kantonalbank von Bern. Auch dort würde sie Schalterdienst verrichten.

Eines Morgens trat ein athletischer Mann mit dem Wunsch an den Schalter, bei der Kantonalbank ein Privatkonto zu eröffnen. Es war Gündogan. Er musste dazu ein umfangreiches Formular auf Deutsch ausfüllen, das ihn erwartungsgemäß überforderte. Cassandra unterstützte ihn dabei gerne. Er schaute ihr immer wieder dankbar in die Augen, was Cassandra ermutigte, den jungen Türken zu einem Kaffee einzuladen. »Ich bin mit meiner Schicht gleich durch. Wenn du Lust und Zeit hast, können wir anschließend irgendwo etwas trinken gehen. Du bist natürlich eingeladen!«

Gündogan strahlte. »Ja, gerne. Aber ich lade dich ein!«

»Wie du willst. Setz dich dort drüben noch kurz in den Sessel. Ich bin gleich so weit.«

Bald schon tranken sie »an der Front«, einer Berner Flaniermeile zwischen Bundesplatz und Käfigturm, ihren Kaffee. Es bestand kein Zweifel daran, dass der Türke flirtete. Dadurch kam Cassandra auf die entscheidende Idee.

»Wie siehst du's? Hast du Bock, noch bei mir vorbeizukommen?«

Er hatte oder war ganz Bock: »Klar. Ich komme gerne!«

Als Gündogan eine Stunde später tatsächlich »gekommen« war und erschöpft neben Cassandra im Bett lag, war auch das Rätsel um den Zusammenhang zwischen großer Nase und langem Penis gelöst. Es entpuppte sich als Legende. Dennoch hatte ihr der Quickie Spaß bereitet. Und das Beste daran war, dass sich Cassandra an Seraphina Stinkstiefel gerächt hatte.

Somit wurde der Adventskalender zum dritten Mal missbraucht: Das erste Mal durch das Aufbrechen der jungfräulichen Nummerntürchen, das zweite Mal als Vorwand einer ungerechtfertigten Kündigung und nun noch ein drittes Mal als Ursache eines bösartigen Racheficks!

»Du wirst es Seraphina doch nicht erzählen, das mit uns!«, hauchte Cassandra und erhoffte genau das Gegenteil.

Leider schien der Junge seinen Seitensprung tatsächlich für sich zu behalten, denn eine Reaktion von Seraphina traf auch Tage danach nicht ein, weder per Kurznachricht noch per E-Mail. Ob der Quickie womöglich vergeblich gewesen war?

Da meinte es das Schicksal ein weiteres Mal gut mit Cassandra. Sie begegnete wieder Bartholomäus.

»Ich habe so ein schlechtes Gewissen«, heuchelte sie und drehte dazu wie ein gehemmter Teenager eine blonde Strähne um den Zeigefinger.

Bartholomäus war verwundert und neugierig zugleich. »Ähm. Wieso denn? Doch nicht etwa wegen der Geschichte mit dem Adventskalender?«

Sie lachte schrill auf. »Nein, wo denkst du hin? Die ist doch längst gegessen!«

»Ja dann …«

»Ich vertraue dir jetzt etwas unter dem Siegel der Verschwiegenheit an: Ich und Gündogan haben ein Verhältnis!«

Der Priester riss die Augen auf und strich sich ratlos den struppigen Schnurrbart.

Unnötigerweise verdeutlichte Cassandra ihre Aussage. »Wir waren zusammen im Bett, verstehst du? Wir hatten Sex!«

Beim Wort »Sex« schaute der Priester ängstlich um sich. Die Passanten eilten jedoch an den beiden vorbei, ohne auf das Reizwort zu reagieren.

»Das muss unbedingt unter uns bleiben. Es würde Seraphina vermutlich das Herz brechen, wenn sie erfahren müsste, dass ihr Sonnyboy einer viel jüngeren Frau den Vorzug gegeben hat.«

Bartholomäus stotterte: »Du solltest diesen Mann sofort verlassen. Es ist nicht richtig, den Liebhaber der Freundin zu begehren geschweige denn mit ihm Geschlechtsverkehr zu haben!«

»Freundin?«, krächzte Cassandra. »Sie hat mir die Stelle gekündigt!« Aufgebracht drehte sie sich auf dem Absatz um und ließ den verdutzten Priester einfach stehen.

Nach dieser erneuten Beichte begab sich Cassandra mit dem Hochgefühl des greifbaren Triumphes nach Hause. Sie startete ihren Computer und klickte auf den Briefkasten. Es konnte sich nur noch um Stunden handeln, bis die hintergangene Seraphina ihrem grenzenlosen Frust schriftlichen Ausdruck verlieh.

Auf Bartholomäus' Indiskretion war bekanntlich Verlass!

TODLERONE

Die Berner Unitobler, der heutige Studienort der Theologen, Geistes- und Sozialwissenschaftler, beherbergte über Jahrzehnte ein Industrieunternehmen, von dem zumindest eines der Produkte auf der ganzen Welt ein Begriff ist: die Schokoladenfabrik Tobler mit ihrer berühmten Toblerone. Der dreieckige Riegel aus Milchschokolade, Mandeln, Honig und Nougat eroberte von der Berner Länggasse aus dank dem Unternehmergeist Theodor Toblers den Weltmarkt. Der durchdringende Duft der Schokolade war angeblich im ganzen Quartier zu riechen. Nach fast 100 Jahren wurde die Produktionsstätte vor die Tore Berns, nach Brünnen, verlegt. Die leeren Gebäude kaufte 1982 der Kanton. 1992 zogen als Erste die Sozialwissenschaften in die umgebauten Räumlichkeiten ein.

Unweit dieses Standortes hat sich in einem schmucklosen Wohnblock der 50er-Jahre eine studentische Wohngemeinschaft eingenistet. Die WG besteht aus drei Frauen und zwei Männern im Alter zwischen 20 und 26 Jahren. Sie teilen sich eine Viereinhalb-Zimmer-Wohnung. Die Zimmer sind sehr klein. Der Mietzins entsprechend erträglich. Helene Streiff und André Reber teilen Bett und Zimmer. So geht die Verteilung auf. Diana Baldussi hat das Zimmer nach Süden belegt. Lydia Lerch das Balkonzimmer und Bernhard Buess begnügt sich mit dem Nordzimmer neben der Küche.

Die WG funktioniert organisatorisch gut, allerdings ist sie auch noch jung. Sie hat sich erst in den letzten drei Monaten konstituiert. Putzplan, Belegung des Kühlschrankes und Einzahlungen in die »allgemeine Fresskasse« haben bisher keinen Anlass zu Unstimmigkeiten gegeben.

Der schlaksige André Reber hat diesen Herbst mit einem Pädagogikstudium begonnen. Seine ebenfalls schlanke, drahtige Freundin Helene Streiff studiert bereits im zweiten Semester Kinder- und Jugendpsychologie. Die beiden haben somit ausreichend gemeinsame Themen, um der rein körperlichen Anziehung einen geistigen Ausgleich zu bieten. Helene stammt aus begütertem Elternhaus. Dass sie sich mit dem WG-Zimmerchen begnügt, ist allein der Liebe geschuldet.

André war in grauer Vergangenheit mit Lydia Lerch befreundet. Allerdings nur für wenige Wochen. Zwischen Lydia und Helene scheint es dennoch keine Animositäten zu geben. Das zahlt sich für beide aus, denn die Frauen belegen weitgehend dieselben Vorlesungen und Seminare.

Hingegen sieht Helene Streiff in der Bewohnerin des Südzimmers eine gefährliche Konkurrentin. Diana Baldussi soll Helenes Meinung nach mehrfach versucht haben, ihr den Lover auszuspannen. Bisher erfolglos. Diana kann als angehende Sozialwissenschaftlerin mit einer pragmatischen Sozialkompetenz punkten, die Helene als reine Berechnung abtut. Zudem ist Diana auffallend hübsch. Der gewinnenden Wirkung ihres aufgeschlossenen Blicks aus smaragdgrünen Augen kann sich fast niemand entziehen. Ebenso wenig dem sinnlichen Reiz ihrer vollen Lippen.

Der angehende Theologe Bernhard Buess schließlich ist einfach nett zu allen. Ansonsten hält er eine gewisse persönliche Distanz. Das freundschaftlichste Verhältnis pflegt er vermutlich zu André Reber. Dass die Frauen munkeln, der pummelige Bernhard könnte schwul sein, scheint ihn nicht weiter zu belasten. Er ist zudem der Älteste in der WG und steht kurz vor Studienabschluss. Ein Großteil der engen Verbindung zwischen André und Bernhard beruht darauf, dass der unterbeschäftigte Theologe dem überforderten Erstsemestrigen kurzerhand seine Proseminararbeit verfasst hat. Doch davon wissen die Frauen nichts. Ebenso wenig, dass André dem Bernhard dafür einen größeren Barbetrag zukommen ließ. Den hat er sich unter Vorgabe erlogener Gründe von Helene ausgeliehen. André steht seither sowohl in Helenes als auch in Bernhards Schuld.

Als in der Adventszeit die Warenhäuser Nordmanntannen und Fichten in allen Größen und Preisklassen neben den Eingangsportalen aufreihen, weckt dies beim Theologen den Wunsch, in der WG einen Tannenbaum aufzustellen.

»Was haltet ihr davon, wenn wir uns einen Weihnachtsbaum leisten?«, fragt Bernhard.

»Ja, aber in welchem Zimmer soll die Tanne denn stehen?«, will Diana wissen. »Etwa in deinem? Erwartest du, dass alle fünf bei dir im Zimmer Weihnacht feiern?«

»Warum nicht?«, wundert sich Bernhard. »Wenn es dir lieber ist, können wir bei dir feiern«, lenkt er ein.

Es ist Mittwoch. Alle Bewohner der WG sind in der engen Küche zu einem gemeinsamen Nachtessen versammelt. Es gibt Spaghetti Bolognese mit Reibkäse sowie Eistee aus der Zweiliterpackung. Zumindest einmal pro Woche wird dieser Anlass zelebriert. Dabei findet auch eine regelmäßige Aussprache statt. Den Anstoß dazu hat die Sozialwissenschaftlerin Diana gegeben.

»Also, das größte Zimmer ist unbestritten das Balkonzimmer«, erklärt jetzt Helene.

Lydia meint sich verteidigen zu müssen. »Ich habe mir das Zimmer nicht unter den Nagel gerissen. Ihr erinnert euch? Wir haben alle beschlossen, die Zimmer auszulosen. Ich hatte eben Glück.«

»Ist ja gut«, beschwichtigt André. »Wir gönnen dir dein Glück.«

Bernhard wartet noch immer auf eine Antwort.

Lydia ist die Erste, die Stellung bezieht. »Von mir aus. Allerdings bin ich nicht bereit, dafür Geld auszugeben. Weihnachtsschmuck und Kerzen müssen schließlich auch noch gekauft werden.«

Helene betrachtet die Rednerin mit mitleidigem Blick. »Jö! Wegen den paar Fränkli! Ich übernehme ansonsten deinen Anteil.«

Das wiederum lehnt Lydia kategorisch ab.

»Stimmen wir doch ab«, schlägt André vor.

Die Mehrheit ist für die Anschaffung. Lydia enthält sich der Stimme.

»Gut, dann wäre das schon mal geklärt«, stellt der Theologe befriedigt fest. »Nun müssen wir entscheiden, wo der Baum aufgestellt werden soll.«

»Wie wär's mit der Küche?«, meint Diana. »Es ist doch eigentlich unser Versammlungsraum.«

»Siehst du hier irgendwo eine freie Ecke, wo eine Tanne Platz fände?«, fragt André skeptisch.

»Erwartest du etwa einen Mammutbaum?«, frotzelt Diana.

Bernhard klärt auf: »Unser Tannenbaum sollte schon eine respektable Größe haben. Vor allem in puncto Höhe.«

»Ja, eben«, wiederholt André. »Und dafür ist in der Küche kein Platz.«

»Ihr dürft ihn von mir aus in meinem Zimmer aufstellen«, meint Lydia.

»Das wäre ja noch schöner«, reklamiert Diana. »Ausgerechnet bei dir, wo du dich als Einzige nicht an den Kosten beteiligen willst. Du hättest während der ganzen Adventszeit am meisten vom festlichen Anblick. Das fände ich ungerecht. Dann stellt das Gehölz halt in mein Zimmer.«

André hält den Vorschlag gleich fest. »Jemand dagegen? Nein? Gut. Dann ist die Zimmerwahl geklärt.«

Bernhard erkundigt sich anschließend, ob alle damit einverstanden sind, dass er Baum und Schmuck besorgt.

»Von mir aus gerne. Ich bin allerdings der Meinung, dass ein Maximalbetrag einzuhalten ist«, erklärt Diana Baldussi.

Nachdem auch dieser Punkt bereinigt ist, steht der allseits abgesegneten Weihnachtsdekoration nichts mehr im Wege.

Der Theologe plant, für das budgetierte Geld einen möglichst hohen Baum zu organisieren. Das Freveln einer Tanne im Bremgartenwald kommt für ihn natürlich nicht infrage. Im temporären Wäldchen der Weihnachtsbäume vor dem Großverteiler entscheidet er sich für eine preisgünstige Sorte. Dafür entspricht sie seinen Vorstellungen in puncto Größe. Stolz und mit zerkratzten Händen schleppt er das Gehölz nach Hause.

Diana ist vor Ort, als er die Tanne ruckartig in ihr Zimmer zerrt.

»Kann ich dir irgendwie helfen?«, fragt sie amüsiert. Dabei scheint sie von den gewaltigen Dimensionen des Weihnachtsbaumes ziemlich beeindruckt zu sein. Sie meint jedenfalls: »Wow. Ob der Riese überhaupt reinpasst? Probier doch mal, wie du ihn aufstellen kannst.«

Bernhard ist außer Atem und gereizt. Seine kalte Nase tropft, die wunden Finger bluten und in Dianas Zimmer stehen ihm Schreibtisch, Stühle sowie jede Menge Blumenkübel im Weg. Darum antwortet er etwas ungehalten: »Was meinst du eigentlich, was ich die ganze Zeit versuche?«

Mit einem letzten entschlossenen Ruck kippt er den Baum in die Senkrechte. Tatsächlich wird die Tannenspitze von der Zimmerdecke umgebogen. Der Baum ist zu hoch.

Unnötigerweise fasst die Psychologin diese Feststellung in Worte. »Du, Bernhard. Der passt hier nicht rein.«

»Dann kappe ich eben die Spitze. Wo liegt das Problem?«

»Ich mein nur«, verteidigt sie sich.

Bernhard ist genervt. »Hast du nichts Besseres zu tun, als mir deine unerwünschten Ratschläge zu erteilen? Hol lieber den Baumständer. Er sollte irgendwo in meiner Bude rumliegen.«

Diana tut wie geheißen. Sie findet die Halterung aus grünem Flaschenglas sofort. In den oberen Rand ist eine kreisrunde Klemme eingearbeitet, die sich mit Schrauben von vier Seiten verengen lässt.

Dazu kommt es jedoch nicht. Zurück im Südzimmer wird schnell klar, dass der Durchmesser des Stammes viel zu dick ist, um in die Halterung zu passen.

»Dann kürzt du den Baum eben unten. Ist ohnehin schöner, als wenn du die Spitze entfernst«, schlägt Diana vor.

Bernhard nickt. »Hm. Damit hast du ausnahmsweise recht. Halt mal den Baum. Ich will mir endlich die Winterjacke ausziehen. Ich zerfließe sonst gleich.«

Dianas Anwesenheit weiß Bernhard inzwischen doch zu schätzen. »Haben wir eine Säge im Haus?«, will er wissen.

Sie hebt skeptisch die Schultern: »Nie eine zu Gesicht bekommen.«

»Womit soll ich dann den dicken Stamm kürzen?«

Beide stehen ratlos neben dem Weihnachtsbaum. Diana

lässt ihn sacht in die Zimmerecke gleiten, um sich die zerkratzten Hände zu reiben. »Warten wir noch auf die anderen. Vielleicht weiß jemand, wo eine Säge aufzutreiben ist.«

Bernhard setzt sich erschöpft auf den pneumatischen Schreibtischsessel. Offenbar scheint das Warten im Augenblick auch für ihn die beste Lösung zu sein. Er hebt den Blick zum Baum und sagt voller Stolz: »Es ist ein gewaltiges Teil, das musst du zugeben, Diana.«

Sie schmunzelt bloß. »Hoffentlich bleibt genug Geld übrig, um Schmuck zu kaufen. Ein mächtiger Baum verlangt nach vielen Kugeln.«

»Da mach dir mal keine unnötigen Sorgen. Ich habe mir nämlich ganz besonderen Schmuck ausgedacht.«

»Okay. Bin gespannt.« Mit kokettem Hüftschwung verlässt sie ihr Zimmer.

Als die restlichen WG-Bewohner nach und nach eintreffen, erkundigt sich Bernhard bei jedem nach einer Säge. Erfolglos.

»Dann kappe ich halt doch die Spitze und fixiere den Stamm ringsum mit schweren Büchern.«

»Toll«, erwidert André ketzerisch. »Schaff gleich mal deine ledergebundene Bibel her.«

Der Theologe lässt sich nicht provozieren. »Und du opferst die bibliophile Gesamtausgabe der Werke Pestalozzis?«

Da erscheint Helene im Türrahmen. In der linken Hand schwingt sie das scharfe Brotmesser aus der Küche. »Wie wär's damit? Würde mich wundern, wenn ich damit den Stamm nicht zumindest so weit zuspitzen könnte, dass er in die Halterung passt.«

Ihr Freund ist beeindruckt. »Nicht verzagen, Helene fragen!«

Bernhard dagegen findet einen Einwand. »Kürzer wird er damit aber auch nicht.«

Unerwartet schreitet jetzt Lydia Lerch zur Tat. Die angehende Kinder- und Jugendpsychologin hat die kindische Diskussion nämlich allmählich satt. Aus Helenes Hand übernimmt sie das Brotmesser. Kurzerhand säbelt sie den Baumwipfel ab. »So, sonst noch Wünsche?«

»Mein Gott!«, entfährt es dem Theologen, bevor er ratlos fragt: »Und wo befestige ich nun den Stern?«

André antwortet: »Bernhard, bis Weihnachten dauert es noch mehr als eine Woche. Bis dahin wird dir schon eine Lösung in den Sinn kommen.«

Seine Freundin ergänzt: »Leute. Lassen wir für heute die Tanne wie und wo sie ist. André hat recht. Es gibt keinen Grund zu überstürztem Aktivismus.«

Am nächsten Tag riecht es nicht nur in Diana Baldussis Zimmer herrlich nach Harz und Tannengrün.

Bernhard macht sich an die Umsetzung seiner Idee eines speziellen Baumschmucks. In einem Lebensmittelgeschäft deckt er sich mit zwei Kilo kleinen Schokoladeriegeln ein. Natürlich kommt für Studenten der Unitobler nur Toblerone in Betracht. Diese werden momentan nicht in der klassisch hellbraunen Verpackung, sondern in glänzend goldenen Weihnachtskartons angeboten. Bernhard beabsichtigt, diese anstelle von herkömmlichen Weihnachtskugeln wie goldene Tannenzapfen an die Zweige zu hängen. Seine Mitbewohnerinnen und Mitbewohner werden staunen.

Als er mit der Schokolade in die WG zurückkehrt, läuft ihm Helene Streiff über den Weg. Sie bittet ihn kurz in ihr Zimmer. Dort konfrontiert sie den Theologen mit einer Ungeheuerlichkeit.

Wie benebelt verlässt Bernhard ihr Zimmer. Aus purer

Verzweiflung beginnt er, die Schokolade aufzuessen. Er öffnet eine Verpackung nach der anderen. Den Weihnachtsschmuck und die Frage der Aufhängung hat er vergessen. Ihn quälen andere Sorgen. Was hat ihm Helene Streiff da nur eröffnet?

Nachdem sein Blutzuckerspiegel wieder auf einen akzeptablen Level angestiegen ist, fasst Bernhard einen folgenschweren Entschluss.

Ein paar Tage bleibt der Weihnachtsbaum im Südzimmer, ohne dass ihn jemand senkrecht gestellt hätte. Erst als sich Diana anlässlich des nächsten gemeinsamen Nachtessens beschwert, verspricht ihr Bernhard, die Sache zu erledigen. Schließlich ist er es gewesen, der die Anschaffung initiiert hat.

Bereits am nächsten Vormittag begibt sich Bernhard in Dianas Zimmer. Aus der Küche hat er das große Brotmesser mitgenommen. Wenn schon keine Säge im Haus ist, wird halt das Küchengerät missbraucht.

Kaum hat er angefangen, den Stamm an seiner dicksten Stelle abzuschaben, blickt Helene ins Zimmer. »So wird das nichts«, rügt sie den unbeholfenen Theologen. Er überlässt ihr das Brotmesser. Mit kräftigen Hieben und energischen Sägebewegungen bearbeitet sie Rinde und Holz. Schnell wird der Baumstamm schlanker und spitzer. Zwischendurch nimmt Helene Maß an der Öffnung der gläsernen Halterung.

Bernhard schaut der Mitbewohnerin mit der gebotenen Bewunderung zu. Nur er, Helene und Lydia befinden sich zurzeit in der Wohnung. Warum sollte er diese Gelegenheit nicht beim Schopf packen, die Schwierigkeit aus der Welt zu schaffen, mit der ihn Helene kürzlich konfrontiert hat?

»Lass mich mal ran«, fordert er mit heimtückischem Grinsen.

Helene ist dankbar für Ablösung und Verschnaufpause. Sie überlässt ihm das Brotmesser. Bernhard umfasst es kraftvoll, um Helene im nächsten Augenblick blitzschnell den linken Unterarm aufzuschlitzen. Gleichzeitig presst er ihr seine freie Hand auf den Mund. Bis Helene realisiert, was gerade mit ihr geschieht, hat sie bereits viel Blut verloren. Als die junge Frau bewusstlos zusammensackt, löst er den Griff. Er drückt dem Opfer das Messer in die rechte Hand und schreit nun seinerseits um Hilfe: »Oh Gott! Helene, was hast du angestellt? Hilfe, Lydia! Komm zu Hilfe!«

Die Frau ist rasch zur Stelle. Mit sprachlosem Entsetzen sieht sie ihre Kommilitonin in einer ausgedehnten Blutlache liegen. Bernhard kniet wie versteinert daneben.

Die lebensrettenden Notmaßnahmen sind vergeblich. Die alarmierten Rettungskräfte können nur noch Helenes Tod feststellen.

Das tragische Ereignis gefährdet den Zusammenhalt der Wohngemeinschaft. André hat seine Freundin verloren, Diana ihre Konkurrentin, Lydia die Mitstudentin und Bernhard die Selbstachtung.

Da meldet sich unverhofft ein Beamter der Kantonspolizei Bern. Er hat die Protokolle mit den Aussagen der Bewohnerinnen und Bewohner nochmals genauer durchgesehen. Dabei sei er auf eine Unstimmigkeit gestoßen.

André Reber hat ausgesagt, dass Helene eines Abends mit dem Brotmesser im Türrahmen aufgetaucht sei. Sie habe es in ihrer linken Hand gehalten, denn Helene war Linkshänderin. Dazu passt jedoch nicht die Schnittführung der tödlichen Verletzung des Opfers am linken Arm. Hätte sie es selbst getan, müsste der Schnitt am rechten Arm sein.

Die Studentenschaft wird erneut befragt. Dabei kommt zutage, dass sich André Reber von seiner Freundin mehrere Hundert Franken ausgeliehen hat, um denjenigen zu entlohnen, der ihm die Proseminararbeit verfasste: Bernhard Buess. Offenbar brachte Helene Streiff den Verwendungszweck ihres Geldes in Erfahrung. Daraufhin drohte sie dem Theologen mit einer Anzeige wegen Urkundenfälschung. Kurz vor Bernhards Studienabschluss. Für einen zukünftigen Pfarrer wäre eine Verurteilung verheerend gewesen. Er musste Helene einfach stoppen!

DIE HARTE TOUR

Inge und Bert Loosli besitzen seit Jahren in Adelboden das rustikale Ferienchalet Enzian. Inge hat es vor ein paar Jahren von ihren Eltern geerbt. Am zweiten Adventwochenende hat das Ehepaar Luca Wenger eingeladen. Die drei kennen sich aus der gemeinsamen Zeit am kantonalen Lehrer- und Lehrerinnenseminar Spiez. Bedauerlicherweise existiert diese Institution inzwischen nicht mehr. Was hingegen geblieben ist, sind schöne Erinnerungen an gemeinsame Studienzeiten.

Luca ist noch immer Single. Er hat bisher weder Gelegenheit noch Notwendigkeit gefunden, einer spröden Jungfer ihre Torschlusspanik zu ersparen. Diejenige, die für ihn als Partnerin infrage gekommen wäre, ist bis dato Inge geblieben. Die hat es sich bekanntlich anders überlegt. Luca kann das akzeptieren. Trotzdem freut er sich über die Einladung.

Für das erste gemeinsame Abendessen hat Inge ein Fondue vorbereitet. Sie hat weißes Brot gewürfelt und in ein geflochtenes Weidenkörbchen gefüllt. Den Spritbrenner platzierte sie in der Mitte des runden Buchenholztisches unter die tiefhängende Leuchte mit dem rot-weiß karierten Lampenschirm.

Lucas Herz pocht mächtig, als er an der massiven Eingangstür den handgeschmiedeten Türklopfer betätigt. In der einen Hand trägt er einen ledernen Weekender, in der anderen ein weihnachtlich verpacktes Gastgeschenk.

Die Begrüßung fällt äußerst herzlich aus. Jedenfalls was Inge anbelangt. Bert reagiert etwas zurückhaltender, wie es seine Art ist. Zudem sind er und Luca im Seminar nur Kollegen und keinesfalls enge Freunde gewesen. Dass sie auch Konkurrenten waren, sollte längst verjährt sein.

Inge legt den Arm um Lucas Schulter und führt ihn über eine steile Treppe in das Untergeschoss. Dort befindet sich das Gästezimmer, das viel zu selten einen Besucher beherbergt. Das heißt, in letzter Zeit hat sich das auffallend geändert. Inge hat damit angefangen, Freunde und Freundinnen aus der Jugendzeit zu sich in die Berge einzuladen. Bert hat Lucas Tasche in Empfang genommen und trägt sie hinter den beiden her wie ein Hotelportier.

»Hier gefällt es mir«, schwärmt der Gast. »Das Zimmer sieht so richtig heimelig aus!« Ob er es aus reiner Höflichkeit oder ehrlicher Begeisterung sagt, bleibe dahingestellt.

Wie auch die Tasche, die Bert auf dem einzigen Stuhl im Raum platziert. »So, mein lieber Luca. Räum dein Zeugs ein und mach es dir gemütlich.«

Inge widerspricht ihm: »Nein, Bert, das kann er später erledigen. Jetzt wollen wir erstmal zusammen anstoßen. Los, Männer, mir nach!«

Luca nimmt das Gastgeschenk mit nach oben, wo er es Inge mit breitem Grinsen überreicht.

»Merci, Luca. Da bin ich aber gespannt. Darf ich es schon öffnen oder muss ich bis Weihnachten warten?«, scherzt sie.

Luca fordert sie gutgelaunt auf: »Mach schon auf. Ich will sehen, ob ich damit euren Geschmack getroffen habe.«

Bert steht einen Schritt dahinter und mimt den Desinteressierten. Dennoch streckt er den Hals, als seine Frau nun mit dem Auspacken beginnt. Sie nestelt eine gefühlte Ewigkeit an der roten Schlaufe. Offenbar versucht sie, den

Knoten zu lösen, um die schöne Schnur nicht durchschneiden zu müssen.

Luca dauert das zu lange. »Da, nimm mein Messer.« Er reicht ihr sein rotes Sackmesser der legendären Marke Victorinox. Ein schweres Gerät mit mindestens 20 verschiedenen Tools. Vom Schrauben- oder Zapfenzieher über diverse Zangen, Feilen, Sägen, Bohrer bis zu Klingen unterschiedlichster Längen und Stärken ist alles verfügbar. Inge reicht die große Klinge, die sie mit ihren frisch lackierten Fingernägeln am einfachsten und gefahrlosesten öffnen kann.

Danach meint Inge, auch mit dem hübsch bedruckten Weihnachtspapier den Doktor machen zu müssen. Das kann Bert nicht länger mitansehen. Voller Ungeduld meint er: »Los, Schatz. Reiss es einfach weg!«

Unter der Verpackung kommen vier handgroße Beutel zum Vorschein, aus denen je ein feines Kabel mit einer knopfgroßen Kapsel am Ende baumelt.

Inge und Bert schauen sich ratlos an. Da sie offenbar nicht verstehen, wozu man diese Säckchen verwenden kann, wissen sie auch nicht, ob sie sich darüber freuen sollen. Es entsteht ein kurzer, peinlicher Moment.

Luca erlöst die Beschenkten mit einem kollegialen Lacher. »He, Leute. Das sind elektrische Handwärmer. Die könnt ihr euch in die Handschuhe stecken, wenn ihr das nächste Mal auf die Skipiste geht oder eine winterliche Gebirgstour unternehmt.«

Jetzt entspannen sich Inges und Berts Gesichter. »Oh, super! Vielen Dank. Das ist eine tolle Idee. So was hat uns bisher in unserer Winterausrüstung gefehlt.«

Und Inge fügt an: »Luca, du bist einzigartig. Erinnerst du dich etwa noch daran, dass ich in den Skilagern der Seminarzeit immer an den Fingern gefroren habe? Ich weiß noch, wie du mal meine halb erfrorenen Hände in die deinen genommen hast und sie so lange mit deinem warmen Atem behaucht hast, bis ich wieder Gefühl in den Fingerspitzen hatte.«

Luca lächelt, als könnte er sich bestens daran erinnern. Das ist allerdings nicht der Fall. Es erfüllt ihn trotzdem mit heimlichem Stolz, dass der intime Moment aus Jugendzeiten bei Inge einen starken Eindruck hinterlassen hat. Er wirft Bert einen triumphierenden Seitenblick zu, den dieser mit hängenden Mundwinkeln zur Kenntnis nimmt.

»In den schwarzen Kapseln befinden sich leistungsstarke Knopfbatterien«, erklärt Luca. An den Kapseln seht ihr einen einzigen Schieber mit zwei Positionen: on und off. Alles ganz simpel. Ihr werdet damit keine Schwierigkeiten haben. Außer ihr vergesst, von Zeit zu Zeit die Batterien auszuwechseln.« Über diese Bemerkung lacht nur er selbst.

»Nochmals herzlichen Dank, lieber Luca«, wiederholt die Gastgeberin. »Jetzt wollen wir endlich anstoßen.« Bert entkorkt eine Flasche Prosecco und schenkt ihn in die drei schmalen Gläser, die seine Gattin auf den Tisch gestellt hat.

»Auf vergangene Zeiten!«, prostet Luca.

»Auf ein unvergessliches Wochenende!«, ruft Inge.

Bert meint trocken: »Prost!«

Anschließend setzen sich die drei Freunde um den Stubentisch. Das Fondue-Caquelon wird über die Flamme gesetzt. »Los! Umrühren! Sonst brennt der Käse an!«

Während drinnen gut abgelagertes Birkenholz im offenen Cheminée knistert, entwickelt sich draußen ein veritabler Wintersturm. Windböen lassen die Fensterläden klappern. Die uralte Bergföhre oberhalb des Chalets ächzt, und eisiger Schnee prasselt wie Grieskörner auf das im Herbst erneuerte Eternitdach.

»Wie das die Rehe und Hirsche nur aushalten da draußen?«, wundert sich Inge.

Da ertönt plötzlich ein mächtiges Donnern.

Luca hört kurz auf zu kauen. »Das Chalet befindet sich doch nicht etwa in einer Gefahrenzone?«

»Na ja«, antwortet Bert. »Du meinst wohl wegen der Lawinengefahr?«

»Richtig«, bestätigt der verunsicherte Gast.

»Nein, da kann ich dich beruhigen. Zum Glück steht der Schutzwald zwischen Lawinenkegel und unserem Standort«, beruhigt Bert. »Allerdings hast du nicht ganz unrecht, Luca. Das Chalet wurde noch in einer Zeit gebaut, als die Gemeinden keine Gefahrenzonen festgelegt haben.«

Inge ergänzt: »Meine Eltern haben vor 50 Jahren einem Bergbauer einfach eine Parzelle mit schönem Ausblick abgekauft und darauf ihr Ferienhaus bauen lassen. Von Zonenplanung und Zersiedelung war damals kaum die Rede. Heute dürfte man hier ganz bestimmt nicht mehr bauen.«

»Wir können von Glück reden, dass wir bisher nicht gezwungen worden sind, das Chalet rückzubauen«, meint Bert.

Inge interveniert: »So weit kommt es nicht. Das Gewohnheitsrecht zählt schließlich auch noch.«

Da wummert erneut Schnee vom Dach. Es tönt, als ob Holz gesplittert wäre.

»War das eben unsere Veranda?«, sorgt sich Inge.

Bert beschwichtigt: »Eher nicht. Die lässt sich nicht so leicht zertrümmern.«

»Ich geh trotzdem mal nachschauen«, schlägt Inge vor.

»Ohne mich, Schatz. Ich halte mich lieber in der Wärme auf. Aber bitte, wenn du es nicht lassen kannst …«

»Ich begleite dich«, entscheidet Luca spontan und erhebt sich ebenfalls.

Inge zieht sich eine Windjacke über. Luca ist zu faul, seinen Mantel aus dem Untergeschoss heraufzuholen.

»Du wirst dich erkälten«, sorgt sich Inge.

»Ach was. Ist bloß für einen Augenblick. Wir gehen nur rasch nachschauen, was vorhin so laut gekracht hat.«

Inge und Luca öffnen die Haustür. Ein heftiger Windstoß voller winziger Schnee- und Eispartikel empfängt die beiden.

Inge geht couragiert voraus. Sie ist mit der Jacke auch besser geschützt. Luca klammert die Arme um den eigenen Oberkörper, um sich warm zu halten.

In diesem Moment donnert eine gewaltige Dachlawine auf die Veranda nieder. Luca kann die Gastgeberin im letzten Augenblick zurückreißen.

»Verdammt!« flucht er. »Das war knapp. Los, rein, Inge!«

Sie gehorcht wortlos.

Bert empfängt die beiden mit eigenartigem Unterton. »So, ihr Lieben. Problem gelöst?«

Inge lässt sich geschockt auf einen Stuhl sinken. »Oh Gott! Da habe ich gerade wieder mal riesiges Glück gehabt.«

Luca horcht auf. »Wieso sagst du ›wieder mal‹?«

»Mir passieren in letzter Zeit ständig so komische Sachen«, meint sie.

»Was für Sachen?«

»Na ja. Zum Beispiel bin ich kürzlich beinahe in eine Jauchegrube gefallen. Die war schlecht abgedeckt. Ein andermal bin ich fast die Kellertreppe runtergestürzt. Ich habe ein paar Wanderschuhe übersehen, die darauf standen. Die hätten dort gar nicht hingehört. Und jetzt das mit der Dachlawine …«

Als Luca nach dem ereignisreichen Abend im Gästezimmer im Bett liegt, findet er lange keinen Schlaf. Inges Missgeschicke lassen ihn nicht los. Können die tatsächlich alle dem reinen Zufall entsprungen sein? Oder steckt womöglich ihr Ehemann dahinter? Ist es denkbar, dass Bert seine Inge loswerden will?

Je länger er darüber nachdenkt, desto klarer wird ihm, dass Inge in Berts Gesellschaft nicht mehr sicher ist. Luca nimmt sich vor, am folgenden Tag Bert scharf zu beobachten. Inge darf unter keinen Umständen weiteres Unglück zustoßen. Irgendwann wird sie ihm sonst erlegen.

Beim Frühstück zeigt Bert beste Laune. Draußen haben sich die Wolken verzogen. Eine prächtige Wintersonne verbreitet das Gefühl von grenzenlosem Optimismus und heiler Alpenwelt.

Da macht Bert Luca einen überraschenden Vorschlag. »Du, Luca. Warst du eigentlich schon auf dem Wildstrubel?«

Luca leckt mit der Zunge Nutella von der Messerklinge. »Hm, im Sommer, ja. Jedenfalls auf dem ersten Gipfel.«

»Ich weiß, der Wildstrubel besteht aus drei gleichhohen Zacken. Ich hätte echt Lust, mal alle drei im Winter zu erklimmen. Was denkst du, Luca? Wärst du dabei? Traust du dir diese Tour zu?«

Luca überlegt nicht lange. »Ja, kein Ding. Und du, Inge?«

Inge zeigt wenig Begeisterung. »Das ist nichts für mich. Das könnt ihr beide ohne mich durchziehen.«

Luca hört das mit Erleichterung. Offenbar will Inge in Zukunft riskanten Situationen aus dem Weg gehen. Wie leicht wäre es für Bert, seine Gattin in den Bergen umzubringen? Wer käme schon auf die Idee, dass ein Unfall in den Bergen in Wahrheit ein Mordanschlag ist?

Wenn Luca jedoch mit Bert allein die Tour unternimmt, ist zumindest während dieser Zeit seine Jugendfreundin in Sicherheit. Darum sagt er spontan zu. »Okay, Bert. Ich bin dabei. Wann soll's losgehen?«

»Jetzt, wo das Wetter offensichtlich wieder gut wird, sollten wir die Tour nicht zu lange hinausschieben«, rät Bert.

Luca ist einverstanden. »Von mir aus kann's schon morgen losgehen. Was rechnest du, wie viel Zeit wir dafür benötigen?«

»Ich schlage vor, wir machen es uns etwas leichter. Wir können mit der Gondelbahn bis auf die Engstligenalp hochfahren. Dann bleibt uns eine Tour von schätzungsweise vier bis fünf Stunden.«

»Für den Aufstieg?«, fragt Luca zur Sicherheit.

»Na klar. Nur für den Aufstieg. Runter geht's dann schneller. Ich denke, es wird eine abwechslungsreiche und nicht übermäßig schwierige Tour. Zu beachten ist die Steinschlaggefahr auf dem Strubelgletscher. Helme sind sicher sinnvoll. Auch für die heikleren Bereiche am Verbindungsgrat zwischen Stubeljoch und Mittelgipfel.«

Inge ist vom Tempo der Pläneschmiede etwas überrumpelt. »Wollt ihr das nicht sorgfältiger planen? Lasst euch doch Zeit. Zudem habe ich wenig Lust, hier allein rumzusitzen.«

»Wer sagt denn, dass du währenddessen rumsitzen sollst?«, wendet ihr Gatte ein. »Unternimm etwas. Geh spazieren, geh in Adelboden shoppen. Es wäre ohnehin gut, wenn unsere Vorräte wieder aufgestockt würden.«

Die Tour ist abgemachte Sache.

Bert und Luca starten am darauffolgenden Tag mit der ersten Gondel zur Bergstation. Anschließend queren sie die weiten Schneefelder der Engstligenalp bis zur Gruebi mit Tourenskis und Fellen. Lucas elektrische Handschuhwärmer kommen zum Einsatz. Beim großen Lägerstein biegen Bert und Luca ab und folgen vorhandenen Skispuren in südwestlicher Richtung. Ein einsames Steinmännchen mit einer Zipfelmütze aus Schnee weist von Weitem auf den steilen Aufstieg durch die Flyschweng hin. Die beiden Männer unterhalten sich nicht mehr. Jeder hat mit sich selbst genug zu tun. Jeder atmet schwer und wird körperlich gefordert. Beide hängen ihren Gedanken nach.

Luca freut sich, seine verehrte Inge wenigstens heute in Sicherheit zu wissen. Bert braucht öfters einen Marschhalt, um aus seiner Thermosflasche zu trinken. »Luca, du solltest auch mehr trinken.«

»Ich kann's ohne machen«, meint er. »Ich schwitze sonst wie ein Bär.«

»Das ist weniger schlimm, als wenn du dehydrierst und plötzlich noch umkippst.«

»Okay, Boss. Hab verstanden.« Luca will aus seiner Flasche trinken. Da erlebt er eine böse Überraschung.

»Scheiße! Du, Bert, ich glaube, ich hab meine Flasche im Chalet unten vergessen.«

Bert schüttelt verärgert den Kopf. »Ach so, darum wolltest du nicht trinken?«

»Nein. Ich habe nicht gewusst, dass ich die Flasche nicht im Rucksack trage. Mist! Ich könnte schwören, dass ich sie in Adelboden eingepackt habe.«

»Schwör besser nicht«, scherzt Bert. »Du hast Schwein. Ich trage immer zwei Flaschen mit. Einerseits meine Thermosflasche mit warmem Tee. Die kann ich dir nicht geben.

Ich brauch sie selbst. Andererseits habe ich immer eine Trinkflasche mit einem kalten Proteindrink in Reserve. Wenn du willst, kannst du sie gerne übernehmen.«

»Ja, und du?«, zögert Luca.

Bert merkt, dass sein Begleiter dem Angebot nur schwer widerstehen kann. »Ich habe mit dem Tee ausreichend Flüssigkeit zur Verfügung. Du kannst den Drink gerne haben. Los, nimm schon, du Superschwörer!« Bert schlägt Luca mit einem kameradschaftlichen Schlag auf den Rücken und reicht ihm die Trinkflasche.

Durch den heftigen Rückenschlag wäre Luca beinahe gestürzt.

Bert lacht. »Hoppla, Schorsch! Du scheinst bereits schwach zu werden.«

Anschließend gewinnen die beiden Alpinisten schnell an Höhe. Sie marschieren über das markante Schneefeld. Bert und Luca folgen zuerst dem rechten Rand, dann links der Seitenmoräne des Strubelgletschers. Der Gletscher soll laut Routenbeschreibung spaltenreich sein. Die Spalten sind alle eingeschneit. Es gilt darum, besonders vorsichtig zu sein. Luca trinkt inzwischen in regelmäßigen Abständen vom Proteindrink. Er kann ihn gebrauchen, denn nun folgt der kräftezehrende Aufstieg zum sogenannten »Frühstücksplatz«. Sie folgen einer frischen Spur über das Firnfeld zur Felsrippe hinauf. Hier pfeifen den beiden plötzlich Eisbrocken um die Ohren. Glücklicherweise zeigt eine permanente Sicherungsstange endlich den Übergang vom Schnee in den Felsen. Dieser führt zum Ammertegletscher und schließlich auf das Strubeljoch.

»Was hast du gestern noch behauptet?«, erinnert Luca seinen ächzenden Kletterkameraden. »Es sei eine ›relativ einfache‹ Tour?«

Bert scheint auch langsam an seine Grenzen zu kommen. Glücklicherweise steigt der Gletscher nur noch sanft zum Gipfel des Grossstrubels.

»Du, Bert, mir ist irgendwie komisch«, meldet sich Luca plötzlich.

»Wie, komisch?«, fragt Bert zurück.

»Ich muss mich hinsetzen. Ich befürchte, ich verliere demnächst das Bewusstsein.« Luca setzt sich. Er ist kreidebleich und atmet schwer. Der Proteindrink ist inzwischen aufgebraucht.

Luca scheint es wirklich schlecht zu gehen. Er kippt seitlich in den Schnee.

Da setzt sich Bert zu ihm und erklärt: »Weißt du, lieber Luca, da gab es mal einen Seminaristen, der wollte mir meine geliebte Inge ausspannen. Es war ein harter Kampf. Schließlich habe ich ihn gewonnen. Inge ist meine Frau geworden. Dass du nach all den Jahren die Unverfrorenheit hast, wieder damit anzufangen, mir meine Inge abspenstig zu machen, kann ich dir nicht verzeihen.«

Luca stöhnt.

Bert fährt fort: »Ich habe dir deine Trinkflasche in Adelboden aus dem Rucksack genommen. So bin ich mir sicher gewesen, dass du auf meinen Proteindrink angewiesen bist. Ich habe mir erlaubt, diesem Gesöff etwas K.-o.-Tropfen beizumischen. Endlich scheinst du die tödliche Dosis intus zu haben. Wie du vielleicht weißt, lässt sich dieses Zeug nachträglich schwer nachweisen. Ich erwarte ohnehin nicht, dass der Rettungsarzt auf die Idee kommen wird, an eine Vergiftung zu denken.«

Die letzten Sätze bekommt Luca nicht mehr mit. Ebenso wenig das kurze Telefonat, mit dem Bert jetzt einen Helikopter der Rettungsflugwacht anfordert.

IM EIFER DER EIFERSUCHT

Also, das war nun doch der Gipfel der Frechheit!

Nicht genug, dass sich Trudi, eine langjährige Ferienbekanntschaft des Ehepaares Klossner, an ihren Ruedi heranmachte, wann immer sich eine Gelegenheit bot. Soeben war sie eindeutig zu weit gegangen.

Ruedi hatte seiner Sarah bereits mehrmals beteuert: »Trudi ist eine lästige, aufdringliche Person. Wenn ich sie mir nur endlich vom Hals schaffen könnte!«

Sarah und Ruedi verbrachten wie jedes Jahr ihren Weihnachtsurlaub in Mürren im Berner Oberland. Sie waren seit 15 Jahren verheiratet. Beide hatten sich, was ihren Body-maßindex betraf, etwas gehen lassen. Trotzdem machten sie weiterhin begeistert Wintersport. Täglich genossen sie auf ihren Skiern die stiebenden Abfahrten vom Schiltgrat. Der Schlepplift baggerte die Gäste mit Zweierbügeln von der Talstation Gimmeln bis auf 2.145 Meter in die verschneite Bergwelt rund ums Schilthorn. Die hatte bereits 1969 dem Filmteam von James Bond eine spektakuläre Kulisse geboten. George Lazenby als Bond hatte »im Geheimdienst Ihrer Majestät« über die Lizenz zum Töten verfügt.

Um eine solche Lizenz beneidete ihn Sarah im Nachhinein. Wie gerne hätte sie Trudi aus dem Weg geschafft. Eliminieren im Stile Bonds lag aus diversen Gründen jedoch nicht drin.

Der Gipfel der Frechheit war nicht erst auf dem Gipfel,

sondern bereits an der Talstation erreicht. Bevor Sarah richtig begriffen hatte, was da gerade abging, hing die fesche Trudi schon neben Ruedi im Ankerbügel. Blitzschnell hatte sie sich neben Sarah vorbei an Ruedis Seite gedrängt. Dass der Überrumpelte die Bekannte nicht einfach vom Bügel schubsen konnte, war auch klar.

Sarah folgte den beiden zähneknirschend am nächstfolgenden Bügel und musste dabei einen verschnupften Teenager mit laufender Nase an ihrer Seite in Kauf nehmen. Wann möglich, wandte sie das Gesicht vom erkälteten Jugendlichen ab, um wenigstens die Gefahr einer Ansteckung zu minimieren. Die Neugierde zwang sie, den Blick geradeaus an Ruedi und Trudi zu heften.

Die beiden schienen sich blendend zu unterhalten. Alle paar Meter ließ Trudi ihr glockenhelles Lachen ertönen. Wie Sarah das hasste! Sie bekam jedes Mal regelrechte Hühnerhaut. Trotz warmer Daunenjacke in auffälligem Pink, überlangem Kaschmirschal und monströser Fausthandschuhe, die auch als Boxhandschuhe hätten dienen können. Ob die Handschuhe früher oder später nicht tatsächlich in dieser Funktion zum Einsatz kommen?

Die schlanke Trudi und der untersetzte Ruedi hatten die Bergstation bereits erreicht und sich routiniert abgebügelt. Sie glitten nach links vom Lifttrassee und warteten auf Sarahs Ankunft. Die war bemüht, sich ihre Frustration, Wut und Eifersucht nicht anmerken zu lassen.

»Entschuldige, Schatz«, meinte Ruedi. »Ich wollte selbstverständlich wie immer mit dir an den Bügel, aber irgendwie hat Trudi schneller reagiert. Ich hoffe, es hat dir nichts ausgemacht, ausnahmsweise alleine hochzufahren?«

Sarah richtete sich mit Daumen und Zeigefinger geziert die verspiegelte Skibrille und spielte die Coole. »Ganz im

Gegenteil. Ich hatte einen jungen Sportler an meiner Seite. Er war unglaublich charmant. Er wollte mich im Bergrestaurant sogar noch zu einer heißen Ovomaltine einladen«, flunkerte sie.

Ruedi schaute verwundert um sich. »Wo ist er denn?«

»Schon weg. Ich habe seine Einladung natürlich abgelehnt. Ich könnte ja seine Mutter sein. Wer weiß, ob er sich nicht falsche Hoffnungen gemacht hätte.«

Ruedi nahm es mit Humor. Schwer einzuschätzen, ob er den Mutmaßungen seiner Gattin Glauben schenkte.

Trudi stand derweil noch immer deplatziert zwischen dem Ehepaar. Jetzt erst mischte auch sie sich in die Diskussion ein. »Ein junger Sportler? Pah! Erst Männer in einem gewissen Alter verstehen es, Frauen wirklich zu befriedigen und glücklich zu machen.« Dabei blinzelte sie Ruedi unverschämt zu.

Er schien es zu übersehen.

Nicht so Sarah. Sie kochte innerlich, ballte die Faust und schwang den Arm bereits kräftig nach hinten aus. Da hielt sie abrupt in der Bewegung inne, denn sie hatte plötzlich eine bessere Idee. Eine viel bessere! »Ruedi, hast du nicht Lust, wieder mal die rote Piste zu riskieren?« Sarah wusste natürlich, dass Trudi der steilen eisigen Piste in kühner Falllinie nicht wirklich gewappnet war. Das war Grundlage des Plans.

»Stimmt! Könnte ich eigentlich machen«, begeisterte sich Ruedi spontan. »Wer fährt mit?«

Trudi schnitt eine enttäuschte Grimasse. Dabei spitzte sie die korallenrot geschminkten Lippen zu einem mädchenhaften Schmollmund.

In gespielter Herzlichkeit wurde sie von Sarah getröstet. »Was soll's, meine Liebe. Dann fahren wir Frauen die blaue

Piste ohne männliche Begleitung. Wir nehmen es dafür schön gemütlich und genießen unsere Carvingschwünge. Vielleicht finden wir weiter unten sogar etwas Tiefschnee.« An ihren Mann gewandt: »Ruedi, geh nur! Wir treffen uns an der Talstation.«

»Super! Ich warte auf euch, ihr Hübschen.« Und zu Trudi: »Schließlich muss verhindert werden, dass Sarah erneut mit einem jungen Sportler den Berg hochfährt.«

Nun lachten die Frauen gleichzeitig. Ein seltenes Ereignis. Ruedi stiebte davon. Sarah und Trudi glitten auf der blauen Piste einem blauen Wunder und denkwürdigen Zwischenfall entgegen.

Nach ein paar Hundert Metern erreichten sie eine der vielen orangen Absperrungen am Pistenrand. Ein Hinweisschild warnte: »Verlassen der präparierten Piste auf eigene Gefahr!« Dahinter lockte jedoch ein toller Skihang voll jungfräulichem Tiefschnee. Das tausendfache Glitzern der unversehrten Schneedecke gaukelte eine trügerische Harmlosigkeit vor.

»Na, Trudi! Wollen wir es wagen?«, fragte Sarah scheinheilig.

Trudis Augen glänzten wie Schneekristalle. Keine Frage, dass sie es wollte! Sie bückte sich, um kurzerhand unter der Absperrung hindurchzugleiten. Sarah hatte Trudi offensichtlich richtig eingeschätzt. Schon durchackerte die Bekannte ein paar Meter weiter unten den Neuschnee und juchzte aus purer Lebenslust!

Nun überschritt auch Sarah die Absperrung. Sie drückte das orange Kunststoffband rücksichtslos mit den Skiern zu Boden, bis die Halterung knickte, und glitt anschließend ebenfalls in den Hang. Im Gegensatz zu Trudi wählte sie jedoch nicht die Vertikale, sondern fuhr zunächst in annähernd horizontaler Linie an der oberen Kante des Schneefeldes entlang. Dadurch durchtrennte sie es und löste ein zehn Meter breites Schneebrett aus seiner Verankerung. Dieses geriet ins Rutschen und wurde mit jedem Meter, mit dem es dem Tal näherkam, voluminöser und rasanter. Die Schneemassen holten Trudi rasch ein, um die ahnungslose Skifahrerin gewaltsam zu überrollen und gnadenlos zu verschlingen.

Erst in flacherem Gelände kam die Lawine zum Stillstand. Aus dem breiten Lawinenkegel ragten zwar ein paar geknickte Ästchen und mitgerissene Tännchen. Von Trudi war aber nichts zu sehen. Kein verkrümmter Skistock, kein verirrter Ski, keine Wollmütze oder Handschuhe. Trudi war unter dem Schnee vollständig begraben. Nun musste sie dort bloß noch sterben.

Vorsichtig fuhr Sarah wieder auf die gesicherte Piste zurück und schaute sich um. Schwein gehabt! Es waren keine anderen Skifahrer in Sichtweite. Sie wedelte neben dem Lawinenabgang zum Schneekegel hinunter, wo irgendwo die verhasste Bekannte steckte und vermutlich nach Atem rang.

Sarah schob den wattierten Ärmel ihrer Skijacke hoch und schaute auf eine Swatch-Uhr der neuesten Winterkollektion. Drei Minuten musste sie schon noch warten, um der Verschütteten genug Zeit zum Ersticken einzuräumen. Vielleicht hatte Trudi ja Glück gehabt und sich während des Sturzes das Genick gebrochen, oder zersplitterte Rippen hatten bereits Herz und Lunge zerfetzt. Das ersparte ihr die Todesangst.

Erneut guckte sich Sarah vorsichtig um. Ganz oben tauchten jetzt drei Skifahrer auf. Die passten zu ihrem Plan. Sarah winkte den Ahnungslosen mit wilden Armbewegungen zu. Um ihrer gespielten Aufregung eine gewisse Authentizität zu verschaffen, hyperventilierte sie kräftig und hechelte wie ein ausgepowerter Windhund.

»Um Himmels Willen!«, schrie sie den Herannahenden von Weitem entgegen. »Da ist eine Lawine runter! Gerade vorhin! Oh Gott! Oh Gott!«

»Ist jemand verschüttet worden?«, fragte der eine der Gruppe, die jetzt Sarah erreicht hatte.

»Ich weiß nicht«, log Sarah und riss ganz verzweifelt die Augen auf.

Ein zweiter Skifahrer schüttelte unbeeindruckt den Kopf und zückte das Handy. »Haben Sie bereits Meldung gemacht?«, fragte er Sarah.

»Ne... nein«, stotterte sie.

Zum Glück handelte es sich beim zweiten Skifahrer um einen einheimischen Skilehrer. Der bärtige, braungebrannte Bergler war nicht leicht aus der Ruhe zu bringen. Lawinenniedergänge waren außerhalb der gesicherten Pisten nichts Ungewöhnliches. Er war offensichtlich mit einem holländischen Ehepaar unterwegs und wusste genau, was jetzt zu tun war.

»Sollten wir nicht nachschauen, ob jemand verschüttet ist?«, wollte Sarah wissen, um ihre Besorgnis und Hilfsbereitschaft möglichst glaubwürdig zum Ausdruck zu bringen.

»Nein, ist noch zu gefährlich«, entschied der Skilehrer. »Wir müssen zuerst sicher sein, dass da nichts mehr abrutscht. Die Rettungskräfte sind schon mit dem Heli unterwegs. In spätestens einer Viertelstunde sind sie vor Ort.«

Sarah atmete erleichtert auf. Das dauerte alles so wunderbar lange. Da war Trudi mit Sicherheit schon hinüber.

Als das Lawinenopfer endlich entdeckt und geborgen wurde, hatte sich Sarahs Hoffnung erfüllt. Trudis Leiche wurde in einen dunkelgrauen Plastiksack mit Reißverschluss gelegt und mit dem Helikopter der Rettungsflugwache abtransportiert.

Der Skilehrer, der sich dem Suchtrupp spontan angeschlossen hatte, brummte verbittert: »Diese verdammten Freerider! Kennen sich zu wenig aus und riskieren zu viel!« Seine Gäste hatten sich in der Zwischenzeit verabschiedet.

Als Sarah bei der Talstation auf Ruedi traf, ahnte er bereits, dass etwas passiert sein musste. Der Helikopter und die Hektik des Liftpersonals ließen daran keinen Zweifel.

»Hast du's schon mitbekommen?«, hauchte Sarah mit tonloser Stimme.

»Was ist passiert? Wo ist Trudi?«

Sarah schluckte leer, blickte zu Boden und zögerte mit der Antwort. Dann hob sie langsam den Blick und brachte es tatsächlich zustande, ein paar Krokodilstränen rauszupressen. »Es ist so traurig«, heuchelte sie. »Trudi ist in ein Schneebrett geraten. Das hat sie mitgerissen und verschüttet. Als sie geortet werden konnte und ausgebuddelt worden war, konnte nur noch ihr Tod festgestellt werden.«

Rudi erblasste. Ungläubig starrte er seine Gemahlin an. Mit zittriger Stimme hauchte er: »Sag bitte, dass das nicht wahr ist.«

Sarah zuckte bloß die Schultern.

Ruedi weinte bitterlich. So sehr, dass ihn Sarah ganz verwundert musterte. Vorsichtig bröselte sie: »Eigentlich können wir doch froh sein, dass wir die Klette endlich losgeworden sind.«

Ihr Gemahl reagierte entsetzt. »Sarah! Wie kannst du so was Hässliches sagen. Trudi ist erst gerade verstorben und noch nicht mal beerdigt. Sie war doch unsere Freundin!«

Sarah runzelte ihre Stirn, sodass die gestrickte Skimütze bis auf die Augenbrauen hinunterrutschte. »Hast du nicht vor Kurzem noch selbst gewünscht, sie endgültig loszuwerden?«

»Das habe ich doch nicht so krass gemeint. Ich wollte nur, dass sie etwas auf Distanz geht und weniger aufdringlich ist.«

Sarah war über Ruedis Reaktion enttäuscht. Darum machte sie ihm jetzt unmissverständlich klar, was sie für ein persönliches Risiko und Opfer eingegangen war, um Ruedis Herzenswunsch zu erfüllen. Zornig meinte sie: »Wenn ich geahnt hätte, dass dich der Hinschied dieser Person nicht wirklich freut, dann hätte ich diese Schuld nicht auf mich geladen!«

Ruedi wischte sich die Tränen aus den Augen und blickte seine Frau ungläubig an. »Was für eine Schuld? Wovon sprichst du? Willst du sagen, dass …«

»Richtig. Ich habe die blöde Kuh neben die Piste in den Neuschnee gelockt und über ihr ein Schneebrett ausgelöst. Sie starb, bevor sie begriffen hat, was geschieht. Keiner hat mich beobachtet. Es lief alles perfekt. Schatzi, ich habe es einzig und allein für dich getan! Oder besser gesagt, für uns!«

Mit eiskaltem Blick wandte Ruedi sich ab und befahl: »Morgen früh fahren wir ab! Mürren ist gestorben!«

Sarah murrte. Er ignorierte es.

Der Abend im Hotel Bellevue verlief in äußerst bedrückter Stimmung. Das Ehepaar wechselte kaum ein Wort.

Erst als beide zu Bett gingen, fragte Ruedi: »Bist du auf der Piste zum ›Unglück‹ befragt worden?«

»Von wem?«, wunderte sich Sarah.

»Von den Helfern oder der Polizei.«

»Da war keine Polizei. Und die Helfer haben mich nicht weiter beachtet. Einzig der bärtige Skilehrer hat mich gefragt, ob ich jemanden im Lawinenhang beobachtet habe. Das habe ich natürlich verneint.«

Im Bett drehte Ruedi seiner mörderischen Sarah demonstrativ den Rücken zu und begann zu grübeln. Seine Gedanken drehten sich in wilden Szenarien. Lange Zeit gelang es ihm nicht, Ruhe zu finden und einzuschlafen. Sarah an seiner Seite schnarchte bereits seit einer halben Stunde.

Es schneite die ganze Nacht. Als Ruedi frühmorgens in die Finsternis hinausblickte, lagen auf der geschützten Fensterbank mindestens 30 Zentimeter Neuschnee. Auf der Dorfstraße vor dem Hotel hingegen musste es sich um mindestens einen Meter handeln. Er hörte das Scharren, Brummen und Poltern der motorisierten Schneeräumung.

Beim Frühstück waren Klossners die ersten Gäste am Buffet. Beide hatten kaum Appetit und begnügten sich mit etwas Kaffee und einem frischen Croissant. Anschließend packten sie die Koffer, beglichen an der Rezeption die Rechnung und traten vor das Hotel. Hier waren die Schneeräumer allerdings noch nicht vorbeigekommen. Das eingeschneite Auto parkte neben dem Hotel. Es war vorläufig kein Wegkommen. Allerdings nahte bereits eine monströse Schneefräse aus Richtung Jägerstübli. Allzu lange würde sich die Abfahrt also nicht mehr verzögern. Die Schneefräse verfügte über einen effizienten Raupenantrieb wie bei einem Panzerfahrzeug. Eine mächtige Schleuderwelle verschlang die Schneeklumpen und zerkleinerte sie im Inneren der Maschine, um sie danach durch einen seitlich gerichteten Auswurfschacht 15 Meter in die Luft zu schleudern.

Als das Ungetüm fast auf Höhe des Ehepaares angekommen war, stürzte Sarah plötzlich wie ein Kegel vor das gefräßige Schleuderwerk. Noch bevor es der verschlafene Gemeindearbeiter mit stinkender Brisago im Mundwinkel realisiert hatte, wurde Sarah samt pinker Daunenjacke geschreddert. Als blutiges Schneegemisch wurde sie durch den Auswurfkanal in die Vorgärten der Nachbarschaft geschleudert. Der Chauffeur stellte den Motor zwar ab, sobald es in der Maschine rumpelte, als würde armdickes Astwerk durch einen Gartenhäcksler gemurkst. Sarah hatte dennoch nicht die geringste Überlebenschance.

Ruedi erinnerte sich mit Schaudern an eine Szene aus dem Film »Im Dienste Ihrer Majestät«. Ein Häscher in Blofelds Diensten wurde darin mitsamt Skiern mittels Schneefräse zu Hackfleisch zerkleinert. In Wahrheit hatte es sich damals um den Kadaver eines Schafes gehandelt.

Ganz anders heute vor dem Hotel Bellevue. Hier war der Schneeauswurf nicht nur von blutroten Fleischfetzen durchsetzt, sondern zusätzlich von einer Vielzahl handgroßer, pinker Textilschnipsel.

Die unglückliche Parallelität zur Bondszene verleitete die Regenbogenpresse am nächsten Tag dazu, den makabren Fall von Mürren mit Schlagzeilen wie »Das geschredderte Bondgirl«, »Blofelds späte Rache« oder »Blutiges Mürren« zu titeln.

Sarahs Tod ließ Fragen offen. Warum ist sie im dümmsten Augenblick ausgerutscht und direkt vor die Fräse gestürzt? Warum wurde sie vom Fahrer übersehen? Wie war es technisch überhaupt möglich, dass ein menschlicher Körper in die Schleuderwelle geraten konnte?

Es kam erwartungsgemäß zu einer Gerichtsverhandlung in Thun. Der Maschinenführer musste sich vor dem Regionalgericht Oberland verantworten. Zum Glück gab es neben Ruedi Klossner drei weitere Zeugen. Zum einen handelte es sich um ein portugiesisches Zimmermädchen, das sich auf dem Weg zum Dienstantritt ins Hotel Bellevue befunden hatte. Zum anderen waren zwei junge Snowboarder Augenzeugen des schrecklichen Vorfalls geworden. Ruedis Aussage wurde im Prozess nicht allzu sehr gewichtet, da er als befangen galt.

Das Zimmermädchen ging zum Zeitpunkt des Unglücks schräg hinter der Maschine, sodass es letztendlich auch keine brauchbaren Beobachtungen zu Protokoll geben konnte. Die Snowboarder jedoch befanden sich in Blickrichtung vor der Schneefräse und waren in der Lage, die Ereignisse aus der Erinnerung plausibel zu rekonstruieren. Die Jungs machten unabhängig voneinander präzise Aussagen über genaue Beobachtungen.

Der Chauffeur habe zwar verschlafen und unaufmerksam gewirkt. Dennoch habe er erstaunlich rasch reagiert. Das Ehepaar habe zuerst ruhig neben der Straße auf dem verschneiten Hotelvorplatz gestanden. Dann sei die Frau urplötzlich ausgerutscht und hingefallen.

Eine Überprüfung an der Schneefräse brachte zudem zutage, dass es dem unglücklichen Chauffeur unmöglich gewesen war, die Frau im toten Winkel vor seiner Maschine rechtzeitig zu erkennen. Die riesige Schleuderwelle verstellte ihm die Sicht auf nahe Objekte oder Personen. Er wurde freigesprochen.

Als Ruedi die Strafabteilung des Thuner Regionalgerichts verließ, war auch er nicht unglücklich darüber, dass der Chauffeur glimpflich davongekommen war. Schließlich hatte ja Ruedi selbst die Ehefrau vor die Schneefräse gestoßen. Seine Sarah konnte ohnehin keiner mehr lebendig machen. Trudi allerdings auch nicht.

Zu Hause klaubte Ruedi aus der untersten Schublade seines Schreibtisches ein verstecktes gelbes Couvert hervor. Es war prall gefüllt mit Briefen. Er entnahm und entfaltete das oberste Schreiben, das in zarter, schwungvoll kalligrafischer Schrift gestaltet war. Mit einem Tränchen im Auge begann er die Zeilen zu lesen, die er inzwischen fast auswendig kannte:

Allerliebster Ruedi,
auch dieses Jahr fahre ich zu Weihnachten wieder nach Mürren. Ich hoffe, dass du und Sarah die liebgewonnene Tradition aufrecht haltet und ebenfalls dort oben auftaucht.
Lieber Ruedi, ich brenne bereits darauf, dich endlich wiederzusehen, zu fühlen und zu lieben!!!
Ahnst du, wie schmerzlich ich dich vermisse? Wann lässt du dich endlich von Sarah scheiden? Hast du es ihr überhaupt schon offenbart?
Ich brenne darauf, unsere gemeinsame Zukunft zu verwirklichen, so wie wir sie seit Längerem geplant haben. Lieber Ruedi, fasse endlich den Mut und mache Nägel mit Köpfen!
Ich will deine Sarah nicht schlecht reden. Ich kann allerding keinen Hehl daraus machen, dass ich nicht nachvollziehen kann, was du an dieser Frau noch begehrenswert findest. Ist es pure Gewohnheit? Bequemlichkeit? Ist es, bitte entschuldige die Unterstellung, ist es allenfalls gar Feigheit? Bedenke, auch wir leben nicht ewig. Wir haben keine Zeit zu

vergeuden. Sag dich endlich los von ihr und lass uns gemeinsam über den Regenbogen tanzen!
Mit ganz lieben Grüßen und vielen heißen Küssen,
Deine Trudi.

ALPÖHIS GEHEIMNIS

Die Alphütte versank im tiefen Schnee. Fenster und Tür lagen unterhalb der Schneedecke, und auf dem Dach türmte sich die weiße Pracht gleich meterhoch. Darum verbrachten Heidi und ihr Großvater die langen, harten Wintermonate unten im Dörfli. Der 70-Jährige sah mit seinem furchteinflößenden Bart und den dicken grauen Augenbrauen wie ein afghanischer Taliban aus. Er hatte Hütte und Stall abgeschlossen, sobald der erste Schnee gefallen war, um mit seiner Enkelin in ein altes, baufälliges Gebäude nahe der Kirche zu ziehen. Er hatte es bereits im Herbst hergerichtet, denn es stand seit Jahren leer. Einst soll es einem wohlhabenden Söldner in spanischen Diensten gehört haben. Es hieß, dieser Herr habe es nur kurze Zeit selbst bewohnt. Bald habe er sich im Dörfli vom Weltgeschehen abgeschnitten gefühlt und wieder Sehnsucht nach der weiten Ferne verspürt. Von dort sei er allerdings nie zurückgekehrt. Nach etlichen Jahren vergeblichen Abwartens habe man ihn offiziell für tot erklärt. Das Gebäude war allmählich verlottert.

Nun aber wohnten Heidi und ihr Großvater darin. Allerdings gelang es nur in einem der Räume, mit einem verrußten gusseisernen Holzofen etwas wohnliche Wärme zu erzeugen.

Der Großvater war im Dörfli als Alpöhi bekannt. Diesem Übernamen lag der altmodische Begriff des Oheim zugrunde. Es war bemerkenswert, dass ihn die Bevölkerung einerseits als Heidis Großvater bezeichnete und andererseits gleichzeitig zum Außenseiter stempelte. Seine seltene Anwesenheit im Dörfli gab zu reden. Er galt als Sonderling, auch wenn ihm seine Fürsorge für die Enkelin inzwischen eine gewisse Anerkennung eingebracht hatte. Hauptgrund für das verbreitete Misstrauen lag in dem Gerücht, dass er einst jemanden ermordet haben soll. Dieses Gerücht kam natürlich auch Heidi zu Ohren, obwohl die Erwachsenen ringsum versuchten, es dem Kind zu verheimlichen. Anfänglich fürchtete sich Heidi darum vor ihrem Opa. Doch erlebte sie von ihm nur Gutes, was sie dazu veranlasste, sich die böse Nachrede aus dem Kopf zu schlagen. Zudem hatte Heidi während dem Sommer ganz andere Gedanken. Diese waren erfüllt von der Freude und der Lebenslust, die sie gemeinsam mit dem Geißenpeter beim täglichen Ziegenhüten erlebte.

Im Winter fehlte diese Zerstreuung, und die Sache mit Großvaters Vergangenheit kam Heidi wieder in den Sinn. Darum wandte sie sich vertrauensvoll an ihren besten Freund und Verbündeten, den Geißenpeter.

»Du, Peter«, fing Heidi in der niederen Wohnstube von Peters Großmutter an.

Der brummte nur: »Hm?«

»Glaubst du eigentlich, was man über meinen Großvater redet?«

Peter hatte wenig Lust, sich zu unterhalten. Für Weibergeschwätz hatte er erst recht nichts übrig.

»Sag schon!«, drängte das Mädchen.

»Was?«

»Ob du glaubst, dass er jemanden getötet hat?«

»Weiß ich nicht.«

Heidi sah ein, dass sie es anders anpacken musste, um

Peter zum Reden zu bringen. Sie klaubte eine Handvoll getrocknete Birnenschnitze aus der Tasche und erklärte: »Die habe ich von Großvater erhalten. Ich schenke sie dir, wenn du mir hilfst.«

Die Schnitze weckten Peters Interesse. »Wobei soll ich helfen?«

»Herauszufinden, ob es wahr ist, was die Leute im Dörfli reden.«

Der Junge überlegte nicht lange. »Gib her! Was muss ich tun?«

»Du könntest mal deinen Lehrer in der Schule ausfragen. Der weiß doch alles.«

»Ja, er weiß vor allem immer alles besser«, schnödete Peter.

»Und dem Dorfpfarrer solltest du auch ein paar Fragen stellen.«

»Warum machst du es nicht selbst? Du bist doch nicht auf den Mund gefallen?«, wunderte sich Peter.

»Ach! Mir sagt ja keiner die Wahrheit. Sie wollen mich alle behüten und verschweigen mir Großvaters Geheimnis.«

»Dann frag ihn doch selbst. Du lebst schließlich bei ihm«, wandte Peter ein.

»Das kann ich nicht. Ich bringe es nicht übers Herz. Ich will nicht riskieren, dass Großvater denkt, ich könnte ihn für einen Mörder halten. Verstehst du das, Peter?«

Er überlegte kurz, nickte wortlos und steckte sich einen Birnenschnitz in den Mund. »Willst auch?«

Heidi strahlte. »Sowieso!«

Gemeinsam mampften sie die getrockneten Früchte, bis nichts mehr übrig und leider auch der Appetit auf das Nachtessen verflogen war.

Schon am kommenden Schultag trat Peter an seinen Lehrer heran. Dazu wartete er, bis die anderen Kinder das Schulzimmer verlassen hatten. Er gab vor, irgendetwas in seinem Pult zu suchen, bis der Lehrer, der eben noch die Wandtafel gereinigt hatte, sich umwandte und erstaunt feststellte: »Aber Peter, du bist ja noch immer da! Suchst du etwas?«

»Hab's gefunden.« Peter schlurfte nach vorne.

Der Lehrer wurde stutzig. »Was ist los, Peter?«

»Darf ich Sie etwas fragen?«

»Natürlich. Was willst du wissen? Hast du im Unterricht etwas nicht verstanden?«

»Doch. Fast alles«, flunkerte er. »Ich soll etwas anderes fragen.«

»Du sollst?«, wunderte sich der Pädagoge. »Fragst du denn nicht für dich?«

Ohne darauf zu antworten, platzte der Junge heraus: »Ist es wahr, dass der Alpöhi jemanden umgebracht hat?«

Der Lehrer hatte dieses Thema nicht erwartet. Er rieb sich die runzelige Stirn. »Na ja. Das ist halt so ein böses, altes Dorfgerücht.«

»Ich weiß. Ist es wahr?«, beharrte Peter.

»Was würde die Gewissheit über Schuld oder Unschuld für dich denn schon verändern?«

»Ich muss die Wahrheit herausfinden«, insistierte der Junge und ergänzte kleinlaut: »Heidi hat mir den Auftrag gegeben.«

Die Miene des Lehrers hellte sich auf. »Jetzt versteh ich! Wenn ich ehrlich bin, weiß ich selber nicht so genau, ob das Gerücht zutrifft. So viel mir bekannt ist, soll sich vor langer Zeit etwas Ungutes zugetragen haben. Darüber sei sogar in der Zeitung berichtet worden. Ich kann ja mal meine Mutter fragen, ob sie mehr weiß und die Zeitung oder wenigstens den Artikel vielleicht aufbewahrt hat. Sie schmeißt kaum was weg. Du musst dich allerdings etwas gedulden. Ich habe zuvor noch anderes zu erledigen, und Mutter vermutlich auch.«

Peter strahlte. »Sie tun es?«

»Versprochen! Unter einer Bedingung.«

Der Junge kniff misstrauisch die Augen zusammen, sodass darum herum in seiner noch immer sonnengegerbten Haut lustige Fältchen entstanden. Er wartete ab.

»Peter, ich erwarte, dass du mir im Gegenzug einen Monat lang die Tafel reinigst.«

Die Züge des Jungen entspannten sich augenblicklich. »Kein Problem!«

Anschließend verließen Schüler und Lehrer das Zimmer gemeinsam.

Als sich Peter und Heidi wieder trafen, konnte es das Mädchen fast nicht erwarten, bis der wortkarge Peter endlich Bericht erstattete. Danach war sie allerdings enttäuscht und stellte fest: »Dann hast du ja noch gar nichts, außer dem Versprechen des Lehrers!«

Peter spähte auf Heidis Schürze. Es sah nicht danach aus, als ob sich heute Birnenschnitze darunter versteckten.

»Und den Pfarrer? Hast du den schon ausgequetscht?«

Peter verneinte, versprach aber, es am kommenden Sonntag nachzuholen.

Nach der Messe, an der Peter in Begleitung seiner Mutter und der Großmutter teilgenommen hatte, sprach er beim Händeschütteln den Pfarrer an. »Ist es wahr, dass der Alpöhi jemanden umgebracht hat?«

Die beiden Frauen an Peters Seite schreckten auf. Selbst der Geistliche schien von der Frage überrumpelt. Dann erklärte er salbungsvoll: »Es ist wichtig, dass die Menschen büßen, vergeben und vergessen.«

Mit dieser Antwort konnte der Junge nichts anfangen.

Der Pfarrer fuhr fort: »Weißt du, Peter, es gibt im Leben der Menschen drei christliche Tugenden. Es sind dies der Glaube, die Liebe und die Hoffnung. Die Liebe aber ist die größte.«

Mutter und Großmutter nickten beide ehrfürchtig. Sie schienen die Aussage des Pfarrers zu verstehen und zu goutieren. Nicht so Peter. Für ihn redete der Pfarrer wie schon zuvor in seiner Predigt: unverständlich! Darum wiederholte der Junge seine Frage.

Jetzt wurde der Geistliche ärgerlich. Es warteten schließlich noch weitere Kirchgänger darauf, die Hand zu schütteln. Er erklärte in direktivem Tonfall: »Peter, glaube stets an das Gute im Menschen, liebe deine Mitmenschen und hoffe, dass ihnen ihre Schuld vergeben wird, wie auch du deinen Schuldigern vergeben solltest.« Damit wandte er sich vom Buben ab und verabschiedete seine anderen wartenden Schäfchen.

Für den Hirtenjungen war klar geworden, dass der Pfaffe keine Ahnung hatte. Darum setzte Peter mit all seinem Glauben, seiner Hoffnung und seiner Liebe auf die Ergebnisse der Recherchen des Lehrers.

Das dauerte allerdings. Als der Lehrer Peter in der großen Vormittagspause zu sich rief, war er richtiggehend überrascht. Zudem wäre er lieber mit den anderen Burschen nach draußen gestürmt, um auf dem Schulhof an der obligaten Schneeballschlacht teilzunehmen.

»Peter, ich habe Neuigkeiten.«

»Sie meinen, wegen dem Alpöhi?«

»Richtig. Meine Mutter hat den Zeitungsartikel tatsächlich auftreiben können.«

Der Junge wartete gespannt ab.

»In diesem Artikel wird über einen Vorfall berichtet, der vor dem Richter endete. Der Alpöhi war der Beschuldigte. Ein Kleinbauer trat als Kläger auf. Die Geschichte ereignete sich im Prättigau, woher der Alpöhi ursprünglich stammt. Ein armes Bäuerchen hatte ihm seine einzige Kuh zum Sömmern auf die Alp mitgegeben. Er hoffte natürlich, sein Tier im Herbst gesund und munter wiederzusehen. Vor allem aber hoffte er auf zwei, drei große Käselaibe, die der Alpöhi von der Milch seiner Kuh herstellen sollte. Als der Bauer stattdessen bloß ein mickriges kleines Käslein in den Arm gedrückt bekam, traute er seinen Augen nicht. Als er zudem seine Kuh erblickte, erfasste ihn jäher Zorn. Das Tier war völlig abgemagert, das Euter baumelte schlaff am Unterleib und die Zitzen waren allesamt entzündet.

Der Alpöhi erklärte das Käslein mit der geringen Milchmenge, die die ständig kränkelnde Kuh den ganzen Sommer durch hergegeben habe. Das arme Bäuerchen jedoch glaubte ihm nicht. Es hob den Käselaib in die Höhe und schmetterte ihn dem Alpöhi mit voller Wucht mitten ins Gesicht. Danach tropfte aus der gebrochenen Nase reichlich Blut. Das brachte nun auch den Alpöhi in Rage. Die beiden gerieten sich in die Haare und wälzten sich im Dreck, umzingelt von schaulustigen Bauern und Sennen. Gestorben ist dabei zum Glück niemand.

Der Bauer verklagte den Alpöhi auf Betrug. Der Alpöhi seinerseits verklagte den Bauer wegen Körperverletzung. Der Streit endete mit einem Vergleich, dessen Details im Zeitungsartikel nicht näher ausgeführt werden.«

Peter hatte aufmerksam zugehört. »Dann hat der Alpöhi ja gar niemanden umgebracht?«

Der Lehrer relativierte. »Nein, jedenfalls nicht im Prättigau. Es gibt eine alte Frau, die Bücher schreibt und mehr weiß. Sie behauptet in einem ihrer Werke, dass der Alpöhi in jungen Jahren als Söldner nach Neapel gezogen sei. Danach habe man viele Jahre nichts mehr von ihm gehört oder gesehen. Plötzlich sei er im Domleschg mit einem halbwüchsigen Buben aufgetaucht. Der Bub habe Tobias geheißen, sei sein Sohn gewesen und habe in Mels das Handwerk des Zimmermanns erlernt. Er soll ein ordentlicher, wohlgelittener Kerl gewesen sein. Vom Alten jedoch habe das Gerücht kursiert, er sei in Neapel desertiert, nachdem er bei einem Raufhandel einen Kameraden erschlagen habe.

Als Tobias in Mels die Lehre beendet hatte, habe er eine gewisse Adelheid zur Frau genommen. Zwei Jahre nach der Hochzeit sei beim Hausbau ein Balken heruntergestürzt und habe Tobias erschlagen. Adelheid habe das nicht verkraftet. Sie sei nur wenige Wochen danach ebenfalls verstorben. Zurückgeblieben sei das einjährige Baby der beiden, das bei der Schwester der Mutter Aufnahme fand. Als dieses Mädchen etwas größer geworden sei, habe es seine Tante beim Alpöhi abgegeben. Du kennst das Mädchen sehr gut, Peter.«

Er schmunzelte. »Ist es Heidi?«

Der Lehrer nickte. »Richtig, mein lieber Peter. Und die Frau, die ganz allein Alpöhis Geheimnis zu lüften imstande wäre, heißt Johanna Spyri.«

»Dann fragen wir doch sie!«, ereiferte sich der Junge. »Wissen Sie, wo sie wohnt?«

Der Lehrer schüttelte gedankenverloren seinen Kopf

und brummte: »Peter, ich fürchte, wir können sie nicht befragen.«

»Das verstehe ich nicht! Ist sie etwa schon tot?«

»Daran liegt es nicht.«

Jetzt drückte sich der Lehrer fast so unverständlich wie der Dorfpfarrer aus, stellte Peter missmutig fest. Aber er gab nicht auf und bohrte weiter: »Woran liegt es dann? So sagen Sie es mir doch!«

Nach einer kurzen Pause erklärte der Lehrer mit sonderbar sphärischer Stimme: »Es liegt daran, dass wir allesamt Spyris Geschöpfe sind!«

Privatdetektiv Feller ermittelt:

1. Fall: Narrentod
ISBN 978-3-89977-799-4

2. Fall: Brahmsrösi
ISBN 978-3-8392-1036-9

3. Fall: Scherbenhaufen
ISBN 978-3-8392-1193-9

4. Fall: Berner Bärendreck
ISBN 978-3-8392-2484-7

5. Fall: Tellspielopfer
ISBN 978-3-8392-2594-3

Weitere Titel:
Todlerone
ISBN 978-3-8392-2763-3